Pakistan

Wegweiser zur Geschichte

Herausgegeben vom
Militärgeschichtlichen Forschungsamt

Wegweiser zur Geschichte
Pakistan

Im Auftrag des
Militärgeschichtlichen Forschungsamtes
herausgegeben von
Bernhard Chiari
und
Conrad Schetter

FERDINAND SCHÖNINGH 2010
Paderborn • München • Wien • Zürich

Umschlagabbildung: Empress-Market in Karatschi.
(Jorge Scholz)

Bibliografische Information der Deutschen Nationalbibliothek

Die Deutsche Nationalbibliothek verzeichnet diese Publikation in der Deutschen Nationalbibliografie; detaillierte bibliografische Daten sind im Internet über http://dnb.d-nb.de abrufbar.

Gedruckt auf umweltfreundlichem, chlorfrei gebleichtem und alterungsbeständigem Papier ISO ∞ 9706

Internet: www.schoeningh.de

Redaktion und Projektkoordination:
Militärgeschichtliches Forschungsamt, Potsdam, Schriftleitung
Satz: Carola Klinke
Karten: Daniela Heinicke, Bernd Nogli, Frank Schemmerling
Layout: Maurice Woynoski
Lektorat und Bildredaktion: Knud Neuhoff (Berlin)
Druck: SKN Druck und Verlag GmbH & Co., Norden

Printed in Germany

ISBN: 978-3-506-76908-4

Inhalt

Vorwort

Der »Wegweiser zur Geschichte: Pakistan« behandelt ein Land, das beständig Aufmerksamkeit erregt: radikale Islamisten, der nach wie vor schwelende Kaschmir-Konflikt, vielfältige gesellschaftliche Auseinandersetzungen und die Erosion des staatlichen Gewaltmonopols. Für Laien schwer zu verstehen, bleibt die immer wieder behauptete Urheberschaft Pakistans bei Anschlägen in Indien und Afghanistan, ebenso wie die Frage nach der Sicherheit der pakistanischen Atomwaffen.

Reale Bedrohungen der pakistanischen Sicherheit treten nicht selten in Wechselwirkung mit der Unkenntnis von Geschichte und Kultur Pakistans und verengen den Blickwinkel auf die überaus komplexe Lage in dem mit 170 Millionen Einwohnern zweitgrößten islamischen Land der Erde. Die Fokussierung auf die Zukunft des laufenden Stabilisierungseinsatzes der International Security Assistance Force (ISAF) in Afghanistan trägt zusätzlich dazu bei, dass vor allem solche Entwicklungen in Pakistan verfolgt werden, die in Zusammenhang mit den Stabilisierungsversuchen der Internationalen Gemeinschaft beim nördlichen Nachbarn stehen.

Der vorliegende Band soll den Blick auf Pakistan erweitern. Die abgedruckten Beiträge zeichnen ein Bild des Landes, das sicherheitspolitische Betrachtungen ebenso umfasst wie tiefergehende Analysen der sich überlappenden Gesellschaftsdynamiken. Das Buch beschreibt Pakistan als Gemeinwesen mit reicher Geschichte, zwischen Moderne und Tradition, zwischen Demokratie, Militärdiktatur und Feudalherrschaft, zwischen Globalisierung und historisch gewachsenen Wirtschafts- und Sozialstrukturen.

Für sein Zustandekommen danke ich zunächst den beiden Herausgebern. Dr. Bernhard Chiari, Leiter Modul Einsatzunterstützung (MEU), zeichnet verantwortlich für die Reihe der »Wegweiser« und hat auch dieses Projekt initiiert und geleitet. Der nunmehr vorliegende elfte Band ergänzt nach Veröffentlichung der »Wegweiser« zu Afghanistan (3. Auflage 2009) und Usbekistan (2009) einen wesentlichen Mosaikstein für die Analyse regionaler Verhältnisse und Strukturen in Zentralasien und auf dem indopakistanischen Subkontinent. Dass diese nur in einem größeren Zusammenhang verständlich werden, zeigen etwa die Beispiele der paschtunischen Siedlungsgebiete im afghanisch-pakistanischen Grenzgebiet oder der nach wie vor brisante Konflikt um Kaschmir.

Privatdozent Dr. Conrad Schetter vom Zentrum für Entwicklungsforschung (ZEF) an der Universität Bonn, einer der führenden Regionalspezialisten im deutschsprachigen Raum, hat als zweiter Herausgeber seine Fach- und Netzwerkkenntnisse mit in das Projekt eingebracht und war wesentlich an der Idee und Konzeption beteiligt. Dem Militärgeschichtlichen Forschungsamt (MGFA) ist Conrad Schetter seit Jahren als Mitglied des Wissenschaftlichen Beirats Einsatzunterstützung verbunden. Mit dem ZEF vertritt er ein interdisziplinär und international ausgerichtetes Institut, das sich wirtschaftlicher Entwicklung und technologischem Wandel, Ökologie und dem Management natürlicher Ressourcen sowie politischen und kulturellen Veränderungen in »Entwicklungsländern« widmet. Die genannten Dimensionen finden sich auch im vorliegenden Band wieder, und als Leiter eines geschichtswissenschaftlichen Instituts freue ich mich besonders über diese fruchtbare Form der Zusammenarbeit und des inhaltlichen Austauschs.

In der Schriftleitung des MGFA betreute Knud Neuhoff das Manuskript bis zur Druckreife und besorgte die Bildredaktion. Dipl.-Ing. Bernd Nogli, Daniela Heinicke und Frank Schemmerling erstellten und bearbeiteten die Karten. Maurice Woynoski übernahm die grafische Gestaltung, Carola Klinke den Satz. Dr. Agilolf Keßelring (Helsinki) koordinierte die Schlussdurchsicht des Manuskriptes in Potsdam. Vor allem aber danke ich den Autorinnen und Autoren, die durch ihre Beiträge das Zustandekommen des elften »Wegweisers zur Geschichte« ermöglicht haben.

Dem Buch wünsche ich Erfolg bei seinen Lesern und der Reihe weiterhin Interesse und wohlwollende Aufnahme in Öffentlichkeit, Politik, Fachwissenschaft und Bundeswehr.

Dr. Hans-Hubertus Mack
Oberst und Amtschef des
Militärgeschichtlichen Forschungsamtes

Einleitung

Glaubt man der Berichterstattung in den Medien, befindet sich die Atommacht Pakistan am Abgrund zu Bürgerkrieg und Chaos. Eine kurze Chronologie jüngerer Ereignisse verdeutlicht dies recht anschaulich: Am 3. November 2007 rief der damalige pakistanische Präsident Pervez Musharraf den Ausnahmezustand aus, um seine Militärherrschaft abzusichern. Bereits am 9. März hatte Musharraf den Obersten Richter Iftikhar Chaudhry abgesetzt, weil dieser die rechtliche Grundlage des Regimes angezweifelt hatte. Der Ausnahmezustand ging einher mit groß angelegten Verhaftungswellen und einer drastischen Einschränkung der Pressefreiheit. Am 27. Dezember 2007 fiel die ehemalige Premierministerin Benazir Bhutto einem Selbstmordattentat zum Opfer. Dies spitzte die Lage weiter zu. Die Abhaltung von Wahlen am 18. Februar 2008, das Ende der Militärdiktatur und eine Kabinettserweiterung durch Bhuttos Witwer Asif Ali Zardari im November diesen Jahres konnten nur kurzzeitig für Entspannung sorgen.

Gewaltsame Aktionen militanter Extremisten nahmen in der jüngsten Vergangenheit kontinuierlich zu. Die Besetzung der »Roten Moschee« inmitten Islamabads und ihre Erstürmung am 11. Juli 2007 bildeten den Auftakt einer traurigen Reihe von Terrorakten. Es folgten schwere Angriffe auf internationale Hotels wie das Marriott in Islamabad am 20. September 2008 und auf das Pearl Continental in Peschawar am 19. November 2009. Den Angriff in Islamabad, bei dem mehr als 60 Menschen getötet wurden, bezeichnete Justizminister Farooq Naek als den »11. September Pakistans«. Auch Versorgungskonvois von ISAF auf dem Weg nach Afghanistan wurden immer öfter angegriffen und in Brand gesetzt. Die Schwäche des Staates offenbarten verschiedene Abkommen, die militanten Islamisten die Herrschaft über Wasiristan und Swat zugestanden. Versuche der Regierung, mit mehreren Großoffensiven in beiden Regionen gegen die örtlichen bewaffneten Strukturen vorzugehen, führten lediglich zu einer weiteren Eskalation der Gewalt.

Deren Intensität verdeutlicht alleine schon die Betrachtung der wichtigsten Ereignisse im November 2009: Bei Gefechten im nordwestlichen Bezirk Hangu töteten pakistanische Sicherheitskräfte am 23. November nach eigenen Angaben mindestens 18 Aufständische. Die Kämpfe in der Ortschaft Shahukhel nahe der Grenze zu Afghanistan hielten zwei Tage in Folge an. Nach Militärangaben kamen auch im Rahmen der Offensive in Südwasiristan zahlreiche Extremisten ums Leben. Und in den Grenzgebieten zu Afghanistan vollzieht sich längst ein internationalisierter Konflikt: So tötete Mitte November ein mutmaßlicher US-Raketenangriff nahe der Ortschaft Mir Ali in Nordwasiristan acht Menschen. Wie in derartigen Fällen üblich, bestätigte das US-Militär den Angriff nicht, hält aber trotz Kritik seitens der Regierung in Islamabad und der pakistanischen Öffentlichkeit an der gezielten »Ausschaltung« von Terroristen fest.

Im Zentrum gewaltsamer Auseinandersetzungen liegt vor allem die grenznahe Millionenstadt Peschawar. Hier wurden allein im November 2009 acht Terrorakte verübt, zu denen sich meist die radikalislamischen Taliban bekannten. Zu ihren Zielen zählten Kontrollposten der Polizei, das Hauptquartier des pakistanischen Geheimdienstes sowie erneut das Hotel Pearl Continental. Am 19. November sprengte sich ein Selbstmordattentäter vor einem Gerichtsgebäude in die Luft. Bei diesem Anschlag starben 16 Menschen, unter diesen mindestens drei Polizisten; 36 Personen wurden zum Teil schwer verletzt. Diese jüngsten Gewaltakte versetzten die Internationale Gemeinschaft in Alarmbereitschaft. Pakistan zählt schließlich nicht nur zu den bevölkerungsreichsten und höchstgerüsteten Ländern der Welt, sondern verfügt auch über die Atombombe.

Das Verständnis der komplexen Problemlage in Pakistan erfordert weit mehr als die Aufzählung sicherheitsrelevanter Zwischenfälle. Denn es überlagern sich zahlreiche Konflikte, die teils unabhängig voneinander stattfinden, aber auch miteinander in Wechselwirkung treten können. Zu nennen sind verschiedene Sezessions- und Autonomiebestrebungen im ganzen Land, die Auseinandersetzungen zwischen militanten Islamisten und säkularer Zivilgesellschaft, das Konkurrenzverhältnis zwischen den politischen Parteien und dem Militär sowie die soziale Ungleichheit zwischen wenigen Großgrundbesitzern und einem Heer von Armen. Hinzu kommen die schwierigen Beziehungen zu Indien und Afghanistan, die sich aus ungeklärten Grenz- und

Territorialfragen ergeben und bis tief in die britische Kolonialzeit zurückreichen. Schließlich drohen das rasante Bevölkerungswachstum sowie die Verknappung natürlicher Ressourcen die sozialen Spannungen weiter zu steigern.

Dass Pakistan einem Pulverfass gleicht, ist nichts Neues. Während der kurzen Geschichte des 1947 gegründeten Nationalstaats sahen politische Beobachter diesen nahezu permanent am Abgrund stehen. Aber immer dann, wenn Pakistan an einem Konflikt zu zerbrechen drohte, wurde dieser in der öffentlichen Wahrnehmung durch eine neu aufkeimende Krise verdrängt. Pakistan sammelte über Jahrzehnte reichlich Erfahrungen, mit einer Vielzahl von Spannungen zu leben. Heute stellt sich jedoch die Frage, ob die pakistanische Gesellschaft tatsächlich auf eine neuerliche Zerreißprobe zusteuert und somit das »gefährlichste Land« der Welt ist, wie es einige Angehörige der Bush- und auch der Obama-Administration bezeichneten. Dass die USA Pakistan in einem engen Zusammenhang mit Afghanistan wahrnehmen (AFPAK), verstärkt diese Befürchtung.

Insgesamt 17 Beiträge dieses Buches behandeln Geschichte und Gegenwart, Kultur und Gesellschaft Pakistans. Sie sollen dazu dienen, die Entstehung der Konfliktpotenziale gerade auf dem Wege der geschichtlichen Einbettung zu analysieren. Dementsprechend ist das Buch in zwei Teile gegliedert. Während sich der erste Teil mit »Historischen Entwicklungen« beschäftigt, widmet sich der zweite »Strukturen und Lebenswelten«.

Der erste Abschnitt zeigt die Region als Ziel von Eroberungen durch Herrscher aus Persien, Griechenland oder Zentralasien, als Teil größerer Reiche (so im Fall der Mogul-Herrscher) oder als Entstehungsort kleinerer Staaten etwa im Punjab, in Kaschmir oder im Sindh. Zunächst wendet sich Loretana de Libero der Antike zu. Über die ersten archäologischen Nachweise menschlicher Siedlungen in der Indus-Ebene im 7. Jahrtausend v.Chr. führt sie den Leser über das persische Reich der Achämeniden bis zu den Schriften Herodots, der den indischen Subkontinent als fabelhaftes, goldreiches Wunderland beschrieb. Alexander den Großen brachten seine Kriegszüge im 4. Jahrhundert v. Chr. bis in das Tal des Indus. Doch auch im weiteren Verlauf der Antike spielte die Region eine wichtige Rolle. So profitierten mehrere Fürstentümer von ihrer Scharnierstellung im Handel zwischen Indien und Rom. Im heutigen Ostafghanistan und Nordwestpakistan entstand eine einzigartige Kulturlandschaft, die indisch-buddhistische, griechische und persische Elemente zur so genannten Gandhara-Kunst verschmolz und bis weit nach Zentral- und Südostasien hinein wirkte.

Nach erfolglosen Eroberungsversuchen im 7. und Anfang des 8. Jahrhunderts gelang Mohammed bin-Qassim, dem Schwiegersohn des Kalifen von Bagdad, 712 die Einnahme des Sindhs. Qassim dehnte das arabische Herrschaftsgebiet bis in den südlichen Teil des heutigen Pakistans aus. Er legte den Grundstein für die muslimische Herrschaft in Indien, die mit dem Sultanat von Delhi ihren Höhepunkt erreichte. Dieses bestand mehr als 300 Jahre lang und fand durch die zentralasiatischen Armeen des Timur Lenk (Tamerlan), die 1398 Delhi verwüsteten, sein Ende. 1526 entstand auf den Trümmern ein neues Großreich, das Stephan Conermann beschreibt. Der aus dem heutigen Usbekistan stammende Babur (»Tiger«) begründete die Herrschaft der Moguln (abgeleitet von »Mongolen«), die von 1526 bis zur britischen Kolonialherrschaft in der Mitte des 19. Jhs. dauerte. Muslimische Herrscher schufen einen leistungsfähigen, genuin indischen Staat, der auch die nicht-muslimischen Bevölkerungsgruppen – insbesondere die Hindus – mit vergleichsweise toleranten Regeln integrierte, bevor er im 18. Jahrhundert zusehends verfiel.

Bernd Lemke und Martin Rink behandeln die britische Zeit. Nach dem Zerbrechen des kurzlebigen Reiches der Sikhs, die 1799 Lahore und 1818/19 Multan und Peschawar erobert und den gesamten Punjab unter ihre Kontrolle gebracht hatten, begann der englische Generalgouverneur Lord Robert Wellesley das Gebiet der Ostindien-Kompanie auszudehnen. Diese hatte sich seit Mitte des 18. Jahrhunderts immer mehr von einer Handelsgesellschaft zur militärischen Streitmacht gewandelt. Schritt für Schritt wuchs ein britisches Kolonialreich bis an die Grenze Afghanistans heran. Im Punjab entstand ein spezieller Verwaltungs- und Regierungsstil, gekennzeichnet durch eine flexible Administration, eine paternalistische Einstellung zur Bevölkerung, strenge Überwachung, ein rigides Strafsystem und den großangelegten Aufbau von Infrastruktur. In anderen Gebieten – etwa im ökonomisch wenig interessanten Belutschistan – blieben eher indirekte Herrschaftsstrukturen bestehen. Sie zielten vor allem darauf ab, Russland den Zugriff auf Indien dauerhaft zu verwehren. Lemke und Rink zeigen, wie die unterschiedliche Behandlung und Einbindung einzelner Bevölkerungsgruppen zusammen mit der Entstehung grundbesitzender Eliten und der Wirtschaftsstrukturen eines kolonialen Staates wesentliche Grundmuster für die Gestaltung Pakistans und Indiens nach der Unabhängigkeit legten, gleichzeitig aber zur Bürde für die Eigenstaatlichkeit wurden, etwa was die bis 1947 weitgehend fehlende Ausbildung einer Zivilgesellschaft angeht.

1947 zerfiel das britisch-indische Kolonialreich, das von Afghanistan im Westen bis Burma im Osten und von China und Nepal bis Sri Lanka reichte. Aus einem wirtschaftlich und verwaltungstechnisch einheitlich strukturierten Gefüge entstanden drei Staaten, nämlich Indien und Pakistan sowie dessen sich 1971 abspaltender Ostteil Bangladesch. Mit der Teilung von 1947 setzte sich die »Zwei-Nationen-Theorie« durch, nach der Hindus und Muslime im multi-ethnischen Indien nicht nur unterschiedlichen Glaubensbekenntnissen angehörten, sondern auch in »Nationen« leben müssten. Jorge Scholz beschreibt den Prozess der Staatswerdung, der verbunden war mit Flucht und Vertreibung auf beiden Seiten der frisch gezogenen Grenze, vor allem aber mit einer grundlegenden Neuordnung der sozialen, wirtschaftlichen und kulturellen Verhältnisse unter der Herrschaft neuer Eliten.

Das strategische Umfeld Pakistans umreißt Christian Wagner und legt den Schwerpunkt dabei mit Indien auf das Kernproblem pakistanischer Außenpolitik und Strategie. Indien weist gegenüber Pakistan bezüglich seiner Bevölkerungszahl, Fläche, Wirtschaftskraft und Militärausgaben eine erdrückende Überlegenheit auf, strebt – ebenso wie sein nördlicher Anrainer China – eine regionale Vormachtstellung an und hat diesbezüglich in jüngster Zeit wichtige Erfolge erzielt. Dies und die territorialen Konflikte mit Pakistan, allen voran der Streit um Kaschmir, begründen erstens die Suche Pakistans nach mächtigen außenpolitischen Bündnispartnern, allen voran den USA und China. Zweitens macht die Angst vor einer Einkreisung das pakistanische Engagement in Afghanistan verständlich: Der pakistanische Geheimdienst Inter-Services Intelligence (ISI) unterstützte dort die

Mudschaheddin (»Heilige Krieger«) und – nach dem Abzug der Sowjets 1989 – die Taliban in der Hoffnung, die Machtverhältnisse in Kabul kontrollieren und Afghanistan im pakistanischen Sinne stabilisieren zu können. Drittens setzte die pakistanische Regierung angesichts ihrer militärischen Unterlegenheit gegenüber Indien einerseits auf irreguläre, nicht-staatliche Formationen und versuchte andererseits erfolgreich, den seit 1974 bestehenden nuklearen Vorsprung des ungeliebten Bruderstaates aufzuholen. Die vorsichtige und immer wieder durch Rückschläge unterbrochene Annäherung beider Länder in den letzten Jahren trägt die Bürde des aufgezeigten Spannungsgeflechts.

Dietmar Rothermund analysiert mit dem Konflikt um Kaschmir einen der zentralen Bezugspunkte pakistanischer Staatlichkeit bis zum heutigen Tag. Durch seine Lage an den großen Fernhandelsverbindungen zwischen Vorder-, Zentral- und Südasien von strategischer Bedeutung, erschien Kaschmir stets als eine Region von hoher Dynamik, wo im Verlauf der Geschichte buddhistische, hinduistische und seit dem 13. Jahrhundert auch islamisch geprägte Herrschaftsformen einander ablösten. Nach der Teilung Britisch-Indiens 1947 strebte der Fürstenstaat zunächst den Weg der Selbstständigkeit an, geriet aber bald in den Sog militärischer Auseinandersetzungen und trat schließlich noch im selben Jahr der Indischen Union bei. Der Erste Indisch-Pakistanische Krieg von 1949 endete mit der Teilung Kaschmirs, die damals festgelegte 750 Kilometer lange Waffenstillstandslinie (»Line of Control«) markiert bis heute die Grenze zwischen Pakistan und Indien.

Eine weitere künstliche Grenze, welche die Siedlungsgebiete paschtunischer Stämme durchschneidet, entstand bereits im 19. Jahrhundert mit der so genannten Durand-Linie. Sie schrieb den Grenzverlauf zwischen Britisch-Indien und Afghanistan und gleichzeitig die Einfluss-Sphären des Britischen Empires sowie Russlands fest. Conrad Schetter analysiert das pakistanisch-afghanische Grenzgebiet unter dem Gesichtspunkt lokaler Autonomie. Diese wirkt als Antriebsfeder für die Ablehnung des pakistanischen Staates und anderer externer Einflussnahmen, welche die lokale Ordnung beeinträchtigen. Viele lokale Akteure in der North-West Frontier Province (NWFP) und insbesondere in den Federally Administrated Tribal Areas (FATA), so die These, begreifen sowohl die Präsenz der pakistanischen Regierung wie auch den US-geführten »War on Terror« als einen Angriff von außen, dem traditionelle Vorstellungen und Gepflogenheiten zum Opfer fallen könnten. Die Durchsetzung »neuer Spielregeln« in den paschtunischen Stammesgebieten, die sich Kabul und Islamabad wie die NATO auf ihre Fahnen schreiben, bedroht nach diesem Verständnis die herrschende Gesellschaftsordnung.

Die Sicherheitsproblematik vertieft ein Beitrag von Bernhard Chiari, der den ersten Teil des Buches abschließt. Neben den Taliban, deren Angriffe die Schlagzeilen bestimmen, leidet Pakistan unter zahlreichen weiteren Bedrohungen. Dazu zählen konfessionelle Spannungen zwischen Sunniten und Schiiten, vielfältige Abspaltungsbewegungen und ethnische Auseinandersetzungen, aber auch die Verflechtung von Armee und Geheimdienst mit extremistischen Gruppen. Die Urheberschaft und Hintergründe von Anschlägen sind häufig weit komplizierter, als dies die Konzentration westlicher Medien auf »die« Taliban und die Aufstandsbewegung in den paschtunischen Stammesgebieten nahe legt. Der Aufsatz versucht die Frage zu beantworten, inwieweit traditionelle Formen der Konfliktlösung – etwa die »Stammespolizei« der Paschtunen – fallweise an die Stelle staatlicher Präsenz treten könnten, so wie dies in der aktuellen Diskussion um »Stammesmilizen« zum Ausdruck kommt. Deren Einsatz in den durch Krieg und Bürgerkrieg in Mitleidenschaft gezogenen Gesellschaften Pakistans und Afghanistans wird ebenso differenziert bewertet wie Verhandlungen und Abkommen mit »gemäßigten« Taliban. Letzteres wird am Beispiel des Swat-Tals erläutert, wo die pakistanische Regierung 2009 der Einführung der *Scharia* (islam. Rechtsprechung) zustimmte und die Machtübernahme durch die Islamisten zuließ, bevor sie dann erneut mit Waffengewalt gegen diese vorging.

Der zweite Abschnitt unter der Überschrift »Strukturen und Lebenswelten« ermöglicht vertiefende Einblicke auf zentrale Bereiche der pakistanischen Gesellschaft. Martin Sökefeld führt den Leser in die ethnische und sprachliche Vielfalt Pakistans ein, wo neben der offiziellen Landessprache Urdu – die jedoch nicht einmal acht Prozent der Bevölkerung als Muttersprache benutzen – und Englisch als der inoffiziellen Landessprache der Elite je nach Zählung bis zu 72 verschiedene Sprachen und Dialekte verbreitet sind. Sökefeld diskutiert darüber hinaus die Wandelbarkeit der Ethnizität und zeigt, wie dieses mit religiösem, regionalem und schließlich nationalem Selbstverständis einhergehen oder in ein Spannungsverhältnis treten kann.

Katja Mielke und Conrad Schetter beleuchten den Aspekt der Migration, der die Geschichte Pakistans in besonderer Weise prägte. Pakistan wurde zum Aufnahmeland für Flüchtlinge aus Indien, Afghanistan und Bangladesch und musste diese Zuwanderer in die eigene Gesellschaft integrieren. Andererseits wanderten seit den 1970er-Jahren Millionen pakistanischer Arbeitskräfte in die Golfstaaten ab. Der kontinuierliche Zuzug aus den ländlichen Regionen bedingte ein unkontrolliertes Wachstum pakistanischer Großstädte wie Karatschi, Rawalpindi oder Lahore. Pakistan verzeichnet die größte Binnenmobilität in ganz Asien, verbunden mit erheblichen wirtschaftlichen und sozialen Konflikten. Diese Problematik vertieft Katja Mielke im folgenden Beitrag zur landbesitzenden Elite, deren heutiger Reichtum und politischer Einfluss ursprünglich auf dem Besitz von Ackerboden basierten. Viele »große« Familien Pakistans verdanken Aufstieg und Wohlstand ihrer privilegierten Stellung im Kolonialsystem und bauten diese nach der Unabhängigkeit weiter aus. Die Verarbeitung landwirtschaftlicher Produkte und der Betrieb von Baumwollspinnereien, Textil- und Zuckerfabriken bilden bis heute ein Kernstück ihrer börsendotierten Unternehmenskonglomerate. Die höchst ungleichen Besitzverhältnisse prägen die pakistanische Gesellschaft nachhaltig, stellen eine wesentliche Barriere für die gesellschaftliche Mobilität dar und begrenzen die Aufstiegs- und Bildungschancen der »einfachen« Bevölkerung.

Die beiden folgenden Aufsätze behandeln mit dem Islamismus und den Strukturen der Taliban zwei wesentliche Triebkräfte innerhalb der pakistanischen Gesellschaft, die zum staatlichen Herrschaftsanspruch größtenteils im Widerspruch stehen. Boris Wilke verdeutlicht, dass unterschiedlichste gesellschaftliche und politische Kräfte sich am Islam orientieren. Gewaltbereite und extremistische Gruppierungen stellen nur eine kleine Minderheit dar. Deren Akteure verbindet jedoch meist nur ihre Radikalität. Vielfältige Frontlinien verlaufen nicht nur zwischen Schiiten und Sunniten, deren wichtigste Terror-Organisationen, die Sepah-e

Sahaba Pakistan (Soldaten der Gefährten des Propheten in Pakistan, SSP) und ihre Abspaltung Lashkar-e Jhangvi (Armee Jhangvis, LeJ), die schiitische Minderheit bekämpfen. Wilke zeigt die Radikalisierung und Motivlage von Terroristen, die meist zu den Verlierern der pakistanischen Gesellschaft zählen und den »Heiligen Krieg« (*Dschihad*) im Land selbst oder im Ausland führen, häufig in Zusammenarbeit mit Organisationen wie dem Terrornetzwerk Al Qaida oder den Taliban.

Auch das komplexe Verhältnis zwischen den islamistischen Parteien, der pakistanischen Regierung, der Armee und dem ISI findet Beachtung: Islamistische Parteien näherten sich dem autoritären Staat an, dessen Armee sich als Vorkämpfer des geeinten, muslimischen Pakistan versteht. Beide verbindet seit vielen Jahren ein Interesse daran, weder nationalen Bewegungen noch einer säkularisierten Zivilgesellschaft zu viel Spielraum zu lassen. Während der ISI weiterhin radikale Gruppierungen im Kampf um die Macht in Pakistan unterstützte und instrumentalisierte, strich die pakistanische Regierung unter dem 2008 zurückgetretenen Präsidenten Pervez Musharraf im Westen Militärhilfe ein, um den Kampf des Staates gegen Al Qaida und die Taliban zu führen. Die Strukturen Letzterer skizziert Thomas Ruttig und verfolgt die Entstehung der von Journalisten »Kalaschnikow-Kultur« getauften Mixtur aus Konflikten, Waffenhandel und Drogenmarkt zurück bis in die Zeit der sowjetischen Besatzung Afghanistans zwischen 1979 und 1989. Ruttig verdeutlicht, wie lokale Konflikte, das unbedachte Handeln ausländischer Akteure sowie die an den Bedürfnissen der Bevölkerung vorbeigehende staatliche Politik zum Nährboden der aktuellen Aufstandsbewegung werden konnten.

Mit dem ambivalenten Verhältnis zu den USA als Waffenbruder und Feindbild beschäftigt sich Dietrich Reetz. Er zeigt, wie die zivilen oder armeegeführten Regierungen Pakistans stets den Schutz der Supermacht suchten, besonders wenn sie im eigenen Land nicht genügend Rückhalt besaßen. Wirtschaftliche und militärische Unterstützung aus dem Westen zog Abhängigkeiten von der amerikanischen Politik nach sich. Die ultimative Forderung der Vereinigten Staaten, Pakistan müsse vorbehaltlos den US-geführten »War on Terror« unterstützen, brachte die Regierung in Islamabad nach dem 11. September 2001 innenpolitisch in Bedrängnis. Sowohl in weiten Teilen der Bevölkerung als auch im Geheimdienst und in der Armee stieß ihr öffentlich verkündeter kompromissloser Kurs gegen die »Islamisten« nicht nur auf Zustimmung. Die westliche Präsenz im eigenen Land wurde als Einmischung in die inneren Angelegenheiten und mitunter als Bedrohung der eigenen kulturellen Identität wahrgenommen.

Christina Alff ergänzt dieses Mosaik um ihre Betrachtung zur Rolle der Frauen in der pakistanischen Gesellschaft. Die pakistanische Verfassung garantiert die Gleichstellung der Geschlechter, doch kommt es in vielen Bereichen nach wie vor zu rechtlichen und gesellschaftlichen Diskriminierungen. Während Frauen an den Hochschulen, in den Stadt- und Gemeinderäten gut vertreten sind und in der pakistanischen Armee mittlerweile selbst als Kampfpilotinnen dienen, sorgte in jüngster Zeit – so 2006 mit dem Gesetz zum Schutz der Frau – die Legislative sogar wieder für eine stärkere Festlegung auf die Rolle der Hausfrau und Mutter. Landesweit finden Frauen ungleich seltener eine reguläre Arbeitsstelle als Männer, ihre Analphabetenrate dürfte bei bis zu 90 Prozent liegen. Frauen sind sowohl Opfer von insbesondere häuslicher Gewalt als auch überproportional häufig in der pakistanischen Zivilgesellschaft aktiv.

Ein Aufsatz von Hermann Kreutzmann behandelt die Verteilung der elementaren Ressource Wasser. Kreutzmann vollzieht die Ausbildung eines ausgeklügelten Bewässerungssystems nach, das die Landwirtschaft Britisch-Indiens versorgte. Nach der Entstehung der unabhängigen Staaten Pakistan und Indien musste dieses den Erfordernissen der beiden Volkswirtschaften angepasst werden. Der Autor beschreibt aktuelle Konflikte, die unterschiedliche Nutzer in Pakistan um das Wasser austragen: Wasser muss sowohl die Produktivität der Landwirtschaft und Industrie als auch in erheblichem Umfang die pakistanische Energieversorgung sicherstellen.

Abschließend wendet sich Jochen Hippler den Spielregeln der pakistanischen Demokratie zu. Er stellt den täglichen Bombenterror auf Politiker und die autoritäre Führung durch Männer aus dem Militär der pakistanischen Zivilgesellschaft gegenüber, deren Repräsentanten sich auch durch Massenverhaftungen nicht davon abhalten lassen, ihre durch die Verfassung garantierten Rechte einzufordern. Das politische System mit seinen etwa 150 Parteien – von denen sich 2008 lediglich knapp 50 zur Wahl stellten, und die mitunter nur aus ihrem Gründer und dessen Familie bestehen – beschreibt Hippler als Verhältnis zwischen Staat und Bevölkerung, das in einer tiefen Krise steckt. Neben den Erben der kolonialen Feudalordnung, den einflussreichen Landbesitzern und dem Hang der Regierung zum »Durchgreifen« beschreibt er eine Zivilgesellschaft, die sich zumeist in Opposition zu den Kolonialherren und später zu den Mächtigen des Landes entwickelte. Ohne Kenntnis der historischen Bezüge, so zeigen seine resümierenden Ausführungen, bleibt das Nebeneinander säkularer und religiöser Auffassungen, einer formell demokratischen Verfassung und dem autoritären Führungsstil der politischen Eliten unverständlich.

Um den Zugang zu komplexen Sachverhalten zu erleichtern, enthält der Band neben zahlreichen Karten einen dritten Teil mit Zeittafel und Literaturhinweisen. Der Orientierung dient schließlich ein Namens-, Orts- und Sachregister mit einer Auflösung der im Text verwendeten Abkürzungen. Bitte nutzen Sie auch die ständig aktualisierten Internettipps auf der Seite http://www.mgfa.de/html/einsatzunterstuetzung/.

Schlüsselbegriffe sind innerhalb der Aufsatztexte in farbig hinterlegten Info-Kästen erläutert. Für Namen und Begriffe aus den Sprachen Pakistans, Afghanistans und Indiens sowie aus dem Russischen wird eine vereinfachte Umschrift verwendet, die sich an der Aussprache im Deutschen orientiert. Wo immer gebräuchliche deutsche Bezeichnungen und Namen vorhanden sind, greifen wir auf diese zurück. Dies gilt ebenso für die in der Literatur übliche Verwendung englischer Schreibweisen. Dass es in diesem Buch kein »preußisch« einheitliches System der Umschrift gibt, spiegelt die Vielfalt von Geschichte und Kultur auf dem pakistanisch-indischen Subkontinent wider.

Bernhard Chiari und Conrad Schetter

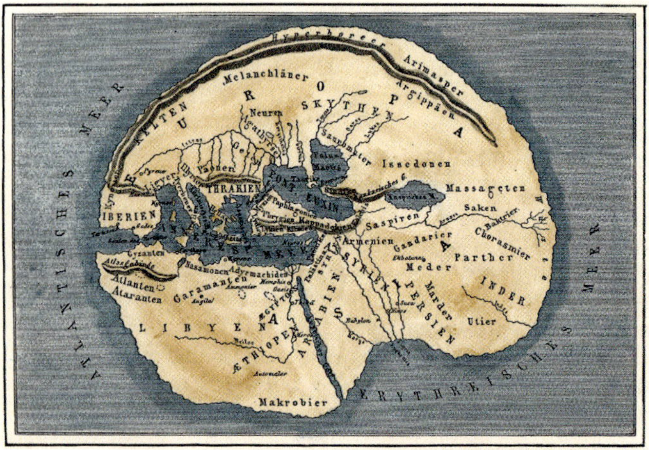

Am Rande der Welt, welche ringsum von einem Ozean umflossen schien, lebten nach antiker Vorstellung Fabeltiere, Mischwesen und andere Absonderlichkeiten (im Bild die Erde nach der Schilderung des griechischen Geschichtsschreibers Herodot). Als Wunderland im äußersten Osten erschien insbesondere der indische Subkontinent, über den bereits die Perser allerlei Exotisches zu berichten wussten. Da im griechischen Weltbild die *Oikumene*, die bewohnte Welt, gleich hinter dem Indus zu Ende war, galt »Indien« zunächst nur als das Gebiet um diesen längsten Strom Südasiens. Sein altindischer Name »Sindhu« gab der Region letztlich auch ihren Namen. Die Griechen nannten den Fluss »Indós« und das Land »Indiké choré«; in lateinischen Quellen heißt es dann »Indus« und »India«.

Diese Landschaft um den Indus mit seinen vielen Zuflüssen, der von den antiken Geografen bildhaft mit einer Artischocke verglichen wurde, erstreckte sich räumlich gesehen vom Kabul-Tal über Gandhara und den Punjab bis nach Sindh. Sie umfasst in der modernen Landeskunde das östliche Afghanistan und Pakistan, allerdings ohne die Provinz Belutschistan, die in der Antike Gedrosia genannt wurde. Das Gebiet jenseits des Punjab, dem »Land der fünf Ströme«, blieb eine ferne, unbekannte Größe an den Ufern des grenzenlosen Weltmeeres. Dieses Bild änderte sich in der Literatur lange Zeit nur unwesentlich, auch wenn durch Feldzüge, Seefahrt und Handel seit dem 3. Jh. v.Chr. über den Süden und Osten Indiens alsbald genauere Informationen vorlagen.

Das Land am Indus in der Antike

Als die Perser unter ihrem Großkönig Kyros II. (558–530 v.Chr.) das Indus-Tal eroberten und dieser Raum damit in den Blick der antiken Welt geriet, hatte der indische Subkontinent bereits eine mehrere Jahrtausende umfassende Kulturgeschichte aufzuweisen. Bereits um 6500 v.Chr. lassen sich in der Indus-Ebene die ersten Besiedlungen archäologisch nachweisen (z.B. Mehrgarh in Belutschistan). Hier wurden Gerste, Weizen und später auch der aus Südchina eingeführte Reis angebaut sowie Ziegen, Schafe und indische Rinder gehalten. Diese frühen Ackerbaukulturen wurden im Verlauf verschiedener Entwicklungsphasen von der Indus-Kultur abgelöst, die nach einem berühmten Fundort im Nordosten Pakistans auch Harappa-Kultur genannt wird. Ihre Blütezeit währte von 2600 bis 1900 v.Chr. und zeichnete sich insbesondere durch Städtebau und einheitliche Stadtplanung, eine – bislang noch nicht entzifferte – Schrift, hohes Technikverständnis und rege Handelstätigkeit aus.

Dem Niedergang dieser Kultur, wohl auch ausgelöst durch verschiedenartige Völkerwanderungen, folgte die Vedische Zeit, die von 1500 bis 500 v.Chr. dauerte und nach den ältesten bezeugten Schriften Indiens, den vier Veden (»Wissen«), benannt ist. Ursprünglich wurden die Veden nur mündlich in archaischem Sanskrit überliefert. Erst im 5. Jh. n.Chr. erhielten sie eine schriftliche Fassung. Sie bergen das gesammelte religiöse Wissen der Priester, die Brahmanen genannt wurden. Die mündliche Überlieferung der vedischen Gesänge ist 2003 von der UNESCO in die Repräsentative Liste des immateriellen Erbes der Menschheit aufgenommen worden.

Die vedische Religion war der bildlose, schließlich im Hinduismus aufgehende Glaube der vedisches Sanskrit sprechenden Indoeuropäer. Diese aus Zentralasien eingewanderten Stämme hatten sich im Punjab und in angrenzende Regionen niedergelassen. Sie selbst nannten sich »arya«, was wohl »gastlich« heißt und zu Buddhas Zeiten, um 400 v.Chr., »edel« bedeutete. Dieser Begriff umschreibt die Zugehörigkeit zu einer bestimmten Sprache und Kultur und ist, anders als seine missbräuchliche Verwendung im Nationalsozialismus, nicht rassisch besetzt. Diese nicht als ein Volk auftretenden »Indoarier«, die gleichfalls wellenartige Überlagerungen und Vermischungen erfuhren, waren bekannt für ihre Pferdezucht, führten Streitwagen und galten als kriegerisch. Von der Rig-Veda, die um 1200–1000 v.Chr. entstand, wird beispielsweise die »Zehnkönigsschlacht« überliefert, in der sich der Anführer der Bharata, Sudas, gegen andere indoeuropäische Stämme siegreich behauptete und seinem Stamm so für mehrere Jahrhunderte die Oberherrschaft im Punjab und später auch in der oberen Ganges-Ebene sicherte. Ein offizieller Name der Republik Indien geht auf diesen berühmten Stamm des Sudas zurück. In der Verfassung Indiens heißt es nämlich im ersten Artikel, Absatz 1: »India, that is Bharat [...]«.

Das persische Reich der Achämeniden erstreckte sich unter Kyros II. und Darius I. bis an den Indus. Zu seinen östlichsten Provinzen, den so genannten Satrapien, zählten mit Blick auf das heutige pakistanische Staatsgebiet Gandhara, Arachosia, das »Weiße Indien«, wie es später auch genannt wurde, Sattagydia sowie Hindus/Sindh als das antike »Indien«. Belutschistan hingegen gehörte zur Satrapie Gedrosia. Hindus/Sindh zahlte den höchsten Tribut im Reich, 360 Talente reinsten Goldstaubs, wie unser griechischer Gewährsmann Herodot von Halikarnassos (480–424 v.Chr.) berichtet. Indische Kontigente leisteten darüber hinaus dem persischen Großkönig Heerfolge. So waren sie ein Verband des persischen Vielvölkerheeres, der 490 und 480 v.Chr. gegen die Griechen zog und 331 v.Chr. bei Gaugamela gegen die Soldaten Alexanders des Großen kämpften.

Goldreiches Wunderland

Neben archäologischen Zeugnissen und altpersischen Inschriften liefern uns vor allem griechische Quellen für die Zeit vom 6. bis 4. Jh. v.Chr. wichtige Informationen, bisweilen auch amüsante Anekdoten aus dem Nordwesten Südasiens. Selten wird aus eigener Anschauung berichtet, wie etwa im Fall des Griechen Skylax von Karyanda, der im Auftrag des persischen Großkönigs um 500 v.Chr. den Indus hinabsegelte. Andere Autoren verlassen sich auf Hörensagen, auf Erzählungen von Kaufleuten oder Seefahrern, die zum Teil über persische Vermittlung auf indische Sagen zurückgehen. Das goldreiche Wunderland beschreibt Herodot ausführlich in seinen »Historien« und behauptet, dass nur die äußersten, entlegendsten Gegenden der Erde, insbesondere Indien, die seltensten und kostbarsten Dinge besäßen. In einer berühmten Passage seines Indien-Exkurses erzählt Herodot von goldgrabenden Riesenameisen in der Wüste, denen die Inder unter Lebensgefahr das Edelmetall rauben würden. Am persischen Hof könne man sogar einige gefangene Exemplare bestaunen. Diese fabelhafte Geschichte ist in ihrem Kern in den 1990er-Jahren von französischen Ethnologen bestätigt worden: Bei den Riesenameisen scheint es sich um Murmeltiere zu handeln, die in der goldreichen Region Deosai in Kaschmir anzutreffen sind und bis zu 70 cm groß werden können. Das kleine Volk der indoeuropäischen Minaro weiß noch heute zu berichten, dass seine Vorfahren einst den Goldstaub um die Erdhöhlen der Murmeltiere aufsammelten.

Vom Goldreichtum, von Silber und Diamanten erzählte auch ein weiterer Grieche, Ktesias von Knidos, der gegen Ende des 5. Jh. v.Chr. als Arzt am Hof des Großkönigs lebte. In seinen nur noch fragmentarisch erhaltenen »Indiká«, Geschichten über Indien, die der Unterhaltung seiner griechischen Leser dienen sollten, beschrieb er ein fruchtbares »Schlaraffenland« im äußersten Osten. In den Flüssen würde Honig fließen, feinstes Öl aus Seen geschöpft werden, die Menschen keinerlei Krankheit und Schmerz kennen und über hundert Jahre alt werden. Am Rand der bewohnten Welt würden aber auch gefährliche Ungeheuer leben, wie die Kynokephalen, hundsköpfige Wesen, oder die Anthropophagen oder Mantikoren, Menschenfresser, die drei Zahnreihen besäßen, und deren Löwenkörper in einem Skorpionschwanz ende.

Hartnäckig hielten sich Fabelgeschichten über die Wunder Indiens. Selbst die am Alexanderzug teilnehmenden Wissenschaftler und hohen Offiziere haben sich dieser Faszination nicht entziehen können und ihre Berichte und Memoiren mit allerlei weiteren Merkwürdigkeiten ausgeschmückt: Sie berichteten von Menschen, die in ihren Schaufelohren schliefen, von Mundlosen, die sich nur von Gerüchen ernährten, von Einhörnern oder geflügelten Riesenskorpionen.

Fast 200 Jahre währte die persische Herrschaft am Indus. Sie war in kultureller Hinsicht geprägt von wechselseitiger Beeinflussung und Vermittlung, die sich bis in die jeweiligen Sprachen hinein verfolgen lässt. Über den Fernhandel gelangten Reis, Baumwolle, Pfeffer und Zimt sowie das Huhn und der Pfau aus Indien bzw. Südostasien nach Europa. Aus dem Mittelmeerraum kamen mediterrane Gewürze wie Koriander und Kreuzkümmel nach Indien, von Persien aus wirkten Verwaltungspraktiken und Architekturformen nach Osten.

Der Indien-Feldzug Alexanders des Großen

Nach der Eroberung Persiens marschierte das makedonische Heer unter seinem König Alexander dem Großen (359–323 v.Chr.) im Frühsommer 327 v.Chr. von Kabul aus zum oberen Indus-Tal. Gegen den hartnäckigen Widerstand der einheimischen Bevölkerung, der brutal niedergeschlagen wurde, stieß die Armee durch den Punjab über den Indus bis zum Hydaspes (heute Jhelum) vor. An seinem Ufer schlug Alexander 326 v.Chr. den König der Puru, Poros, der mit Streitwagen und Kriegselefanten gegen ihn angetreten war. Durch den unablässigen Monsunregen marschierte das Heer dann weiter ostwärts. Zwölf Jahre hatten 35 000 Soldaten, vor allem Makedonen, Griechen und Thraker, an Alexanders Seite gekämpft und waren ihm dabei mehr als 30 000 km gefolgt. Das Ende der Welt schien den Soldaten am Indus bereits so nahe, dass sie nach den goldgrabenden Riesenameisen Ausschau hielten. Es rückte jedoch mit jedem Vorstoß in immer weitere Ferne. Im Sommer 326 v.Chr. meuterte schließlich das kriegsmüde Heer am Oberlauf des Hyphasis (heute Beas) im Punjab. Alexander musste gegen seinen Willen den Rückmarsch antreten. Er erklärte daher das Ende der Welt für erreicht, opferte den Göttern und setzte Landmarken. Seine erschöpften Truppen schlugen sich unter verlustreichen Kämpfen gegen ortsansässige Stämme stromabwärts bis zur Indus-Mündung durch. Viele Soldaten kamen schließlich noch bei dem unnötigen Marsch durch die Gedrosische Wüste nach Westen um, mit dem es Alexander dem Gott Dionysos gleichtun wollte. Am Ende des Indien-Feldzuges, der seinen Anspruch auf die Weltherrschaft untermauern sollte, hatte Alexander die moderne, 1947 zwischen Pakistan und Indien gezogene Grenze bloß um wenige Kilometer überschritten.

picture-alliance/akg-images

Alexander und Poros. Öl auf Leinwand von Charles Le Brun, um 1673.

Das Magadha-Reich

Alexanders »indische« Eroberungen gingen bereits kurz nach seinem Abzug wieder verloren. Anders als in der griechisch-römischen Literatur hat der Makedoneneinfall in indischen Zeugnissen kaum Widerhall gefunden. Bedeutsamer waren aus indischer Perspektive die Schicksale östlicher Königreiche, vor allem das mächtige Magadha mit seiner Hauptstadt Pataliputra (heute Patna) am Ganges, das sich im Westen seit 322 v. Chr. über den Indus ausdehnte und für die folgenden knapp 100 Jahre einen Großteil des indischen Subkontinents beherrschte. Dem Begründer der Maurya-Dynastie Chandragupta, den die Griechen Sandrakottos nannten, wurde um 300 v.Chr. nach dem gescheiterten Feldzug des Seleukos I., einem ehemaligen General Alexanders, in einem Abkommen die östlichen Satrapien am Indus offiziell abgetreten. Seleukos erhielt als Gegenleistung eine großzügige Lieferung von 500 Kriegselefanten, die in den späteren Diadochen-Kriegen eine nicht unwesentliche Rolle spielen sollten. Rege außenpolitische Kontakte zwischen den Herrschern belegt die Präsenz griechisch-makedonischer Diplomaten am indischen Hof in Pataliputra. In seiner weitgehend verlorenen »Indiká« gibt etwa der seleukidische Gesandte und Geschichtsschreiber Megasthenes (350–290 v.Chr.) ausführlich Auskunft über Ganges-Indien, Land und Leute, die zentralistische Staatsverwaltung und das wohl auf das »Kastenwesen« hinweisende Sozialgefüge. Trotz eigener Anschauung blieb aber auch Megasthenes dem traditionellen Indien-Bild verpflichtet. Unter dem Enkelsohn Chandraguptas, Aschoka, erreichte dann das Magadha-Reich seine größte Ausdehnung: Es erstreckte sich in der Mitte des 3. Jh. v.Chr. von Arachosia, einem Teil des heutigen Afghanistans, bis zum Siedlungsgebiet der Andhra im Südosten des Subkontinents. Dieses dravidische Volk gab einem Bundesstaat im modernen Indien, Andhra Pradesh, seinen Namen.

Indo-Griechen und Römer

Während seiner Regierungszeit wurde Aschoka ein Anhänger der Lehren Buddhas, wovon seine inschriftlich erhaltenen Edikte zeugen, die teilweise sogar auf Griechisch und Aramäisch abgefasst sind. Als nach seinen Tod 232 v.Chr. das Großreich der Maurya zerfiel, nutzte auch der westliche Nachbar diese Schwäche. Die baktrischen Griechen errichteten im 2. Jh. v.Chr. unter Menandros I. ein indogriechisches Königreich, das wohl von Gandhara bis in den Punjab reichte. Unter dem Namen »Milinda« hat dieser indogriechische Herrscher Eingang in die indisch-buddhistische Literatur gefunden (»Milindapanho«). Von Zentralasien ausgehende Völkerbewegungen führten dazu, dass bereits ein Jahrhundert später die indogriechische Herrschaft in diesem Raum von den spitzhütigen Saken, den iranischen Parthern und den zentralasiatischen Kuschanen (Indo-Skythen) abgelöst wurde.

Die ersten drei nachchristlichen Jahrhunderte waren in Nordwestindien von einer »Kleinstaaterei« geprägt. Die Kontakte mit der römischen Großmacht im Westen beschränkten sich im Wesentlichen auf intensive Handelsbeziehungen. Groß war vor allem die Nachfrage nach indischen Luxusgütern wie Edelsteinen, Elfenbein oder Gewürzen. Nach Indien ausgeführt wurden vor allem landwirtschaftliche Erzeugnisse sowie Glas- und Keramik-

Buddha und Vajrapani (Herakles).
Schiefer-Relief aus Gandhara, 1. Jh. n.Chr.

waren. Überliefert sind des Weiteren mehrere indische Gesandtschaften nach Rom, die den Kaisern Augustus, Claudius oder Trajan ihre Aufwartung machten. Beeindruckt vom Parther-Feldzug Trajans nahm der Kuschane Kanishka II. um 119 n.Chr. sogar den Titel »Kaisara« an. Im frühen 4. Jh. n.Chr. begann in Magadha am Ganges erneut ein Reich zu entstehen, dessen Begründer Chandragupta I. sich *Maharajadhiraja* (Oberkönig von Großkönigen) nannte. Im 5. und 6. Jh. erlag dieses letzte Großreich des alten Indien den Einfällen der zentralasiatischen Hunnen.

Als kulturelles Erbe der Völkerbewegungen, der Stadtgründungen unter Alexander dem Großen, der Handelskontakte nach Ost und West entstand in der Region Gandhara, im heutigen Ostafghanistan und Nordwestpakistan, eine einzigartige Kulturlandschaft. Sie verband indisch-buddhistische, griechische und persische Elemente zur so genannten Gandhara-Kunst und wirkte bis weit nach Zentral- und Südostasien hinein. Charakteristisch für diesen Mischstil sind neben dem einheitlichen Material, Stuck oder Schiefer, im Wesentlichen die Verarbeitung griechisch-römischen Formenreichtums mit buddhistischen Motiven. Neben der Abkehr von der bildlosen Verehrung Buddhas finden sich griechische Götterbildnisse, die Wiedergabe von Szenen aus dem Trojanischen Krieg oder die Übernahme von hellenistischen Herrscherporträts. Der Halbgott Herakles wird als Vajrapani, als Begleiter Buddhas, dargestellt, Buddha selbst verschmilzt mit Apollon. In Mimik, Gestik, Körperhaltung und vor allem im Faltenwurf der Gewänder ist die griechisch-römische Antike deutlich zu erkennen. In der Gandhara-Tradition stehen letztlich noch die ins 6. Jh. n.Chr. datierten Buddha-Statuen von Bamian, die 2001 von den afghanischen Taliban gesprengt wurden.

Loretana de Libero

picture-alliance/ZB/Andreas Lander

Das Mogul-Reich ist nach dem Delhi-Sultanat (1206–1414) und den anschließenden Sayyid- und Lodi-Dynastien (1414–1526) der vierte muslimische Herrschaftsverbund in Nordindien. Sein »Gründer«, der timuridische Lokalherrscher Babur, führte seine Truppen im 16. Jh. aus Zentralasien bis Delhi. Als Babur 1530 starb, existierte allerdings noch kein gefestigtes Mogul-Reich. So musste sich sein Nachfolger Humayun gegen seine Brüder, rebellische muslimische Heerführer in Gujarat und Bihar sowie gegen regionale Lodi-Machthaber durchsetzen. 1539 erlitt er eine entscheidende Niederlage gegen einen von ihnen, Sher Schah Sur. Humayun blieb nur die Flucht nach Iran, während Sher Schah für zwei Generationen die Dynastie der Suriden in Agra etablieren konnte.

Erst 1545 gelang dem Mogul-Herrscher mithilfe persischer Truppen die Rückkehr nach Indien. In der zweiten Schlacht bei Panipat vernichtete 1556 sein Sohn und Nachfolger Akbar die letzten Suriden. Akbar (1556–1605) leitete zahlreiche erfolgreiche militärische Unternehmungen, durch die das Herrschaftsgebiet der Moguln in großem Umfang erweitert wurde. Wichtig war darüber hinaus die Unterwerfung der Rajputen-Staaten. Akbar steht ferner für eine Reihe einschneidender administrativer und kultureller Reformen. Die Abbildung zeigt den Taj Mahal in Agra, vom Mogul-Kaiser Schah Jahan für seine im Kindbett gestorbene Frau Mumtaz Mahal als Zeichen der Liebe errichtet. Der Bau, 1648 begonnen, gilt als Höhepunkt der Mogul-Architektur.

Die Herrschaft der Moguln

Das Zentrum des Mogul-Reiches bildete der Herrscher. In seiner Hand liefen alle Fäden der zentralisierten Verwaltung zusammen. Er selbst sah sich in islamischer Tradition als Kalif, als »Führer der Gläubigen«. Dies implizierte, dass auch er lediglich ein Gläubiger und somit in all seinen Handlungen dem islamischen Recht, der *Scharia*, unterworfen war. Die Machtausübung der Mogul-Herrscher war also formal begrenzt, aber auf der administrativen Ebene absolut. Keine wichtige Entscheidung konnte ohne das Wissen und die Zustimmung des Machthabers gefällt werden. Sämtliche im Verwaltungsapparat tätigen Angestellten waren ihm persönlich unterstellt. Über ihre Beförderung oder Degradierung entschied letztlich allein der Mogul. Dessen Tagesablauf war minutiös vorgeschrieben, die meiste Zeit nahmen die Regierungsgeschäfte in Anspruch.

Im Laufe der Zeit entstand am Hof ein – den Provinzverwaltungen übergeordneter – zentraler Verwaltungsapparat, in dem sich verschiedene Minister die Aufgaben teilten. Eine Art Kanzler war die rechte Hand des Herrschers. Er kontrollierte die gesamten Staatsangelegenheiten. Unter seiner Ägide arbeitete ein Finanzminister, der sich um den Haushalt des Hofes kümmern musste. Einer der wichtigsten Untergebenen des Kanzlers war der Chef des Mansab-Systems, das im Folgenden noch beschrieben wird. Die religiösen Angelegenheiten oblagen ebenfalls einem Minister, der gleichzeitig das oberste Richteramt inne hatte, da im Islam Recht und Religion unmittelbar miteinander verknüpft sind. Er unterstand direkt dem Herrscher und arbeitete mit einem Staatssekretär zusammen, der in erster Linie für die Ausführung der richterlichen Urteile zuständig war. Zu seiner direkten Verfügung hatte der Herrscher eine Anzahl von Schreibern und Kopisten, die dafür sorgten, dass die Anordnungen, Dekrete, Erlasse und Ernennungen auf- bzw. abgeschrieben wurden. Schließlich und endlich zählte auch ein Polizeiminister zu den wichtigen Männern der Regierung.

Das Mogul-Reich war in Provinzen unterteilt. Jede Provinz setzte sich aus kleineren Bezirken zusammen, die wiederum in Gemeinden gegliedert waren. Das administrative Gefüge entsprach auf lokaler Ebene weitgehend dem der Zentralverwaltung. Der Statthalter einer Provinz hatte zwar für den allgemeinen Ablauf der Verwaltungsangelegenheiten innerhalb einer Provinz zu sorgen, gleichzeitig stellte ihm jedoch die Zentralverwaltung Beamte an die Seite, die ihn kontrollierten. Sie waren zudem für die Steuern und Finanzen, Religion und Justiz sowie für die Sicherheit zuständig. Der Statthalter durfte sich in diese Dinge nicht einmischen.

Da das Mogul-Reich in erster Linie ein Agrarland war, kam der Pflege, Verwaltung und Besteuerung sowie fairen Abgabeleistungen und dem Schutz der Bauern besondere Bedeutung zu. Akbar übernahm größtenteils das alte Verwaltungsgefüge der Sultane von Delhi. In seiner Regierungszeit existierte ein Minister, der sich ausschließlich um die Belange der kleinen Leute und der Bauern in den Provinzen, Bezirken und Distrikten sorgen sollte. Dieser Beamte hatte direkten Zugang zum Volk, war für alle Angelegenheiten der einfachen Menschen persönlicher Ansprechpartner und im Endeffekt für deren Wohlergehen persönlich verantwortlich.

Ränge und Ämter – Das Mansab-System

Das hier idealtypisch beschriebene Verwaltungssystem bildete allerdings nur die eine Seite des administrativen Gesamtgefüges. Direkt damit verbunden war das so genannte Mansab-System. Akbar selbst war es, der für die umfassende Ausgestaltung dieses komplexen Systems sorgte. Das Wort *Mansab* lässt sich nicht ohne weiteres übersetzen. Ein Mansab war eine Art Rang, der die Position des Inhabers innerhalb des Mogul-Reiches festlegte, der aber auch unmittelbar mit militärischen und sonstigen Verpflichtungen verbunden war und in persönlicher Verbindung mit dem Herrscher stand. Akbar hatte 66 solche Ränge geschaffen, von denen jedoch nur die Hälfte besetzt wurde. Jedes offizielle Amt sollte mit einem Mansab verbunden sein, nicht unbedingt aber jeder Mansab mit einem offiziellen Amt. In der Praxis ist dieses Prinzip nicht konsequent eingehalten worden. Die unteren Ämter waren oftmals nicht mit einem Mansab besetzt.

Das Mansab-System war eigentlich ein militärisches System. Jeder Mansab-Inhaber musste aus seinen Einkünften ein gewisses Kontingent von Soldaten stellen, das jederzeit zur Verfügung des Herrschers stehen sollte. Über den tatsächlichen Umfang dieses Kontingents – nominell gab es eine festgelegte Zahl – gehen die Forschungsmeinungen auseinander. Die Truppen wurden laufend überprüft. Wurden Missstände entdeckt, konnte der Mansab-Inhaber in seinem Rang herabgestuft werden. Innerhalb dieses Systems gab es keine festgesetzte Hierarchie. Jeder Mansab-Inhaber war theoretisch nur dem Herrscher unterstellt. Dieser allein wählte ihn aus, konnte ihn befördern, degradieren oder versetzen. In der persönlichen Abhängigkeit eines Mansab-Inhabers vom Mogul-Herrscher lag eine Hauptkomponente dieses Systems. Daher war der Titel auch in keinem Falle erblich.

Die Bezahlung der Mansab-Inhaber erfolgte entweder in bar oder durch die Vergabe eines Stückes genau taxierten Landes (Pfründe) an den Mansab-Inhaber, der dort ein Anrecht auf einen Teil der Steuern hatte. Boden wurde also nur zu rein fiskalischen Zwecken vergeben, d.h. ein Mansab-Inhaber sollte nur seine Einkünfte aus dem Land ziehen können, sonst hatte er keinerlei andere diesbezüglichen Rechte. Alle Einnahmen über sein festgelegtes Einkommen hinaus sollten dem Haushalt der jeweiligen Provinz zukommen. Die Pfründe unterlagen einer ständigen Kontrolle von außen. Berichte über ihren Zustand wurden regelmäßig an die zentralen Ministerien bei Hofe geschickt. Die Zuweisungspraxis führte dazu, dass unter Akbar schon 75 Prozent des gesamten Landes, unter seinem Sohn Jahangir gar 95 Prozent vergeben waren.

Der Rest des Reiches fiel unter die direkte Verwaltung des Hofes. Dies war jedoch kein Kronland, also genau festgelegtes und unveränderbares Land, sondern eben nur Land, das gerade nicht in Form von Pfründen an einzelne Mansab-Inhaber vergeben war. Ebenso erhielten Gelehrte, besonders fromme Männer (auch Hindus!), pensionierte Offiziere und Bedürftige Ländereien zur Bewirtschaftung zugewiesen.

Die Rekrutierung des Verwaltungsstabes durch den Herrscher erfolgte nach rein persönlichen, familiären oder politischen Motiven. Da es innerhalb des höheren Verwaltungsstabes, der

picture-alliance/KPA/TopFoto

Zwei Mogul-Prinzen im Gespräch. Buchmalerei aus dem späten 17. Jh.

durch seine Stellung, sein Ansehen und seinen Einfluss eine Art Nobilität darstellte, zu Interessensgruppierungen kommen musste, war dem Machthaber immer daran gelegen, seine Günstlinge zu befördern, um ein Gegengewicht zu allzu mächtigen oppositionellen Strömungen innerhalb des Adels zu haben. Bei der Ernennung zum Mansab-Inhaber wurden normalerweise die Söhne der höheren Mansab-Inhaber berücksichtigt. Darüber hinaus nahm man aber auch viele Großgrundbesitzer und höhere Beamte aus anderen Patrimonialfürstentümern in das System auf. Ebenso spielten ethnische Kriterien bei der Auswahl der Beamten eine wichtige Rolle. Bevorzugt wurden iranisch- und turkstämmige Personen.

Mechanismen und Grenzen zentralistischer Herrschaft

Es gab jedoch auch Gruppen, die sich dem direkten Verwaltungsapparat der Mogul-Herrscher entzogen. Eine vollkommene administrative Durchdringung des ganzen Reiches, die totale Eingliederung aller, lag schon allein wegen der schlechten Kommunikationsmöglichkeiten und der ungeheuren Größe des Imperiums jenseits des Machbaren. Die Herrschaft der Moguln stützte sich vielfach auf bereits vorhandene Patrimonialfürsten, die ihre Oberhoheit anerkannten und sich ihnen formal unterwarfen. Sie zahlten Abgaben, waren ansonsten jedoch autonom.

Auf diese Weise blieb ein großer Teil des Reiches unter der Herrschaft alteingesessener muslimischer oder hinduistischer Fürsten. Hierzu kam noch die Gruppe all derjeniger, die freiwillig den Mogul-Herrschern ihre Dienste anboten, aber selbst weder Patrimonialherrscher waren noch Abgaben zu zahlen hatten. Gemeint sind Mitglieder von religiösen Gemeinschaften, Sekten und Orden, die Pensionen oder Schenkungen von den Moguln annahmen, sei es als Geldgabe, sei es als abgabenfreies Land, ferner muslimische Juristen und hinduistische Religionsgelehrte, welche die Moguln in glaubensrechtlichen Fragen berieten sowie Kaufleute, die von den Moguln Begünstigungen erwarteten.

Als Grundlage der Rechtsprechung im Mogul-Reich diente das islamische Recht nach der hanafitischen Rechtsschule. Nicht-Muslimen, insbesondere den Hindus, verlieh man den Status von Schutzbefohlenen. Damit waren sie zwar Bürger zweiter Klasse, die besonderen Restriktionen unterlagen, durften aber grundsätzlich ihre Religion frei ausüben. Sie hatten eine Kopfsteuer zu bezahlen und auch sonst die doppelten Abgaben zu leisten. Diese Missstände wollte Akbar in seinem Bemühen, ein einheitliches Reich zu schaffen, nicht länger dulden. Er gab im Laufe der Zeit den Nicht-Muslimen viele Rechte, beispielsweise lockerte er die strengen Heiratsvorschriften. Der Arm der Scharia reichte im Mogul-Reich nicht sehr weit. Drei Viertel der Bevölkerung lebten auf dem Land, wo man in der Regel eigene Gerichtshöfe besaß, die nach lokalem Recht entschieden. In den Dörfern setzten sich auserwählte Einwohner zusammen, um über fast alle Streitfälle eigenständig und vor allem nach den traditionellen Rechtsgewohnheiten zu befinden.

Der Herrscher des Mogul-Reiches hatte verschiedene Möglichkeiten, den Verwaltungsstab zu kontrollieren: Das Grundprinzip des Mansab-Systems, also die persönliche Abhängigkeit vom Herrscher, erlaubte es dem Machthaber erstens, jeden Mansab-Inhaber bei einem beliebigen Vergehen in seinem Rang zu degradieren. Dies war durchaus üblich und kam häufig vor. Zweitens war es zur Regel geworden, dass Mansab-Inhaber, die eine offizielle Position bekleideten, in regelmäßigen Abständen versetzt wurden. Ein Provinzstatthalter zum Beispiel blieb kaum jemals länger als vier oder fünf Jahre in ein und derselben Regi-

picture-alliance/dpa/Erk Wirginings

Nischat Bagh (Garten der Freude) am Dal-See bei Srinagar. Den Garten entwarf im 17. Jh. Asef Khan, der Bruder von Mogul-Kaiserin Nur Jahan.

on. Jeder Mansab-Inhaber musste drittens bei einer Reihe von Gelegenheiten persönlich am Hof erscheinen. Neben ihren ohnehin üblichen Routinebesuchen geschah dies etwa nach einem Wechsel der Pfründe, bei einer Rangerhöhung oder zu festlichen Anlässen. Viertens kam es durch die enge Verflechtung von administrativem Gefüge und Mansab-System auf verschiedenen Verwaltungsebenen zu einer Kompetenzspaltung unter den einzelnen Beamten. Diese kontrollierten sich gegenseitig und konnten sich jederzeit persönlich an den Herrscher wenden, um auf Missstände aufmerksam zu machen. Fünftens war eigens das Amt eines Inspektors auf zentraler und Provinz-Ebene geschaffen worden, um den reibungslosen Ablauf des Mansab-Systems zu überwachen und für sein ordnungsmäßiges Funktionieren zu sorgen. Sechstens verfügte der Mogul-Herrscher über Nachrichtenoffiziere in den einzelnen Bezirken und Gemeinden. Zu deren Aufgaben gehörte es, Berichte über den Zustand der jeweiligen Verwaltungseinheit zu verfassen und an den Hof weiterzuleiten. Schließlich ließ es sich der Mogul-Herrscher nicht nehmen, auch persönlich und vor Ort von seinem Kontrollrecht Gebrauch zu machen. Er befand sich ständig außerhalb der Hauptstadt auf Reisen. Auf diesen Fahrten begleitete der gesamte Hof den Machthaber. So blieb die Zentralisierung des Reiches in vollem Umfang erhalten.

Die Stabilität dieses komplexen Imperiums mit seiner ausgeklügelten Administration war zwangsläufig nur unter ganz bestimmten Bedingungen gewährleistet. Allein ein rigoroser Zentralismus, d.h. die unumschränkte administrative Machtausübung des Herrschers, konnte ein reibungsloses Funktionieren des Verwaltungsapparates garantieren. Ein solch – schon durch seine Größe, seine kulturellen und geografischen Unterschiede – fragiles Gebilde wie das Administrationsgefüge des Mogul-Reiches stützte sich in erster Linie auf die Loyalität seiner Beamten. Diese war aber nur dann gegeben, wenn die Zentralgewalt keine Schwäche zeigte, d.h. solange man auftretende Probleme zufriedenstellend zu lösen verstand, verbunden mit Wohlstand und Eroberungen.

Entwicklung des Mogul-Reiches

Unter Akbars Nachfolger Jahangir (1605–1627) festigten sich die inneren Strukturen des Reiches. Zudem konnte der letzte Rajputen-Staat in Udaipur unterworfen werden (siehe Karte auf S. 37). Zu einer weiteren Ausdehnung des eigenen Einflussbereiches auf dem südindischen Dekkan kam es nicht. Als hochgebildeter und künstlerisch vielseitig interessierter Herrscher zog Jahangir eine Reihe von Gelehrten und Dichtern an seinen Hof. Er selbst verfasste eine Art Autobiografie, die hinsichtlich ihrer künstlerischen Gestaltung nicht hinter den ihm als Vorbild dienenden Memoiren Baburs zurücksteht.

Nach Jahangirs Tod 1627 und der Entmachtung seiner einflussreichen Gemahlin Nur Jahan durch den Wesir Asef Khan bestieg dessen Sohn Khurram als Schah Jahan (1627–1657/58) den Thron. Die höfische Kultur, insbesondere die Architektur, aber auch die Dichtung und Miniaturmalerei erlebten eine Zeit der Blüte. Als einen ganz bewusst geschaffenen Erinnerungsort herrscherlicher Repräsentation kann man das berühmte Mausoleum, den Taj Mahal, deuten, welchen Schah Jahan für seine Frau Mumtaz Mahal (gest. 1631) am Ufer des Yamuna errichten ließ. Im Jahre 1639 beschloss der Herrscher darüber hinaus, in der Nähe von Delhi eine neue, prächtige Hauptstadt zu gründen: Schahjahanabad.

Auch politisch erzielte Schah Jahan wichtige Erfolge. 1633 war es möglich, das schiitische Sultanat von Ahmadnagar dem Mogul-Reich einzuverleiben. Drei Jahre später folgten Golkonda und Bidschapur. Dann aber hatte Schah Jahan einige Rückschläge hinzunehmen: Ein Feldzug in den Norden scheiterte, und mit den Safawiden entbrannte ein langwieriger Streit um Kandahar. Hinzu kam das Streben seiner Söhne Dara Schikoh und Aurangzeb nach der Macht. Als Schah Jahan 1657 erkrankte, ließen sich seine beiden anderen Sprösslinge, Schah Shuja in Bengalen und Murad Bakhsh in Gujarat, zu Herrschern ausrufen. Aurangzeb siegte schließlich im Bruderstreit und setzte seinen Vater 1658 gefangen. Wenig besser erging es auch Dara Schikoh, den er öffentlich wegen Häresie anklagen und 1669 hinrichten ließ.

Dara Schikoh hatte in seinen Schriften den Versuch gewagt, die seit dem 16. Jh. auf dem Subkontinent intensiv geführte geistige Auseinandersetzung muslimischer und hinduistischer Denker in einer Symbiose beider Religionen zu verquicken. Sowohl die vom Volk getragenen hinduistischen Bhakti-Traditionen wie auch die in den Sikhismus mündende synkretistische Bewegung zeugen von der Anstrengung, einen pragmatischen Mittelweg zwischen beiden Glaubensvorstellungen zu finden. Vieles deutet darauf hin, dass in dieser Zeit neben den intellektuellen Versöhnungsbestrebungen beinahe überall auf dem Subkontinent einfache Muslime und Hindus viele religiös konnotierte Bräuche, Zeremonien und Glaubensinhalte miteinander teilten.

In der Person des neuen Potentaten Aurangzeb (1658–1707) fanden die konservativen Religionsgelehrten, die solche synkretistischen Tendenzen scharf verurteilten, ihren Fürsprecher. Aurangzeb galt als überaus frommer Muslim, der es sehr ernst mit den religiösen Pflichten nahm. Der allgemeine Wein- und Opiumkonsum bei Hofe war ihm ein Dorn im Auge. Stattdessen suchte er das Gespräch mit den Religionsgelehrten, studierte den Koran, die Rechtswerke und beschäftigte sich ausgiebig mit den Schriften des bekannten muslimischen Theologen al-Ghazali

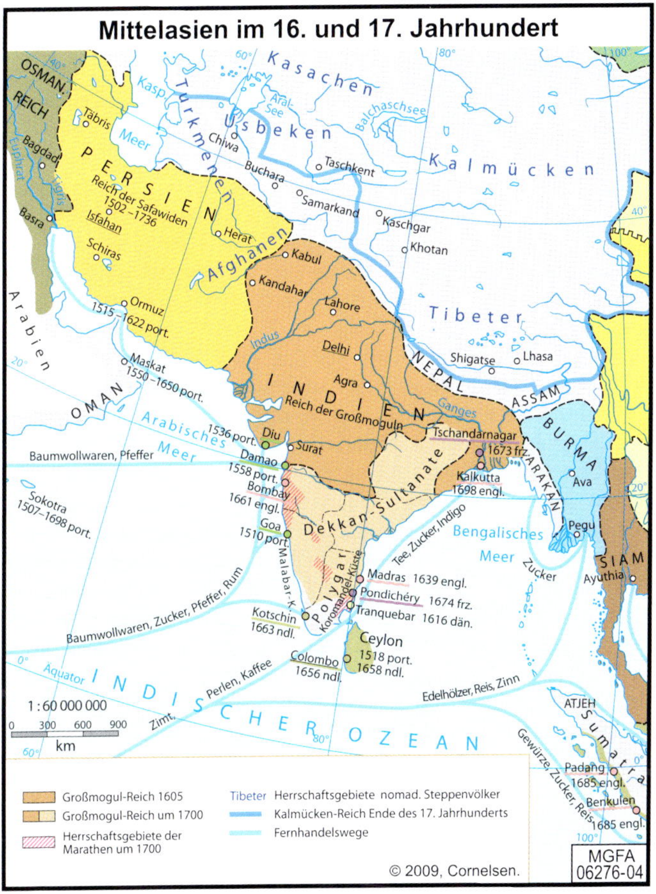

Mittelasien im 16. und 17. Jahrhundert

(gest. 1111). Während seiner Regierungszeit erfolgte aber auch die weitere Ausdehnung des Reiches nach Süden – allerdings mit der Folge einer massiven Finanzkrise. Seine Religionspolitik (u.a. Wiedereinführung der Kopfsteuer für Nicht-Muslime, Verbot des Neubaus von Hindu-Tempeln und Gotteshäusern anderer Glaubensgemeinschaften) sorgte für Unruhe in der Bevölkerung. Des Weiteren rebellierten die wiedererstarkten, wenn auch untereinander zerstrittenen Rajputen in West- und Zentralindien.

Auf dem Dekkan stellten neben Golkonda und Bidschapur die Marathen unter Führung des Hindus Shivaji eine ernsthafte Gefahr für Aurangzeb dar. Er verlagerte daher die Hauptstadt in die Region. 1686 fiel Bidschapur, ein Jahr darauf Golkonda. Allein die Marathen konnten ihre Herrschaft aufrecht erhalten. 1674 ernannte sich Shivaji offiziell zum König (*Chatrapati*). Sein Sohn und Nachfolger Shambaji (gest. 1689) konnte sich noch für einige Zeit auf dem Dekkan halten, da Aurangzebs Kräfte durch den Kampf gegen die Afghanen im Norden des Reiches gebunden waren.

Die Finanzierung der Kriegszüge erschöpfte das Reich. Die hohen Steuerlasten führten zu Aufständen der Jats um Delhi und Agra und der Sikhs im Punjab. In der Zeit, die Aurangzeb auf dem Dekkan zubrachte, hatten die englischen, niederländischen und französischen Handelskompanien in den einzelnen Regionen an politischem Gewicht gewonnen. Sie traten nun gegenüber den lokalen Verwaltungen als gleichberechtigt auf und verhandelten mit den einheimischen Autoritäten auf Augenhöhe. Aurangzebs Erbe, Bahadur Schah (1707–1712), versuchte noch einmal, grundlegende Reformen durchzuführen, aber der Verfall des Reiches war schon zu weit fortgeschritten. Marathen und Briten bauten ihre Machtpositionen aus, und die Provinzen wurden zu halbautonomen Staaten (siehe Karte auf S. 43).

Innere Kämpfe schwächten das Zentrum. Farooq Siyar (1713–1719), der erst nach erbitterten und langwierigen Auseinandersetzungen mit seinen Brüdern an die Macht gelangte, konnte seine Position nicht festigen. Zwar söhnte er sich mit den Rajputen aus und sicherte 1717 der East India Company neben weitreichenden Privilegien auch den zoll- und abgabefreien Handel in Bengalen, Bihar und Orissa zu, doch das Reich war durch die Auseinandersetzungen an der Spitze gelähmt. Überall fielen Tributärfürsten und Statthalter von der Zentralregierung ab. Schließlich marschierte der Statthalter auf dem Dekkan mit einem großen Heer, das zu großen Teilen aus Marathen bestand, in Delhi ein und beseitigte den Herrscher.

Wie sehr das Mogul-Reich als einheitlicher Herrschaftsverband an Kohärenz und Struktur verloren hatte, zeigte sich in den

1720er- und 1730er-Jahren während der Regierung von Mohammed Schah (1736–1747). Im Jahre 1724 trat dessen Premierminister Asef Jah zurück, um fortan als *Nizam* (Herrschertitel) von Haiderabad auf dem Dekkan praktisch unabhängig zu regieren. Damit gingen dem Mogul-Reich ein Drittel der Staatseinkünfte und drei Viertel des Kriegsmaterials verloren. Nur 15 Jahre später marschierte der persische Herrscher Nadir Schah in Delhi ein und plünderte die Stadt. Die Regionalisierung der Macht setzte sich mit dem Sieg der Briten 1757 in der Schlacht von Plassey gegen den *Nawab* (Herrschertitel) von Bengalen fort. 1803 musste Schah Alam II. (1759–1808) Großbritannien offiziell als Schutzmacht anerkennen. Das Ende der nominellen Herrschaft der Großmoguln erfolgte 1858 nach der Niederschlagung der *Mutiny* (Meuterei) mit der Exilierung des letzten Herrschers. Das Reich wurde zur Kolonie Britisch-Indien. 1876 ließ sich Königin Victoria zur Kaiserin von Indien krönen.

Stephan Conermann

picture alliance/united archiv

Pakistan entstand als staatliche Neuschöpfung mit Schwerpunkt im nordwestlichen Teil Britisch-Indiens. Dennoch muss seine Vorgeschichte im Kontext des gesamten Subkontinents gesehen werden. Diese Geschichte vollzog sich als Folge von Überlagerungsprozessen: Sowohl bei der Gründung als auch beim Zerfall der indischen Reiche erbten und entwickelten die neuen Herrscher einen Teil der Militär-, Verwaltungs- und Steuererhebungsstrukturen ihrer Vorgänger weiter fort. Das gilt auch für Britisch-Indien.

Zwar erscheint Indien in mancher Hinsicht als Paradebeispiel für die europäische Expansion, doch setzte die britische Dominanz dort überhaupt erst um das Jahr 1800 ein. Schon im 19. Jh. begannen sich allerdings grundsätzliche Konfliktlinien abzuzeichnen, hier insbesondere im religiösen Bereich, die später zu Spaltung, Flucht und Vertreibung sowie bewaffneten Auseinandersetzungen führen sollten. Die Entstehung Pakistans im 20. Jh., von den Briten nicht unbedingt erwünscht, resultierte aus den Widersprüchen zwischen den Ordnungsvorstellungen der Kolonialherren und den politischen, wirtschaftlichen und religiösen Gegebenheiten sowie den gesellschaftlichen Spannungen auf dem Subkontinent. Die populäre indische Darstellung von 1825 zeigt einen Repräsentanten der East India Company, der an einer Prozession teilnimmt.

Britisch-Indien – Vom Beginn der europäischen Expansion bis zur Entstehung Pakistans

Gemäß der lange vorherrschenden, eurozentrischen Sichtweise verlief die Erschließung Indiens als Abfolge abendländischer Kolonialpräsenz: erst der Portugiesen, dann der Niederländer, schließlich der Briten, die sich im 18. Jh. gegen ihre französischen Konkurrenten durchsetzten. Allerdings beschränkte sich in der Frühen Neuzeit, also vom frühen 16. bis zum ausgehenden 18. Jh., die europäische Kontrolle auf die See sowie Handelsstützpunkte (Faktoreien oder »Presidencies«). Die Herrschaft der indischen Reiche auf dem Festland blieb davon zunächst unberührt.

Mit der Erschließung des direkten Seeweges nach Indien durch Vasco da Gama im Mai 1498 ging ein langgehegter Wunsch europäischer Handelstreibender in Erfüllung. Zu den Gewinnen aus dem Gewürzhandel kamen die Zollgebühren für die Passage von Schiffen anderer Nationen sowie für den Warenverkehr auf dem Indischen Ozean; hierzu zählte etwa die lukrative Versorgung der indischen Fürsten und ihrer Armeen mit Pferden aus Vorderasien. Schon im ersten Jahrzehnt des 16. Jhs. etablierten die Portugiesen ein Netz befestigter Stützpunkte vom Roten Meer bis Malakka. Der portugiesische Vizekönig residierte im 1510 erworbenen Goa. Im späteren 16. Jh. brachen technisch überlegene Schiffe der finanzkräftigen niederländischen und britischen Aktiengesellschaften die Dominanz des portugiesischen Kronkapitalismus. Verschiedene holländische Gesellschaften schlossen sich im Frühjahr 1602 zur Vereinigten Ostindischen Companie (VOC) zusammen.

Am 31. Dezember 1600 gründeten englische Kaufleute die East India Company (EIC), die bis 1858 die britischen Interessen auf dem Subkontinent wahrnahm. Die größte Hafenstadt des Mogul-Reiches, Surat, im Nordwesten Indiens bauten englische Seefahrer im Jahr 1608 zu einem Handelsstützpunkt aus. Infolge ihres Sieges in der Seeschlacht von Suwali im November 1612 brach die EIC die portugiesische Dominanz im Arabischen Meer. Auch mit den Niederländern kam es zu Auseinandersetzungen. Bis 1687 blieb die EIC in Surat. Seit Ende des 17. Jhs. übernahm zunehmend Bombay, das zwischen 1668 und 1669 von Portugal an England abgetreten wurde, die Rolle als wichtigste Hafenstadt an der indischen Westküste. Im Südosten entwickelte sich das 1639/40 erbaute Fort St. George zur Kolonie Madras. Das 1690 errichtete Fort William (später: Kalkutta) stieg im 18. Jh. zum Schwerpunkt der Herrschaft der englischen (seit 1707 britischen) Gesellschaft auf.

Vom britisch-französischen Konflikt zur »Company Bahadur«

Nach dem Tod Aurangzebs im Jahr 1707 zerfiel das Mogul-Reich (vgl. den Beitrag von Stephan Conermann). Von nun an bestimmten direkte oder indirekte Nachfolger der Moguln die indische Politik, so etwa das mächtige Reich der Marathen in West- und Zentralindien. Infolge der wiederholten Invasionen aus dem Nordwesten zerbrach die Macht des Großmoguls in Delhi endgültig: So schlug der persische Nadir Schah das Mogul-Heer im Februar 1739, um darauf Delhi zu plündern. Nachdem Nadir Schah im Jahr 1747 einem Attentat zum Opfer gefallen war, verselbstständigte sich der Oberbefehlshaber seiner Leibgarde, Ahmed Schah Durrani (1747–1772). Dessen Reich erstreckte sich in seiner Blütezeit vom Kaspischen Meer bis in das Indus-Tiefland. Den Kulminationspunkt mehrfacher Einfälle nach Nordindien markierte die dritte Schlacht bei Panipat im Januar 1761. Die hier vom Kamelrücken aus eingesetzten afghanischen Leichtgeschütze bewiesen eindrucksvoll und nachhaltig, dass militärische Innovationen keinesfalls nur von Europa ausgingen.

Von der militärischen Schwächung der Marathen profitierte letztlich die EIC. Allerdings entspann sich außer in Europa und Amerika auch in Indien der britisch-französische Dauerkonflikt des 18. Jhs. Seit 1664 unterhielt die französische Krone hier eine Handelskompanie. Unter deren Generalgouverneur Joseph François Dupleix erfolgte in der Mitte des 18. Jhs. eine taktische und militärorganisatorische Innovation. Obwohl leichte Feuerwaffen schon seit Jahrhunderten auf dem Subkontinent zum Einsatz kamen, spielten sie bis dahin nur eine untergordnete taktische Rolle. Unter französischer Anleitung wurden nun indische Infan-

Mittelasien im 18. Jahrhundert

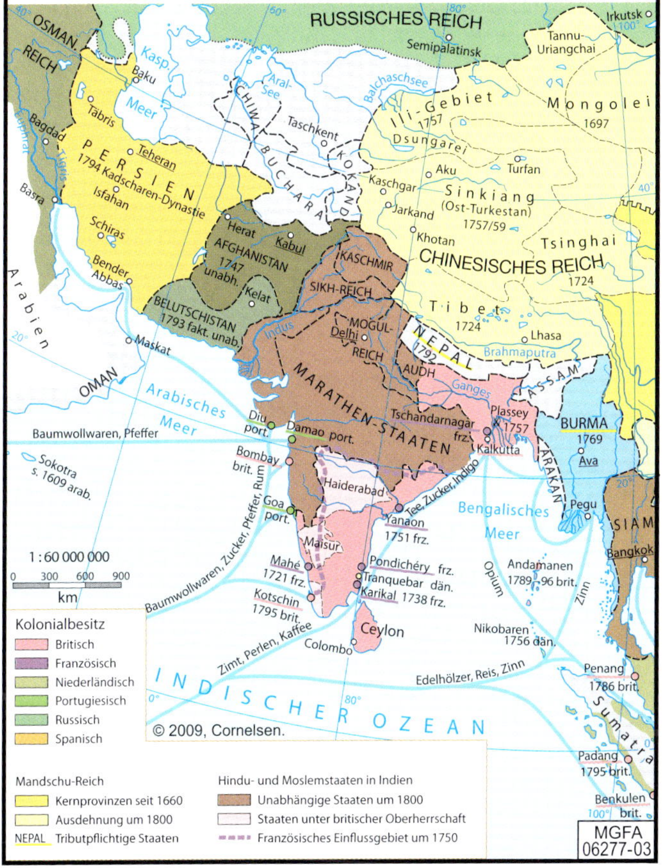

teristen nach europäischem Muster gedrillt und in geschlossenen Formationen eingesetzt. Damit waren sie den auf Kavallerie gestützten indischen Heeren überlegen. Europäische Militärexperten wurden jetzt auch für indische Fürsten interessant, viele von ihnen dienten vor Ort als Söldner. Die Verpflichtung von Sepoys (von pers. *Sipâhi* = Soldat) prägte von nun an die britische Kolonialarmee in Indien.

Anfang des 18. Jhs. setzte sich die EIC auf dem Festland fest. Seit den 1720er-Jahren erlebten der Handel mit Baumwolltextilien und deren Herstellung in Bengalen einen starken Aufschwung. Mit dem Ziel der Ertragssteigerung verband sich ein Ausgreifen auf das Festland. Damit mussten die Gewinne kostenaufwendig militärisch gesichert werden, was die Londoner Direktoren eher unfreiwillig in Kauf nahmen. Beispielhaft sei hier die Karriere Robert Clives genannt (1725–1775), der vom einfachen Angestellten der Company zu deren Offizier und Gouverneur aufstieg. Nach seiner Bewährung in der Auseinandersetzung gegen die Franzosen an der Südostküste besiegte er mit seinen Truppen am 23. Juni 1757 den *Nawab* (Herrschertitel) von Bengalen bei Plassey. Im Ergebnis wurde die Zivilverwaltung (*Diwani*) über Bengalen im Namen des Moguls an die britische Handelskompanie übertragen. Generalgouverneur Warren Hastings (1773–1785) dehnte das britische Einflussgebiet weiter aus. Ein gegen ihn angestrengtes Amtsenthebungsverfahren in Großbritannien verdeutlichte allerdings den grundsätzlichen Konflikt zwischen Profitmaximierung und Militäreinsatz. Männer wie Hastings, die ehrgeizigen »men on the spot« der EIC, trachteten mehr nach Ehre, Auszeichnung und Beute als den kühl rechnenden Londoner Direktoren und Investoren lieb war. Ein weiterer Verfechter der Expansion war Generalgouverneur Robert Wellesley (1798–1805 und 1806–1813), dessen jüngerer Bruder Arthur von 1797 bis 1805 ebenfalls in Indien kämpfte, bevor er zwischen 1807 und 1809 die britische Armee in Portugal und Spanien führte und Napoleon 1815 sein »Waterloo« bereitete.

Mit den Regulating Acts von 1773 und 1784 verfestigte sich die Struktur der EIC. In London entstanden Kontrollgremien, und Angriffskriege unterlagen einem dezidierten Verbot. Letztlich gelang es, beide Aspekte der Expansion – militärische Aggressivität und rationelle Methoden zur finanziellen Ausbeutung – in Einklang zu bringen. Dem machtlosen Mogul fehlte Ersteres, den indischen Reichen Letzteres. Infolgedessen baute die EIC von der Mitte des 18. Jhs. bis 1818 ihre Vormachtstellung auf dem Subkontinent aus. Ihre Organisation erwies sich – trotz grassierender Korruption – gegenüber den auf personale Netzwerke gestützten Herrschaftssystemen in Indien als überlegen.

picture-alliance/imagestate/HI

Der Sitz der East India Company in der Leadenhall Street in London um 1800.

Von der »Pax Britannica« zum »British Raj«

In den Jahrzehnten um 1800 vollzog die EIC einen Wandel ihrer Herrschaftstechnik: vom Handelsmonopol über die Militarisierung hin zur administrativ organisierten Territorialherrschaft. Sie organisierte die Steuererhebung, die sich ab 1793 auf eine regelmäßige Veranlagung der Landbesitzer (*Zamindars*) stützte, und normierte das Zivil- und Strafrecht. 1813 verlor sie ihr Monopol für den Indienhandel und firmierte ab 1833 nicht mehr als Handelsgesellschaft. Nun galt es vielmehr das Gewaltmonopol herzustellen: Infolge einer Reihe von Kriegen hatten sich nicht nur Territorien, sondern auch Söldner-Armeen und Kriegerbanden gebildet, die der englischen Herrschaft im Wege standen. Hiervon zeugt der dritte Marathen- oder Pindarikrieg (1817/18). Von Bengalen als Herrschaftszentrum aus durchdrang die britische Krone nun immer weitere Teile des Subkontinents.

Bis zum großen Aufstand von 1857/58 (*Mutiny*) verlief die Expansion im Wesentlichen in nordwestliche Richtung. Sie stand bald auch im Zeichen des so genannten *Great Game* gegen

Russland, das sich seit Mitte des 19. Jhs. in Zentralasien auf dem Vormarsch befand. Vor diesem Hintergrund vollzog sich von 1843 bis 1848 die Unterwerfung zweier Kerngebiete des heutigen Pakistans: Zuerst geriet der Sindh am unteren Indus unter indische Herrschaft, drei Jahre darauf der Punjab. Ab 1799 hatte der Maharadscha Ranjit Singh (1780–1839) aus der Erbmasse des entzweiten Durrani-Reiches ein unabhängiges Imperium im Kaschmir und Punjab etabliert. Obwohl er über eine modern ausgerüstete Armee verfügte, war er wohlweislich der Konfrontation mit den Briten aus dem Weg gegangen (vgl. den Beitrag von Dietmar Rothermund).

Die Folgewirren nach seinem Tod 1839 führten zu den zwei Sikh-Kriegen der britisch-indischen Armee. Der erste Konflikt 1845/46 brachte die Abhängigkeit Kaschmirs vom Empire, der zweite Krieg 1848/49 ermöglichte den »Anschluss« des Punjabs. Im Jahr 1854 wurde Belutschistan britisches Protektorat. Spürbare Kratzer erhielt das Bild einer unaufhaltsamen Expansion Britisch-Indiens allerdings beim versuchten Ausgreifen nach Afghanistan. Der Erste Anglo-Afghanische Krieg von 1838 bis 1842, der die einstige Nordwestgrenze des Mogul-Reiches hätte wiederherstellen können, endete nach kurzer Besetzung Kabuls im Desaster. Gleichwohl wurde Afghanistan nach einem zweiten wechselvollen Krieg zwischen 1879/80 zum halbautonomen britischen Protektorat.

Risse in der britischen Herrschaft

Eine elementare Erschütterung der britischen Herrschaft bedeutete der Sepoy-Aufstand von 1857/58. Dieser kann je nach Perspektive als erster indischer Unabhängigkeitskrieg oder schlicht als Meuterei interpretiert werden. Bereits im 18. Jh. hatte es Meutereien gegeben – vor allem seitens europäischer Offiziere der EIC! Nun aber wehrten sich indische Soldaten gegen die im frühen 19. Jh. zunehmende Regulierung und »Europäisierung« ihres Dienstbetriebes. Ferner trachtete die auf Einsparung bedachte EIC angesichts des relativen Friedens im Innern nach einer Truppenreduktion. Der Wegfall der Soldzahlungen für die

Der britische Segler JOHN WOOD vor Bombay. Öl auf Leinwand von J.C. Heard, um 1850.

Sepoys bedeutete erhebliche Einschnitte für ganze soziale Segmente Indiens. Die indischen Eliten, bislang oft freie oder halbautonome Söldnerunternehmer, erlebten einen Niedergang. So hatte sich bei den bisherigen einheimischen Trägern und Nutznießern der britischen Herrschaft wegen der Beschneidung ihrer einstigen Freiheiten ein Unruhepotenzial angestaut. Zu diesem Zeitpunkt waren von den 200 000 Soldaten nur 40 000 europäischen Ursprungs.

Der offene Konflikt entzündete sich am 10. Mai 1857 in der Garnison von Meerut, als ein Regimentskommandeur seine Soldaten zwang, die mit Tierfett – und damit religiös überaus anstößig – hergestellten Patronen für das neue Enfield-Gewehr in Empfang zu nehmen, was weder muslimischen noch hinduistischen Sepoys annehmbar schien. Während der anschließenden Besetzung von Delhi setzten die Aufständischen den Mogul pro forma an die Spitze ihrer Bewegung. Der Erbe der Marathen-Herrscher wie auch die junge Fürstenwitwe Lakshmibai von Jhansi beteiligten sich aktiv an der Auseinandersetzung. Letztere fiel im Juni 1858.

Die wiedererlangte Kontrolle über das umkämpfte nördliche Zentralindien durch die Briten führte zu einer deutlichen Veränderung der Kolonialherrschaft. Grundlage für das »British Raj« (Herrschaft) war der Government of India Act vom 2. August 1858. Die Rechte der EIC – an deren Stelle nun der Indian Civil Service agierte – gingen auf die britische Krone über. Zudem erfolgte eine völlige Neuorganisation der britisch-indischen Armee. Ein Großteil der aus der zentralen Ganges-Region stammenden Hindu-Soldaten wurde entlassen. Hinfort bevorzugte man die kriegerischen Stämme (»martial races«) vor allem muslimischer Provenienz. Auch die Sikhs, die von den Briten gegen deren einstige Sepoy-Gegner mobilisiert wurden, erfreuten sich hoher Wertschätzung. Rund 30 Prozent der Soldaten stammten hinfort aus dem Norden Indiens. Das Personal der Schlüsseltruppen, so z.B. die Artillerie und später die Luftwaffe, stellten allerdings von nun an ausschließlich die Briten selbst.

In der zweiten Jahrhunderthälfte gehörten zu Britisch-Indien neben den Gebieten des heutigen Indiens, Pakistans und Bangladeschs auch Aden (1858–1937), Burma (1858–1937) sowie phasenweise Britisch-Somaliland und Singapur; Ceylon dagegen war eigene Kronkolonie. Im Jahr 1877 wurde das »British Raj« zum Kaiserreich proklamiert: Neben der Anknüpfung an die Mogul-Herrschaft stand Großbritannien nun gegenüber dem neu gegründeten Deutschen Reich protokollarisch nicht mehr zurück. Der Generalgouverneur firmierte unter dem Titel des Vizekönigs.

Britisch-Indien blieb vielgestaltig: Im Jahr 1939 umfasste es 562 Fürstenstaaten, die zum Teil durch Gebiete unter direkter britischer Verwaltung umschlossen waren. Neben der umfangreichen Armee kam das Land nicht nur für die Besoldung der Staatsdiener, sondern auch für deren beträchtliche Rentenlasten auf. Zwar entwickelte sich – vor allem in Bengalen – eine kleine gebildete indische Oberschicht, doch wurde diese, obwohl nach dem Gesetz gleichberechtigt, bis 1947 systematisch bei der Stellenbesetzung benachteiligt. Die Anknüpfung des indisch-britischen Kaiserreichs an seine Vorgänger – bei gleichzeitiger »Europäisierung« – fand ihren Ausdruck 1911, als der Regierungssitz von Kalkutta nach Neu-Delhi verlegt wurde, das bis 1931 vor den Toren der alten Stadt entstand.

Herrschaft und Religion – Die Entstehung des Staates Pakistan

Sowohl während der Mogul-Dynastie als auch unter britischer Herrschaft bildeten sich die Grundlinien heraus, an denen entlang sich die spätere staatliche Trennung von 1947 vollziehen sollte. Pakistan stand freilich am Ende einer komplexen, auch widersprüchlichen Entwicklung. Dass am Ende ein vorwiegend islamisch geprägter Staat entstehen würde, war zunächst keineswegs ausgemacht. Die Entwicklung wurde im Wesentlichen von zwei grundlegenden Themen geprägt – dem Streben Indiens nach Unabhängigkeit vom britischen Raj und dem religiös-sozialen Konflikt zwischen Hindus und Muslimen (vgl. den Beitrag von Christian Wagner).

Im 19. Jh. bildete sich eine zahlenmäßig begrenzte, aber wirtschaftlich erfolgreiche Mittelschicht aus, die unter dem Einfluss britischer Bildung, Technik und Wirtschaft moderne, westlich geprägte Perspektiven zu entwickeln begann, gleichzeitig aber einen eigenen, unabhängigen Weg propagierte. Vor diesem Hintergrund begann der Kampf gegen die britische Herrschaft. Dieser wurde in organisierter Form vor allem zunächst aus den Kreisen der Hindu-Bevölkerung getragen, so bei der Gründung des Indischen Nationalkongresses 1885. Dies führte durchaus zu Zugeständnissen und Reformen seitens der Kolonialmacht. Die entscheidende Persönlichkeit hierbei war Vizekönig Lord George Curzon (1899–1905).

Eine entscheidende Wegmarke stellte insbesondere die Gebietsreform Bengalens dar: Im Jahr 1905 wurde diese mit damals 78 Mio. Einwohnern bei Weitem einwohnerstärkste Provinz geteilt. Während Westbengalen eine mehrheitlich hinduistische Bevölkerung aufwies, war der Osten deutlich muslimisch geprägt. Anders als in Zentralindien hatte ein großer Teil der dortigen ländlichen Bevölkerung keinen Grundbesitz, und demzufolge bestanden erhebliche Abneigungen gegenüber den hinduistischen »Landlords«. Durch die Teilung entstand im Osten eine vorwiegend islamisch geprägte Provinz, was große Hoffnungen der Muslimbewegung weckte. Zwar musste die Gebietsreform nach heftigen Protesten der hinduistischen Bevölkerung (»Swa-

Bürde und Bereicherung: Das Erbe des britischen Kolonialismus

Auch mehr als 60 Jahre nach der Unabhängigkeit wirft das historische Erbe der britischen Kolonialzeit im heutigen Pakistan bis ins Alltagsleben hinein immer noch lange Schatten. Dazu gehören so banale Dinge wie der Linksverkehr auf den Straßen, die Existenz eines landesweiten Eisenbahnnetzes oder eine tief verwurzelte Teekultur, die den Tagesablauf der Menschen begleitet. Aber auch die Tatsache, dass eine so ausgefallene Disziplin wie Kricket Volkssport ist, und ein Hockeyländerspiel Zehntausende in die Stadien lockt, verrät britischen Einfluss. Auf diesem Humus wachsen längst eigenständige Traditionen: In beiden genannten Sportarten zählen die pakistanischen Nationalmannschaften seit Jahrzehnten zur Weltspitze.

Vor allem in der Oberschicht scheinen der Lebensstil und das Vorbild der englischen Kolonialherren einen besonders nachhaltigen Eindruck hinterlassen zu haben. So gehört es zum guten Ton, sich nicht nur auf Konferenzen und bei Seminaren der Sprache Shakespeares zu bedienen, sondern auch im Berufsalltag oder bei privaten Treffen mit Freunden oder Familienangehörigen. Zu einer standesgemäßen Ausbildung des Nachwuchses zählt fast selbstverständlich ein Studienaufenthalt in Cambridge oder Oxford, abgerundet durch Auslandssemester in Harvard oder Stanford und vorbereitet mit einer Schulzeit an einem von den Briten gegründeten christlichen Elite-College in Lahore oder Karatschi. Da erweist es sich als praktischer Standortvorteil, dass das pakistanische Bildungssystem das britische Modell übernommen hat, und zumindest die englischsprachigen Privatschulen auch dem britischen bzw. US-amerikanischen Curriculum folgen.

Durch den Filter dieser ebenso kostspieligen wie exklusiven Ausbildung vor unliebsamer Konkurrenz aus den Mittelschichten geschützt, ist den Sprösslingen der Wohlhabenden nach dem Abschluss die Übernahme von Führungspositionen in Justiz, Administration oder Politik garantiert. Beides – die elitäre Bildung wie auch der privilegierte soziale Hintergrund – nährt bei den Angehörigen der Führungskaste ein tief verwurzeltes Überlegenheitsgefühl gegenüber dem Rest der Bevölkerung. Damit einher geht die fatale Neigung, den Staat und seine Institutionen in erster Linie in den Dienst der eigenen Interessen zu stellen.

Zum Verständnis solch quasi-kolonialer Verhältnisse muss man sich vor Augen halten, welche historischen Fundamente den heutigen pakistanischen Staat tragen. Die Briten installierten in ihrem südasiatischen Kolonialreich ein Gemeinwesen, das vor allem der möglichst effizienten Ausbeutung seiner Bürger diente. Sämtliche Instrumente eines modernen Landes wie Bürokratie, Justiz, Rechtswesen, Armee, Bildung, Infrastruktur sowie Handels- und Finanzsystem waren diesem obersten Ziel untergeordnet.

Das britische Erbe ist im pakistanischen Alltag allgegenwärtig: der unvermeidliche Tee (und regnerisches Wetter).

Da weite Gebiete des heutigen Pakistans, abgesehen von der nördlichen Hälfte des Punjabs mit seinem Bewässerungssystem – auch dies ein koloniales Erbe –, für die Briten wirtschaftlich uninteressant waren, beschränkte man sich darauf, die bestehenden politischen Strukturen so aufzubrechen, dass in der unruhigen Randzone des Empires wenigstens ein Mindestmaß an Stabilität einkehrte. Zu diesem Zweck überschrieben die Briten lokalen Adligen riesige Landgüter mit der Auflage, im Gegenzug für Ruhe unter den dort lebenden Bauern zu sorgen. Als Folge der Landschenkungen an die kooperationsbereiten einheimischen Eliten verteilt sich der Landbesitz auch heute noch überwiegend auf einige wenige Aristokraten-Familien, die auch die mächtigsten Politiker stellen. »Feudal-Dynastien« wie die Bhuttos, Legharis, Qureshis, Gilanis und Makhdooms kopieren ihre britischen Lehrmeister nicht nur in ihrer Freizeitgestaltung, sondern auch wenn es um die Kontrolle der ökonomischen und politischen Macht in Pakistan geht. *(js)*

deshi«-Bewegung) 1911 zurückgenommen werden, zeigte aber zumindest Möglichkeiten für die Zukunft auf. Spätestens mit Gründung der Allindischen Muslim-Liga im Jahre 1906 war ein späterer Konflikt vorgezeichnet. Die politischen Führer beider Religionsgruppen versuchten, durchaus mit aufrichtigem Engagement, eine Einigung herbeizuführen, so 1916 unter dem Eindruck des Ersten Weltkriegs. Doch schon zuvor waren Trennlinien zementiert worden. So hatte eine größere konstitutionelle Reform, der Minto-Morley Act von 1909, das bis dahin sehr begrenzte Mitspracherecht der Inder in der Regierung ausgebaut, teilte Hindus und Muslime jedoch in unterschiedliche Wahlgruppen auf.

Wechselvolle Ereignisse zwischen Kooperation und Konflikt prägten die folgenden Jahrzehnte. Die Kampagnen des hinduistisch geprägten Indischen Nationalkongresses standen seit 1920 immer stärker unter dem charismatischen Einfluss Mohandas Kharamchand (Mahatma) Gandhis (1869–1948), während die Muslim-Liga nach einem eigenen Weg suchte. Zwar hatte die muslimische Bevölkerung ihre Siedlungszentren im ländlichen Bereich im Nordwesten und in Bengalen, war jedoch in unterschiedlicher Stärke überall in Indien vertreten. Die muslimischen bürgerlichen Kräfte und Intellektuellen verteilten sich ohnehin auf die größeren Städte, in denen die Muslime jedoch keine Mehrheit stellten. Dazu kam die religiöse Aufspaltung in zahlreiche konkurrierende Sekten, Bewegungen und Parteien innerhalb der islamischen Bevölkerung.

Im Rahmen des Kampfes um die Unabhängigkeit, den die Briten durch weitere Zugeständnisse (Montague-Chelmsford Act 1919 und Government of India Act 1935) zu entschärfen suchten, kristallisierten sich langsam die Forderungen nach einem eigenen muslimischen Staat heraus. Im Jahre 1930 verlangte einer der führenden muslimischen Vordenker, Mohammed Iqbal (1877–1938), auf der Jahresversammlung der Muslim-Liga die Gründung eines eigenen Staates »Pakistan« (»Land der Reinen«). Noch konkreter formulierte es Chaudhry Rahmat Ali (1895–1951) im Jahr 1933. Er schlug die Bildung mindestens dreier islamischer Staaten vor: Pakistan (Indus-Tal), Osmanistan (Haiderabad) und Bengalistan. Ein Teil dieses Modells wurde von den politischen Führern übernommen und kam ab 1940

picture-alliance/dpa/dpaweb/T. Mughal

Vor dem 58. Jahrestag der pakistanischen Unabhängigkeit am 14. August 2005 bietet ein Händler in Islamabad eine Flagge mit dem »Vater der Nation« Mohammed Ali Jinnah an.

zum Tragen. Die wichtigste Gestalt der islamischen Bewegung trat ebenfalls in den 1930er-Jahren auf den Plan: Mohammed Ali Jinnah (1876–1948). Er gehörte seit 1913 der Muslim-Liga an und übernahm 1934 deren Führung. Der in der Folge als *Qaid-i-Azam* (»Großer Führer«) bezeichnete Jinnah hatte anfangs durchaus auf eine Vereinigung aller Inder hingearbeitet, schlug letztlich aber einen anderen Kurs ein.

Die Briten wünschten sich eigentlich ein friedvolles Zusammenleben der Anhänger beider Religionen in einem Staat oder einer Förderation. Insgeheim hegten sie die Hoffnung, ihre Herrschaft weiterhin, wenn auch informell ausüben zu können. Im Zweiten Weltkrieg jedoch gerieten sie erheblich unter Druck, als Gandhi den britischen Abzug forderte (»Quit-India«-Bewegung ab 1942). In diesem Zusammenhang legte ein politischer Schachzug Jinnahs kritische Tragweite an den Tag: Auf der Versammlung der Muslim-Liga im März 1940 forderte Jinnah angesichts eines zunehmenden religiösen Fanatismus einen unabhängigen islamischen Staat (Lahore Resolution). Vor diesem Hintergrund entwickelte sich dann das weitere Geschehen. Der britische Lordsiegelbewahrer Stafford Cripps versprach 1942 eine Dominionsverfassung für Indien. Nach Kriegsende begannen die Muslime auf die Umsetzung der Abmachungen zu pochen und starteten massive Proteste. Die britische Labour-Regierung entschloss sich daraufhin, die Unabhängigkeit vorzubereiten. Der letzte Vizekönig Lord Louis Mountbatten erkannte, dass man trotz aller weiteren Bemühungen um einen Gesamtstaat nicht mehr um eine Teilung herumkommen würde. Am 14. August 1947 entstand der neue Staat Pakistan. Am Tag darauf erhielt Indien offiziell seine Unabhängigkeit.

Die NWFP und die Tribal Agencies als militärisch-politischer Brennpunkt

Das konfliktreiche und auch nach 1947 fortgesetzt spannungsgeladene Verhältnis zwischen Muslimen und Hindus stellte nicht das einzige Problem Britisch-Indiens und seiner Nachfolgestaaten dar. An der 1893 festgelegten Durand-Linie, der Grenze zu Afghanistan, kam es fortgesetzt zu schweren Kämpfen mit unterschiedlichen Stämmen und Klans. Diese Geschehnisse führten zu militärischen wie administrativen Konsequenzen. Auch hier spielte Lord Curzon eine entscheidende Rolle. Ab 1901 setzte er eine Reform in Gang, in deren Zug die entsprechenden Gebiete, die bis dato vom Punjab aus verwaltet wurden, als North-West Frontier Province (NWFP) zu einer Verwaltungseinheit direkt unter der Regierung zusammengefasst wurden. Die halbautonomen Stammesgebiete an der Grenze zu Afghanistan, die Tribal Agencies, beaufsichtige der Chefverwalter des Vizekönigs, ohne dass sie formell in die NWFP eingegliedert waren. Diese Regelungen reichten zusammen mit dem Strafcodex für Aufstände, den Frontier Crime Regulations von 1872, über die britische Herrschaft hinaus und besitzen faktisch teils bis heute Gültigkeit.

Curzon setzte sich mit seiner Auslegung der so genannten Forward Policy (Rückzug der britisch-indischen Truppen und Selbstorganisation der Stammesgebiete durch einheimische Milizen) durch und erreichte bis zum Ende des Ersten Weltkrieges relative Stabilität und Ruhe. Danach folgte allerdings ein schwerer Rückschlag. Im Zusammenhang mit dem Dritten Anglo-Afghanischen Krieg von 1919, der Afghanistan die Unabhängigkeit brachte, erhoben sich auch in Britisch-Indien erneut die Stämme und trieben die Briten an den Rand einer Niederlage. Dennoch dachte die Kolonialmacht nicht daran, sich zurückzuziehen. Sie intensivierte vielmehr die eigenen Bemühungen und setzte eine Modified Forward Policy in Kraft.

Die Beruhigung blieb indessen nicht von Dauer. In den Jahren 1936/37 folgte erneut ein massiver Aufstand, diesmal angeführt von der charismatischen Persönlichkeit des Mirza Ali Khan, des Fakirs von Ipi. Die Krise entzündete sich am Streit um ein Hindu-Mädchen, das aus Liebe zu einem Paschtunen zum muslimischen Glauben konvertierte. Ihre Familie bezichtigte den Ehemann, die Tochter zum Religionsübertritt und zur Heirat gezwungen zu haben. Ein britisches Kolonialgericht entschied daraufhin, das Mädchen in den heimatlichen Punjab zurückzubringen. Der Fakir, gestützt auf seinen religiösen Nimbus, heizte die öffentliche Erregung an und erklärte den Islam durch Briten und Hindus bedroht. Es entbrannte ein verbissen geführter Feldzug, in dem sich schließlich London als Sieger erwies.

Mit diesem Ergebnis trat man in den Zweiten Weltkrieg ein. Trotz aller Befürchtungen infolge des Vorrückens der »Achsenmächte« sowie nach weiteren Aufständen in Indien kam es zu keiner vergleichbaren Erhebung wie in den 1930er-Jahren. Mögliche Besorgnisse hinsichtlich einer von Deutschland oder Italien ausgehenden Agententätigkeit erwiesen sich ebenfalls als weitgehend unbegründet, obwohl beide Mächte Pläne zur Aufwiegelung der Stämme hegten. Die paschtunische Bevölkerung der Grenzgebiete verhielt sich relativ ruhig und organisierte sich im kaum überwachten Grenzland nach traditionellen Gebräuchen und Gesetzen. Als die Kolonialmacht 1947 abzog, wurden die Stämme in das pakistanische Staatsgebiet eingeliedert. Die Bedingungen änderten sich, da nunmehr eine muslimische Regierung für die Bewohner verantwortlich zeichnete. Die Konflikte und Kämpfe fanden damit jedoch kein Ende, sie nahmen lediglich neue Formen an.

Bernd Lemke und Martin Rink

Die aktuelle Krise in Pakistan – spektakulär geprägt vom blutigen Bürgerkrieg im Grenzgebiet zu Afghanistan, einem beispiellosen Bombenterror in den Städten und dem Bhutto-Mord im Dezember 2007 als symbolischem Höhepunkt – ist im Kern die dramatische Zuspitzung eines schon seit 1947 bestehenden und bis heute ungelösten Konflikts. Dieser dreht sich um die Frage, wie der aus der kolonialen Erbmasse Britisch-Indiens herausgebrochene und von der Indischen Union amputierte pakistanische Staat beschaffen sein soll. Es geht – damals wie heute – um entscheidende Weichenstellungen rund um das politische System, um die Verfassung, um den alten Widerstreit zwischen Autokratie und Demokratie, um die Balance zwischen Ordnungsdenken und Freiheitswillen sowie um das Ringen zwischen staatlichem Allmachtsanspruch und Gewaltenteilung. Den Dreh- und Angelpunkt dieses Tauziehens zwischen konkurrierenden Macht- und Interessengruppen bildet das Duell um die Deutungshoheit des Staatsverständnisses Pakistans und die auf dieser Basis zu errichtende staatliche Ordnung. Das Foto zeigt einen Polizisten vor einem Buchgeschäft in Islamabad.

Staat zwischen Aufbau und Zerfall – Grundzüge der pakistanischen Geschichte seit 1947

Historisch gesehen speist sich das pakistanische Staatsverständnis aus drei höchst unterschiedlichen ideologischen Quellen, was in der Praxis zu einer Überlagerung und teilweise auch Verdrängung konkurrierender Idealvorstellungen führt. Erstens wirkt immer noch das Vermächtnis der nach Unabhängigkeit und Eigenstaatlichkeit strebenden Pakistan-Bewegung in Britisch-Indien, vertreten durch den späteren Staatsgründer Mohammed Ali Jinnah und seine Muslim-Liga nach. Zweitens besteht das von der Kolonialmacht importierte Modell einer föderalen parlamentarischen Demokratie mit einem stark zentralisierten System in Regierung und Verwaltung nach wie vor. Und drittens versuchen islamistische Strömungen ihre Vorstellungen einer gottgewollten Gesellschaftsordnung zu verwirklichen.

Jinnah als Staatsgründer und erstem Regierungschef schwebte offenbar das eng an das britische Vorbild angelehnte Modell eines Wohlfahrtstaates westlicher Prägung mit einer parlamentarischen Demokratie vor – garniert mit islamischen Losungen. Ihm war es allerdings nicht vergönnt, maßgeblich an der Umsetzung seiner Vorstellungen mitzuwirken: Im September 1948, rund ein Jahr nach der Gründung Pakistans, starb der schwer kranke »Vater der Nation«. Nur in der Frage der Nationalsprache konnte er noch zugunsten von Urdu eingreifen, legte damit aber zugleich den Grundstein für das Auseinanderbrechen Pakistans im Jahr 1971. Als Liaqat Ali Khan, Jinnahs Weggefährte und Nachfolger, 1951 ermordet wurde, gab es niemanden mehr, der – wie Jawaharlal Nehru in Indien bis 1964 – die entscheidenden Weichen mit der Autorität eines Staatsgründers hätte stellen können. Die mangelnde Kontinuität der politischen Führung in der Frühphase der staatlichen Entwicklung bildet einen entscheidenden Faktor für die bis heute anhaltende politische Instabilität Pakistans.

Das Erbe der Kolonialherren

Das Grundgerüst demokratischer Elemente des heutigen Staatsaufbaus, das mehrere Militärdiktaturen überdauert hat, wurzelt in einer Kolonialvariante der parlamentarischen Demokratie, welche die Briten in der zweiten Hälfte des 19. Jhs. in Indien einführten. Als politisches Testament dieser Epoche gilt der Government of India Act von 1935, das die erste Verfassung eines föderalen und demokratischen Indien unter britischer Oberhoheit darstellte (vgl. den Beitrag von Bernd Lemke und Martin Rink).

Pakistan nutzte diesen Codex nach der Unabhängigkeit von 1947 zunächst als Grundgesetz und Verfassungsersatz, da es anders als Indien noch nicht mit einem eigenen Entwurf aufwarten konnte. Erst 1956 wurde das Provisorium, das den britischen König auch im postkolonialen Pakistan zum Staatsoberhaupt erklärte, von einer ersten eigenen Verfassung abgelöst. Zentrale Eckpfeiler der alten Ordnung tastete das Gesetzeswerk jedoch nicht an. Sie blieben auch über alle weiteren Verfassungsreformen hinweg erhalten. Hierzu zählten erstens die Existenz eines parlamentarischen Zweikammer-Systems mit einem Oberhaus (Senat) und einem Unterhaus (Nationalversammlung), das einen Premierminister wählt, sowie zweitens das Mehrheitswahlrecht. Drittens erbte Pakistan die föderale Gliederung des Landes in Provinzen mit eigenen Landesparlamenten und einem Chefminister an der Spitze.

Die den Staatsaufbau durchziehende exekutive Doppelstruktur geht ebenfalls auf das koloniale Erbe zurück: Jedem Chefminister einer Provinz ist ein vom Präsidenten ernannter Gouverneur beigeordnet, der die gewählte Landesregierung jederzeit entlassen kann. Das Staatsoberhaupt kann dieses Instrument im Bedarfsfall auch auf Bundesregierung, Senat und Nationalversammlung anwenden.

Die Judikative Pakistans, die in ihrem Aufbau gleichfalls dem britischen Vorbild ähnelt, ist zwar formal unabhängig, verfügt aber nur über eingeschränkte Kontrollmöglichkeiten. Der Präsident wählt das Personal der Obersten Gerichtsbarkeit aus und entzieht sich als Staatsoberhaupt durch Freistellung von straf- (u.U. auch zivil-)rechtlicher Verfolgung dem Zugriff der Justiz. Diese Struktur wurde stets mit dem Argument der Stabilitäts-

In Karatschi wird mit einem Autokorso die Wiedereinsetzung des obersten pakistanischen Richters Iftikhar Mohammed Chaudhry am 16. März 2009 gefeiert. Präsident Musharraf hatte diesen per Notverordnung seiner Ämter entbunden und sich so eines innenpolitischen Gegners entledigt. Die Maßnahme hatte Proteste in erheblichem Umfang ausgelöst.

wahrung verteidigt und ist auf Absicherung der Machtposition der Exekutive fixiert. Sie führt in Pakistan immer wieder dazu, dass der Prozess der politischen Willensbildung auf demokratischem Wege durch Eingriffe und Manipulationen von außen unterbrochen wird: Kabinettchefs, Regierungen und ganze Parlamente, die außerparlamentarischen Machteliten zu unbequem sind, erhalten im Durchschnitt nach zwei bis drei Jahren ihre Entlassung. Auch Verfassungsrichter mit Zivilcourage, die von ihrem Recht auf Unabhängigkeit Gebrauch machen und sich gegen Manipulationen des Staatsoberhauptes wehren, drängt man regelmäßig aus dem Amt.

2007/08 beispielsweise führten der Vorsitzende Richter des Verfassungsgerichts (Supreme Court), Iftikhar Mohammed Chaudhry, und Ex-Präsident Pervez Musharraf über Monate hinweg einen erbitterten Machtkampf um die Legitimität des Militärregimes. Die Niederlage Musharrafs sowie dessen Rücktritt am 18. August 2008 zeigten aber, dass eine solche Auseinandersetzung – in Abweichung vom bisher gewohnten Muster – durchaus mit dem Sturz des Autokraten und mit einem politischen Systemwechsel enden kann. Musharrafs Nachfolger Asif Ali Zardari versucht, seit seinem Amtsantritt im September 2008 die eigene Position vor allem mithilfe von Vollmachten illegal in die Verfassung aufgenommener Dekrete seines Vorgängers zu behaupten. Aber auch er kämpft mit dem mittlerweile wieder an alter Wirkungsstätte eingesetzten streitbaren Richter Chaudhry um sein politisches Überleben und musste bereits Kompetenzen abgeben. Massive Bürgerproteste aufgebrachter Anwälte, Journalisten und

Menschenrechtsaktivisten ermöglichen solche neuen Trends. Die 2007 ausgelöste und bis heute über den Sturz der Militärdiktatur hinaus anhaltende Dauerregierungskrise geht also im Grunde auf den immer noch nicht vollständig erfolgreichen Versuch der Judikative zurück, ein in der staatlichen Ordnung und in der Machtarchitektur des Landes angelegtes chronisches Defizit zu beseitigen, das im Kern ein koloniales Vermächtnis ist.

Islam, Staat und Verfassung

Als letzte unter den bedeutenden Einflussgrößen auf das pakistanische Staatsverständnis kommen noch islamistische Strömungen hinzu. Der Umstand, dass die religiösen Führer des traditionalistischen Islams zunächst keine politische Führung beanspruchten, begrenzte bei der Gründung Pakistans noch das Wirken dieses Faktors. Immerhin reichte die bis 1956 entfaltete Dynamik jedoch bereits aus, um die Väter der ersten Verfassung in eine Falle zu locken, deren Folgen bis heute zu spüren sind. Es ging dabei um die Frage der Souveränität, die in den Augen der Islamisten in einem islamischen Staat nicht vom Volk, sondern von Gott ausgeht. Da die damalige Staatsführung Pakistans diesem Detail keine große Bedeutung beimaß, ließ sie sich dazu bewegen, die Festschreibung der Souveränität Gottes in die Präambel der Verfassung aufzunehmen. Vermeintlich relativiert wurde die Textpassage durch den ergänzenden Hinweis, Gott habe die von ihm ausgehende Souveränität an den pakistanischen Staat und das Staatsvolk, die Muslime unter den Bürgern, delegiert. Diese seien angehalten, sie innerhalb der von Gott gesetzten Grenzen auszuüben. Die Staatsform Pakistans wurde bei seiner Gründung als »Islamische Republik« definiert. Die Politiker jener Zeit, dies sollten die folgenden Jahrzehnte zeigen, hatten jedoch die politische Sprengkraft des Glaubens vollständig unterschätzt.

Der erste Machthaber, der mit den Folgen konfrontiert wurde, war General Ayub Khan. Dieser hatte sich im Oktober 1958 an die Macht geputscht und die erst zwei Jahre alte Verfassung gleich wieder suspendiert. Er glaubte, man könne auf sämtliche Artikel verzichten, die sich mit dem Islam befassten, und strich diese zunächst aus der zweiten Verfassung von 1962. Auch im Staatsnamen ließ er den Begriff »Islamisch« zunächst wegfallen und taufte Pakistan zu einer säkularen Republik um. Doch nach massiven Protesten, die von oppositionellen Politikern – darunter nicht nur Islamisten – mobilisiert worden waren, musste der Diktator beides wieder rückgängig machen. Außerdem erhielt eine neue Institution namens Council of Islamic Ideology, der Rat für Islamische Ideologie, Verfassungsrang. Zu seinen Aufgaben sollte es künftig gehören, das Parlament bei möglichen Konflikten bestehender oder neuer Gesetze mit den Lehren des Islam zu beraten.

Ausgerechnet das ursprünglich säkulare Regime Ayub Khans bereitete den Weg für die »Islamische Ideologie«, die heute ein fester Bestandteil des pakistanischen Staatsverständnisses ist und um die Vorherrschaft im Lande ringt. Die nachträgliche Verankerung der »Islamischen Ideologie« in den verfassungsrechtlichen Grundlagen hat weit reichende Auswirkungen: Zum einen verstärkt sie die Tendenz zu autoritären Strukturen, die auf das koloniale Erbe zurückgehen, zum anderen legitimiert sie das Wirken islamistischer Parteien und erschwert die konsequente Ausgrenzung und Bekämpfung militant-islamistischer Bewegungen wie jener der Taliban.

Traumata einer turbulenten Geschichte

Lässt man nun die jüngere Geschichte Südasiens Revue passieren (vgl. Überblick im Anhang), so scheint es beinahe, als würde sich auf dem Subkontinent von Epoche zu Epoche, von Staat zu Staat eine Art Spaltungs-Virus verbreiten: 1947 die Teilung Indiens, 1971 die Abspaltung Bangladeschs von Pakistan – und irgendwann das erneute Auseinanderbrechen Pakistans? Tatsächlich bedrohen heute erhebliche Fliehkräfte, die von den bürgerkriegsähnlichen Unruhen in den paschtunischen Stammesgebieten entlang der afghanischen Grenze, separatistischen Tendenzen in der Provinz Belutschistan (vgl. Info-Kasten auf S. 92) und neuerdings auch im südlichen Punjab, der ungelösten Kaschmir-Frage sowie der anhaltenden Terrorwelle militanter Islamisten ausgehen, die Existenz des Landes. Sucht man in der Historie nach den Ursachen dieser chronischen Instabilität, stößt man rasch auf die Traumata der Gründungsgeschichte und deren Langzeitfolgen, die sich auf vier entscheidende Belastungsfaktoren reduzieren lassen: Hierzu zählen erstens das Trauma von Flucht und Vertreibung des Jahres 1947 sowie zweitens die Territorialstreitigkeiten mit Indien um Kaschmir. Drittens wirken sich Nachteile der eigenen geografischen Lage aus, schließlich treten viertens weitere Sollbruchstellen hinzu, die dem Staat schon bei seiner Geburt in die Wiege gelegt wurden.

Der letzte britische Vizekönig Lord Louis Mountbatten, Nehru und Jinnah hatten sich im Vorfeld der Unabhängigkeit darauf geeinigt, die Grenzziehung anhand vorliegender demografischer Statistiken aus dem Jahr 1941 durchzuführen. Alle mehrheitlich von Muslimen bewohnten Distrikte Britisch-Indiens sollten dem pakistanischen Territorium zugeschlagen werden, sofern sie eine direkte räumliche Verbindung zu den muslimischen Zentren im Nordwesten und im Nordosten des Subkontinents besaßen. Mit der Umsetzung wurde ein britischer Richter namens Sir Cyril Radcliffe betraut, der eigens aus London anreiste und sich zum ersten Mal in Indien aufhielt. Man gab ihm 35 Tage Zeit, auf der Basis der ihm vorgelegten Statistiken und Kartenmaterialien die völkerrechtlich verbindliche Grenze zwischen Pakistan und Indien zu fixieren. Radcliffe zeichnete die Karte in völliger Unkenntnis der Örtlichkeiten und ohne betroffene Bevölkerungsgruppen zu befragen. Seine Festlegungen wurden erst drei Tage nach der Unabhängigkeit beider Länder bekannt gegeben.

Da die neue Grenze entgegen der allgemeinen Erwartungen und im klaren Verstoß gegen die vereinbarte Teilungsformel in etlichen Abschnitten mitten durch zusammenhängende Siedlungsgebiete der einen oder anderen Religionsgemeinschaft verlief, eskalierten erste Übergriffe zwischen den Religionsgruppen rasch zu furchtbaren Massakern und Pogromen, an denen Muslime, Hindus und Sikhs beteiligt waren. Ganze Flüchtlingszüge und die Bewohner Dutzender Dörfer wurden vor allem entlang der Demarkationslinie im nun zweigeteilten Punjab niedergemetzelt. Die Zahl der Toten lag schon nach wenigen Tagen je nach Schätzung zwischen 250 000 und einer Million Menschen. Die Zahl der Flüchtlinge wird in der Literatur mit zwischen 12 und 20 Millionen angegeben. Der Exodus im Gefolge der indisch-pakistanischen Teilung zählt damit zu einer der großen humanitären Katastrophen des 20. Jahrhunderts.

Der entstandene Riss zwischen den Religionsgemeinschaften war so tief und radikal, dass es auch heute noch in beiden Ländern auf lokaler und regionaler Ebene immer wieder zu Übergriffen an der jeweiligen Minderheit bis hin zu Pogromen kommt – besonders in Indien, wo noch weit über 100 Mio. Muslime leben. Aber auch in Pakistan kann die Minorität der rund 2,6 Mio. Hindus im Falle von Ausschreitungen gegenüber Muslimen in Indien jederzeit ins Fadenkreuz von Racheakten geraten. Solche gewaltsamen, kaum steuerbaren Reaktionsketten über Landesgrenzen hinweg bilden für die bilateralen Beziehungen eine schwere Belastung. Radikale Gruppen – und bisweilen auch die Geheimdienste beider Länder – nutzen diese empfindliche Wunde immer wieder, um über Anschläge oder durch gezielt geschürte Übergriffe auf religiöse Minderheiten die Außenpolitik des eigenen Landes oder auch die der anderen Seite zu beeinflussen oder zu torpedieren. Die diplomatischen Turbulenzen im Gefolge der Terroranschläge in Bombay (Mumbai) vom 27. November 2008, die zum sofortigen Abbruch des Friedensprozesses mit Pakistan durch die indische Seite führten, gehörten in diese Konfliktkategorie. Umgekehrt können die Regierungen ein betont konfrontatives Auftreten gegenüber dem Nachbar nutzen, um innenpolitische Zwecke zu verfolgen, beispielsweise um bei Wahlen die eigene nationalistische Wählerklientel zu überzeugen. Bestehende Feindbilder verhindern auch die Weiterentwicklung der Südasiatischen Staatengemeinschaft (SAARC), die bei ihrer Gründung 1985 einmal als eine Art Europäische Union Südasiens gedacht war.

Geografische Lage und Binnennationalismus

Die Teilungskriterien von 1947 führten dazu, dass Pakistan bei seiner Gründung aus zwei Landeshälften (Ost- und Westpakistan) bestand, getrennt durch die indische Landmasse und mehr als 1500 Kilometer Luftlinie voneinander entfernt. Indien verweigerte von Beginn an die Überflugrechte, so dass die Verbindung nur per Schiff und auf dem Luftweg via Sri Lanka gehalten werden konnte. Außerdem wirkte sich die Grenzziehung fatal auf die für Britisch-Indien geschaffene Infrastruktur aus. Dies betraf die Straßen- und Eisenbahnnetze ebenso wie die Abtrennung land-

Der fast 5000 Meter hoch gelegene Khundscherab-Pass, der einzige pakistanisch-chinesische Grenzübergang.

wirtschaftlicher Anbauflächen für Baumwolle und Jute, die nun zu Pakistan gehörten, und den dazugehörigen weiterverarbeitenden Betrieben, die Indien zugeschlagen wurden. Ähnliches galt für das überlebenswichtige Bewässerungssystem im Punjab: Die Bewässerungsflächen gehörten zu Pakistan, die entsprechenden Stauwerke und Verteilungsanlagen zu Indien. Es dauerte bis in die siebziger Jahre hinein, bis durch höchst aufwendige und entsprechend teure technische Lösungen in Pakistan ein Ersatz geschaffen werden konnte (vgl. den Beitrag von Hermann Kreutzmann). Der Preis war allerdings, dass die massiven Investitionen in dieses Projekt auch den Grundstock für eine erhebliche Auslandsverschuldung legten, die bis heute den Finanzhaushalt schwächt.

Als bedeutender Belastungsfaktor erwies sich auch die problematische Außengrenze gegenüber den Nachbarn Iran, Afghanistan und China. In der Folge der historischen Entwicklung war Pakistan nach der Islamischen Revolution im Iran und nach dem Einmarsch der Sowjetunion in Afghanistan über Jahrzehnte hinweg faktisch von der Außenwelt abgeschnitten. Die Konfliktkonstellation des Kalten Krieges unterbrach die klassische und kulturell so wichtige Verbindung zu den mittelasiatischen Ländern, was im Prinzip durch den Bürgerkrieg in Afghanistan noch bis heute gilt. Außerdem besteht eine umstrittene Kolonialgrenze, die ehemals afghanisches Territorium heute Pakistan zuteilt (vgl. den Beitrag von Conrad Schetter). Die Grenze zu China wiederum bildet vor allem aus topografischen Gründen eine nur schwer zu überbrückende Barriere. Die einzige asphaltierte Verbindungsstraße, der 1986 fertiggestellte Karakorum-Highway, eignet sich wegen der monatelangen Wintersperre kaum für einen regen Handelsaustausch.

Auch die Grenzziehungen zwischen den Provinzen sowie die diversen Gebiete mit einem politischen Sonderstatus fußen auf kolonialen Strukturen. Da die Grenzen zumindest annähernd ethnischen Kriterien gerecht werden, entsteht auf Dauer innerhalb einzelner Verwaltungseinheiten eine Art »Binnennationalismus«. Die Provinzgrenzen bilden also die schwächsten Nähte, an denen entlang Pakistan zerfallen könnte. Die Existenz diverser Autonomiegebiete und Regionen mit politischem Sonderstatus verhinderte von Anfang an eine vollständige, flächendeckende staatliche Einheit. Jeder Versuch der Zentralregierung, ihren Einfluss zu vergrößern, schürt Konflikte und nährt separatistische Strömungen. In den Nordgebieten, die über eine Art semi-koloniale Verwaltungsstruktur verfügen, gären Ressentiments gegen ein Zuviel an zentraler Verwaltung. Aber auch der bislang unerfüllte Wunsch nach einer Eingliederung in den pakistanischen Staatsverband als vollwertige Provinz könnte Gegenreaktionen und eine Rückbesinnung auf mehr Eigenständigkeit auslösen. Die im September 2009 erfolgte Umbenennung der Nordgebiete in Gilgit-Baltistan und die Schaffung eines Regionalparlaments mit erweiterten Selbstverwaltungskompetenzen waren in diesem Kontext ein wichtiges Signal in die richtige Richtung.

Bangladesch

Schon bei der Staatsgründung waren die Schwierigkeiten offensichtlich, zwei derart verschiedenartige Landesteile wie das damalige Ost- und Westpakistan auf Dauer über eine so große Entfernung hinweg zusammenzuhalten. Im Grunde bot lediglich der muslimische Glauben eine Basis für das Zusammenleben in einem gemeinsamen Staat. Zum entscheidenden Stolperstein wurde aber der bald nach der Unabhängigkeit entbrennende Sprachenstreit. Das Dekret Jinnahs, das auf der arabischen Schriftsprache beruhende Urdu zur alleinigen Amts- und Nationalsprache zu erklären, provozierte die Bangla-sprachige Bevölkerung, die eine eigene Schriftsprache besitzt. Innerhalb weniger Jahre entbrannte eine offene Konfrontation. Hinzu kam, dass die Hauptstadt, die Armee und die Verwaltung klar der westpakistanischen Landeshälfte zugeordnet waren. Immerhin gelang es, in der 1955 verabschiedeten Verfassung durchzusetzen, dass nach einer Übergangsfrist von 20 Jahren Bangla zumindest versuchsweise gleichberechtigt an die Seite von Urdu rücken sollte. Autonomieträumen der Bengalen bereitete dann jedoch Ayub Khans Militärputsch von 1958 ein jähes Ende.

Der in langen Jahren der Militärdiktatur aufgestaute Ärger über die Bevormundung durch die westpakistanische Administration und Armee sowie das Versagen der westpakistanischen Behörden während einer furchtbaren Flutkatastrophe mit mehreren Hunderttausend Opfern brach sich bei den demokratischen Wahlen von 1970 Bahn. Diese konnte der Führer der Awami League, Mujibur Rahman, mit einem Erdrutschsieg für sich entscheiden. Er gewann fast alle Mandate in Ostpakistan, was ihm auch für das ganze Land eine absolute Mehrheit verschaffte und die Voraussetzung für eine Übernahme der Regierungsgeschäfte schuf. Diese wurde ihm verweigert. Im März 1971 proklamierte deshalb die Awami League die Unabhängigkeit und gab damit das Signal zu einem blutigen Bürgerkrieg zwischen der bengalischen Zivilbevölkerung und der (west)pakistanischen Armee.

Indische Armeeeinheiten intervenierten Anfang Dezember zugunsten der bengalischen Aufständischen und brachen damit den dritten und vorerst letzten indisch-pakistanischen Krieg vom Zaun, der schon wenige Wochen später mit der Kapitulation Pakistans und dem Verlust der östlichen Landeshälfte endete. Das, was kaum mehr als 20 Jahre zuvor mit einem vergleichsweise harmlosen Sprachenstreit begonnen hatte, schloss mit der zweiten Teilung Pakistans. Das Land verlor 15 Prozent seines Territoriums mit einer Bevölkerung von rund 70 Mio. Menschen und erlebte erneut ein traumatisches Blutbad: Nach Kampfhandlungen und Massakern pakistanischer Einheiten an der Zivilbevölkerung gingen die geschätzten Zahlen der Toten und Flüchtlinge in die Millionen.

Zwischen Demokratie und Diktatur

In einem Zeitraum von nicht ganz 40 Jahren, nämlich vom Beginn der Ära Zulfikar Ali Bhuttos bis hin zu Pervez Musharraf, der sich 1999 als Armeechef an die Macht putschte und im August 2008 zum Rücktritt gezwungen wurde, durchzog die pakistanische Geschichte in zyklischen Schleifen ein Wechsel von demokratischen Phasen und Perioden diktatorischer Regimes. Betrachtet man zu-

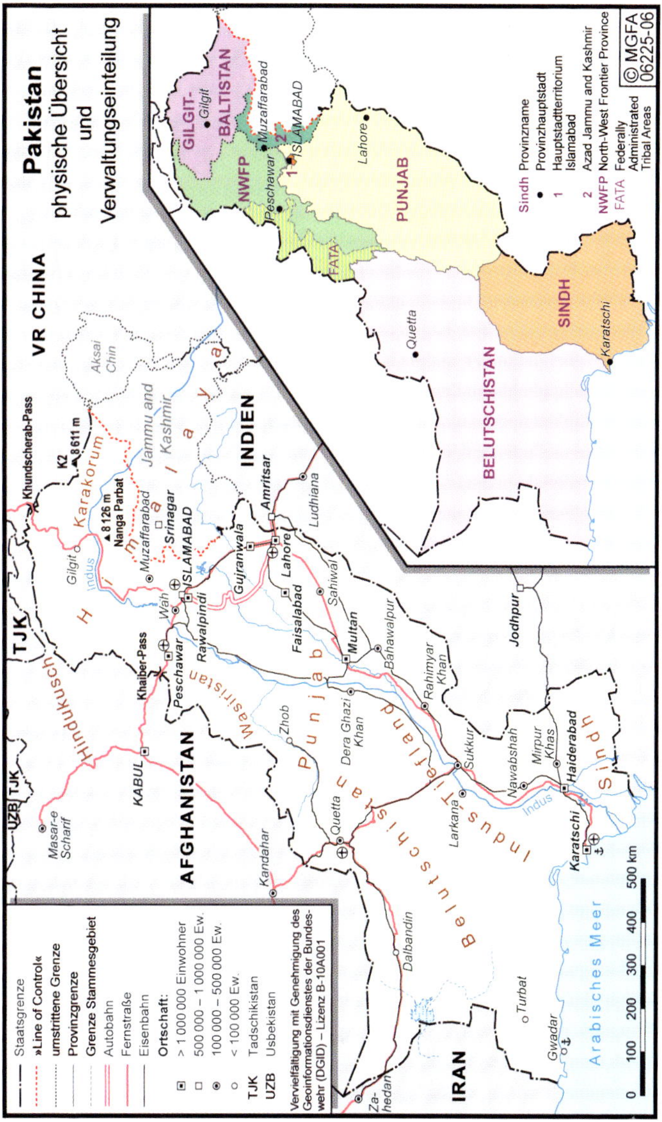
Pakistan
physische Übersicht und Verwaltungseinteilung
Staatsgrenze
»Line of Control«
umstrittene Grenze
Provinzgrenze
Grenze Stammesgebiet
Autobahn
Fernstraße
Eisenbahn
Ortschaft:
> 1 000 000 Einwohner
500 000 – 1 000 000 Ew.
100 000 – 500 000 Ew.
< 100 000 Ew.
TJK Tadschikistan
UZB Usbekistan
Vervielfältigung mit Genehmigung des Geoinformationsdienstes der Bundeswehr (DGID) – Lizenz B-10A001
Sindh Provinzname
Provinzhauptstadt
1 Hauptstadtterritorium Islamabad
2 Azad Jammu and Kashmir
NWFP North-West Frontier Province
FATA Federally Administrated Tribal Areas
© MGFA 06225-06
VR CHINA
TJK
UZB
AFGHANISTAN
IRAN
INDIEN
KABUL
ISLAMABAD
Masar-e Scharif
Kandahar
Za-hedan
Hindukusch
Karakorum
Himalaya
Khundscherab-Pass
K2
8 611 m
8 126 m
Nanga Parbat
Khaiber-Pass
Aksai Chin
Jammu and Kashmir
Gilgit
Indus
Muzaffarabad
Srinagar
Wah
Peschawar
Rawalpindi
Gujranwala
Amritsar
Lahore
Ludhiana
Faisalabad
Sahiwal
Multan
Bahawalpur
Rahimyar Khan
Jodhpur
Waziristan
Zhob
Dera Ghazi Khan
Punjab
Quetta
Sukkur
Larkana
Nawabshah
Mirpur Khas
Haiderabad
Karatschi
Sindh
Industiefland
Belutschistan
Dalbandin
Turbat
Gwadar
Arabisches Meer
0 100 200 300 400 500 km
GILGIT-BALTISTAN
NWFP
FATA
PUNJAB
BELUTSCHISTAN
SINDH

nächst die Beständigkeit und Verweildauer der einen oder anderen Regierungsform, fällt auf, dass die demokratisch legitimierten Kabinette grundsätzlich deutlich kürzer im Amt blieben als diktatorische Regimes. Den unangefochtenen Rekord in der Wertung der demokratischen Politiker hält Zulfikar Ali Bhutto mit sechs Jahren an der Macht, gefolgt von seiner Tochter und Nawaz Sharif, die von 1988 bis 1999 beide jeweils zweimal rund zweieinhalb Jahre regierten. Die Zwischenzeiten verteilen sich auf diverse Übergangsregierungen nach Amtsenthebungen. Eingerahmt werden die turbulenten elf Jahre demokratischer Regierungen von der Militärdiktatur unter Mohammed Zia ul-Haq von 1977 bis 1988 sowie von Musharraf von 1999 bis 2008. Ersterer behauptete sich also genauso lange an der Macht, wie vier demokratische Regierungen zusammen. Die Diktatur Musharrafs brachte es auf neun Amtsjahre.

Zulfikar Ali Bhutto bildet die Ausnahme von dieser Regel. Die Gründe: Bhutto wurde nicht wirklich in sein Amt gewählt, sondern als früherer Außenminister einer Militärregierung von der Armeeführung unter Kriegsrechtsbedingungen eingesetzt. Zur Legitimation zog man das Ergebnis der Parlamentswahlen von 1970 heran. Anschließend regierte Bhutto eineinhalb Jahre per Ausnahmezustand, bis es 1973 zur Verabschiedung einer wirklichen Verfassung kam. Die neue Verfassung setzte Bhutto jedoch sofort durch den erneut verhängten Ausnahmezustand außer Kraft und überbrückte so die Zeit bis zu den turnusgemäß fälligen Wahlen 1977. Diese ließ er massiv zu seinen Gunsten fälschen, was prompt zu blutigen Unruhen in mehreren Landesteilen führte. Zia ul-Haq, dem kurz zuvor von Bhutto persönlich ernannten Generalstabschef, lieferten die Ereignisse den Vorwand, selbst nach der Macht zu greifen.

Zulfikar Ali Bhutto ist das Musterbeispiel eines zivilen Politikers, der sich von den Methoden her kaum von einem Diktator wie Musharraf unterscheidet. Ähnliches kann man auch über Nawaz Sharifs zweite Amtszeit von 1997 bis 1999 sagen. Allerdings gehört er zu den Wenigen in der pakistanischen Geschichte, die sich an das ebenso wichtige wie hoch brisante Thema der Bodenreformen wagten – und dies, obwohl er selbst zur betroffenen Klasse der »Landlords« gehörte (vgl. den Beitrag von Katja Mielke). Dafür griff auch Bhutto ähnlich wie später Musharraf ausgesprochen hart gegenüber den Paschtunen in der North-West Frontier Pro-

Phasen pakistanischer Geschichte

1947–1958	Unabhängigkeit und demokratische Periode
1958–1971	Militärdiktatur unter Ayub Khan und Jahya Khan
1971–1977	Demokratische Periode unter Zulfikar Ali Bhutto
1977–1988	Militärdiktatur unter Zia ul-Haq
1988–1999	Demokratische Periode unter Benazir Bhutto und Nawaz Sharif
1999–2008	Militärdiktatur unter Pervez Musharraf
seit 2008	Demokratische Periode unter Yusuf Raza Gilani

vince (NWFP) und den Belutschen in Belutschistan durch und ließ viele seiner politischen Gegner im Gefängnis verschwinden.

In der pakistanischen Geschichte hat es noch nie einen Regierungswechsel durch eine Wahl gegeben. Der Erdrutschsieg der oppositionellen PPP (Pakistan Peoples Party) im Februar 2008 steht diesbezüglich einzigartig in der Geschichte. Bis dahin wurden sämtliche demokratischen Regierungschefs entweder von Präsidenten oder auch durch den jeweiligen Generalstabschef abgesetzt. Sowohl im Falle Zulfikar Ali Bhuttos als auch im Falle Nawaz Sharifs organisierten jene Generale den Putsch, welche die Regierungschefs selbst in dieses Amt befördert hatten. Der jeweilige Generalstabschef ist also immer auch ein potenzieller Kandidat für die Position des Staatschefs.

Bei den bisherigen Wechseln von der Diktatur zur Demokratie dankten die Militärmachthaber niemals freiwillig ab und zogen sich in die Kaserne zurück – auch hier bilden die Umstände des Rücktritts Musharrafs die historische Ausnahme von der Regel. Entweder waren es von den Militärs verantwortete, nationale Katastrophen, wie 1971 bei Jahya Khan nach dem Verlust Bangladeschs, oder der eigene – gewaltsame – Tod, wie bei Zia ul-Haq, die den Abschied von der Macht erzwangen. Im Falle Musharrafs kündigte eine neue Armeeführung dem Regimechef die politische Gefolgschaft auf und forcierte so dessen Rücktritt.

Schaut man sich die Gestaltungsfreiheiten der mit breiten Mehrheiten legitimierten Regierungen näher an, so fällt auf, dass sie während ihrer Amtszeiten eng von Armeekreisen nahestehenden Netzwerken überwacht wurden. Benazir Bhutto war davon vor allem während ihrer ersten Amtszeit betroffen. Ihr Spielraum in der Kaschmir- und Afghanistanpolitik tendierte fast gegen Null. Ein noch von Zia ul-Haq sorgfältig ausgesuchter Präsident, Ghulam Khan, agierte als verlängerter Arm der Militärführung und sorgte mit der permanenten Drohung der Amtsenthebung für die erwünschte Zurückhaltung Bhuttos.

Interessant ist auch die zweite Amtszeit von Nawaz Sharif, der 1997 mit einer Zweidrittel-Mehrheit ein fulminantes Comeback feierte. Sofort stellte er die ursprüngliche Verfassung von 1973 wieder her, die zwischenzeitlich von Zia ul-Haq mit einer Reihe von Dekreten in wesentlichen Punkten verändert worden war. Statt des Präsidenten erhielt erneut der Premierminister sämtliche Richtlinienkompetenzen. Vor allem verlor der Präsident das Recht, den Premierminister und die Regierung zu entlassen, was bis dahin wie ein Damoklesschwert über den Köpfen pakistanischer Premiers schwebte – und seit dem Machtantritt Musharrafs wieder möglich ist, auch unter dessen Nachfolger Zardari. Nach vollzogenem Husarenstück, das Sharif ungeahnte Gestaltungsfreiräume eröffnete, folgte die Geschichte der leichtfertigen Vergabe der vielleicht größten Chance, welche die Demokratie in Pakistan je hatte: Anstatt seine Vollmachten für seit Langem überfällige Reformen zu nutzen, steigerte sich Sharif in einen Machtrausch und versuchte eine Säule der Gewaltenteilung nach der anderen zu demontieren – vom Parlament über den Senat bis hin zum Verfassungsgericht. Als er es 1999 aber wagte, seinen Armeechef Musharraf zu entlassen, was ihm laut Verfassung zustand, reagierte dieser schnell und drehte per Machtübernahme den Spieß um. Das Experiment Demokratie war wieder einmal für längere Zeit beendet.

Dennoch existieren auch in Pakistan politische Freiräume. So bietet die Möglichkeit, über eine Zweidrittel-Mehrheit die Verfassung zu verändern, demokratischen Parteien immer wieder die Chance, in einem semi-demokratischen Plenum wie in den Jahren von 2002 bis 2008 wieder die vollen parlamentarischen Freiheiten herzustellen. Diese potenzielle Macht des Parlaments bildet auch den Grund dafür, warum Musharraf sowohl bei den Wahlen 2002 als auch im Vorfeld des Urnenganges von 2008 massiv manipulierte, um einen für ihn und die Armee höchst ungemütlichen »demokratischen Betriebsunfall« zu verhindern.

Und ein weiteres Charakteristikum verbindet schließlich sämtliche Regierungen von Zulfikar Ali Bhutto über Zia ul-Haq,

Benazir Bhutto, Nawaz Sharif bis hin zu Pervez Musharraf: Alle haben in ihren Amtszeiten in der einen oder anderen Form mit islamistischen Parteien und Bewegungen kooperiert und Gesetze auf den Weg gebracht, die einer weiteren Islamisierung der Gesellschaft Vorschub leisteten. Besonders Zia ul-Haq versuchte die mangelnde Legitimität seines Regimes mit einer akzentuierten Islamisierungspolitik zu unterfüttern. Aber auch der selbsternannte Sozialist Zulfikar Ali Bhutto stempelte die Sekte der Ahmadiya per Gesetz zu Nicht-Muslimen, verbot ihnen die Ausübung muslimischer Rituale, nahm ihnen einen Teil ihrer Bürgerrechte und schuf die Voraussetzungen für Prozesse wegen Gotteslästerung gegen religiöse Minderheiten.

Nawaz Sharif tat sich gleich mit mehreren wichtigen Gesetzesinitiativen hervor, darunter auch die Verabschiedung des Scharia-Gesetzes von 1991. Benazir Bhutto unterließ zwar Initiativen zu einer weiteren Islamisierung des Landes, aber sie ging auch nicht auf Forderungen der Zivilgesellschaft ein, ihre Amtszeit für eine Verbesserung der rechtlichen Situation von Frauen und religiösen Minderheiten zu nutzen. Dies hätte die Islamisten unverzüglich auf die Barrikaden getrieben und vermutlich dazu geführt, dass sich Bhutto noch eher von der Macht hätte verabschieden müssen. Dafür hob sie als politisch Verantwortliche 1994 die Taliban-Bewegung aus der Taufe.

Fasst man diesen Streifzug durch die an Turbulenzen und Tragödien reiche Geschichte Pakistans zusammen, drängt sich die Erkenntnis auf, dass der unter geradezu grotesken Bedingungen geschaffene postkoloniale »Patchwork-Staat« seit seiner Gründung stets um seine Existenz und Einheit kämpfen musste – belastet von der Bürde eines schweren historischen Erbes, bedrängt von einer Vielzahl von Feinden und geprüft von nationalen Katastrophen. Doch die Tatsache, dass sich allen Belastungen und Brüchen zum Trotz die klar erkennbaren Konturen eines zumindest auf semi-demokratischen Wertvorstellungen basierenden Staatskonzepts behauptet haben, nährt die Hoffnung, dass dieses Land auch über die aktuelle Krise hinaus eine Zukunft hat – eine Zukunft jenseits von Diktatur und Engstirnigkeit.

Jorge Scholz

picture-alliance/dpa/Rahat Dar

Das Bild zeigt eine Flaggenparade indischer und pakistanischer Soldaten an der gemeinsamen Grenze bei Wagah nahe Lahore im Juli 2009. Die Außenpolitik Pakistans wird seit 1947 maßgeblich vom Verhältnis zu Indien bestimmt. Im Zentrum steht der Konflikt um Kaschmir, der drei von insgesamt vier Kriegen zwischen beiden Staaten verursachte. Innenpolitisch förderte die Kaschmir-Frage die Vorherrschaft der Streitkräfte, die seit dem Putsch 1958 Pakistan maßgeblich prägen. Im regionalen Kontext strebte Pakistan in den 1990er-Jahren eine Kontrolle Afghanistans an, um »strategische Tiefe« gegenüber Indien zu gewinnen. International vertiefte der Konflikt mit Indien die engen Beziehungen zu den USA und zu China.

Seit dem Ende des Ost-West-Konflikts wandelten sich die Bezugspunkte der pakistanischen Außenpolitik. Indiens ökonomische Erfolge seit den 1990er-Jahren ebneten den Weg für dessen strategische Partnerschaft mit den USA und eine engere wirtschaftliche Zusammenarbeit mit China. Pakistan blieb zwar für beide Staaten weiterhin ein wichtiger Verbündeter, doch büßte es seine frühere strategische Bedeutung ein. Ein von Indien 2003 begonnener Annäherungsprozess verbesserte das bilaterale Verhältnis. Bis 2008 gestalteten sich die indisch-pakistanischen Beziehungen so gut wie nie zuvor.

Das Verhältnis zu Afghanistan verschlechterte sich hingegen deutlich aufgrund der Infiltration islamistischer Gruppen, die ihre Rückzugsgebiete in den Stammesgebieten haben.

Zerstrittene Bruderstaaten – Pakistan und Indien in ihrem regionalen Umfeld

Unmittelbar nach ihrer Unabhängigkeit im August 1947 führten Pakistan und Indien den ersten Krieg um Kaschmir, der 1949 mit einem Waffenstillstand und der Teilung des einstigen Königreichs endete (vgl. den Beitrag von Dietmar Rothermund). Verschiedene Resolutionen der Vereinten Nationen zur Kaschmir-Frage sind bis heute weder von Indien noch von Pakistan umgesetzt worden. In Pakistan festigte der Konflikt mit Indien die innen- und außenpolitische Rolle der Armee. Nach dem ersten Putsch von General Ayub Khan 1958 entwickelte sich das Land zu einem »Garnisonsstaat«. Kaschmir wirkte dabei als wichtiges identitätsstiftendes Band für die pakistanische Gesellschaft, die in eine Vielzahl ethnischer und religiöser Konflikte gespalten ist. Die Kaschmir-Frage und die vermeintliche Bedrohung durch Indien dienten den Streitkräften als Rechtfertigung für hohe Rüstungsausgaben, die 2002 noch 4,5 Prozent des Bruttoinlandsprodukts (BIP) betrugen.

Ebenso lieferte der Konflikt mit Indien für Pakistan den Anlass, Mitte der 1950er-Jahre westlichen Verteidigungsbündnissen wie der South East Asia Treaty Organisation (SEATO) beizutreten. Damit begann die bis heute anhaltende enge militärische Zusammenarbeit mit den USA. Pakistan zeigte sich wiederholt als Frontstaat der amerikanischen Außenpolitik, sei es bei der Eindämmung des Kommunismus in den 1950er- und 1960er-Jahren, bei der Bekämpfung der Sowjetunion in Afghanistan nach deren Einmarsch von 1979 oder im Kampf gegen den internationalen Terrorismus seit 2001.

Aufgrund des indisch-chinesischen Konflikts stieg Pakistan in den 1960er-Jahren auch zum wichtigsten Verbündeten der Volksrepublik China in Südasien auf. Trotz ihrer engen politischen, wirtschaftlichen und militärischen Beziehungen waren allerdings weder die USA noch das »Reich der Mitte« bereit, Pakistan militärisch in den Kriegen gegen Indien von 1965 (Zweiter Kaschmirkrieg) und 1971 (indische Intervention im ostpakistanischen Bürgerkrieg) zu unterstützen.

Aufgrund seiner konventionellen Unterlegenheit setzte Islamabad im Kampf gegen Indien erstens immer wieder auf den

Einsatz irregulärer Gruppen. In Reaktion auf die militärische Niederlage von 1971, welche die Abspaltung des östlichen Landesteils und die Gründung Bangladeschs zur Folge hatte, entwickelte es zweitens ein Atomprogramm. Dem Nicht-Verbreitungs-Vertrag (NVV) blieb Pakistan ebenso wie sein Konkurrent Indien fern und verfügte vermutlich seit 1987 über eigene Nuklearwaffen. Mit erfolgreichen Atomtests im Mai 1998 etablierte sich in Südasien ein »Gleichgewicht des Schreckens«, das jedoch keine dauerhafte Stabilität brachte. Im Winter 1998/99 schleuste das pakistanische Militär bewaffnete Gruppen in Kaschmir ein, was im darauffolgenden Frühjahr die bislang letzte militärische Auseinandersetzung zwischen beiden Staaten nach sich zog (Kargilkrieg).

Die Beziehungen Pakistans zu Afghanistan erwiesen sich ebenfalls als schwierig. Afghanistan stand der Staatsgründung Pakistans ablehnend gegenüber und erhob territoriale Forderungen auf die paschtunischen Gebiete in der North-West Frontier Province (NWFP). Als einziges Land votierte es deshalb gegen die Aufnahme Pakistans in die Vereinten Nationen und weigert sich bis heute, die so genannte Durand-Linie, seit dem 19. Jahrhundert die Trennlinie zwischen Britisch-Indien und Afghanistan, als Grenze anzuerkennen (vgl. den Beitrag von Conrad Schetter zu Paschtunistan). Während der sowjetischen Besetzung wurde das pakistanisch-afghanische Grenzgebiet zum Zentrum des Widerstands gegen die Okkupationsarmee und das kommunistische Regime in Kabul. Der pakistanische Geheimdienst Inter-Services Intelligence (ISI) bildete dort mit Unterstützung der USA und Saudi-Arabien afghanische Mudschaheddin für den Kampf aus.

Nach dem sowjetischen Abzug 1988/89 verknüpfte die pakistanische Militärführung die bis dahin getrennten Konflikte mit Indien und Afghanistan. Ziel war es, durch eine Kontrolle der Regierung in Kabul »strategische Tiefe« für die Auseinandersetzung mit Indien zu gewinnen. Afghanistan sollte als Ausbildungs- und Rückzugsgebiet für militante Gruppen dienen. Deshalb unterstützte der ISI die Taliban, die sich im Bürgerkrieg durchsetzten und 1996 die Macht in Kabul übernahmen. Pakistan zählte zu den wenigen Staaten, die das neue Regime anerkannt hatten. Zugleich begann der ISI ab Ende der achtziger Jahre, ehemalige Mudschaheddin aus Afghanistan in den indischen Teil

Pakistanische Langstreckenrakete Shaheen-II. Die Atommächte Indien und Pakistan vereinbarten 2005, sich gegenseitig vorab über geplante Raketentests zu informieren. Eine direkte Telefonverbindung zwischen den Außenministerien beider Länder soll das Risiko eines versehentlichen oder nicht genehmigten Einsatzes von Atomwaffen vermindern.

Kaschmirs einzuschleusen und unterstützte die Gründung islamistischer Gruppen wie der Lashkar-e Taiba (LeT). Der Konflikt in Kaschmir eskalierte in den 1990er-Jahren zu einem blutigen Bürgerkrieg.

Auf internationaler Ebene engagiert sich Pakistan in der Organisation Islamischer Staaten (OIC) und pflegt intensive Beziehungen zu Saudi-Arabien. Insbesondere seit der Niederlage von 1971 und der Abspaltung Ostpakistans näherte sich das Land unter Premierminister Zulfikar Ali Bhutto den islamischen Staaten an. Pakistan suchte politische und wirtschaftliche Unterstützung und ging enge Verbindungen mit den Golfstaaten ein. Im globalen Kontext tritt es als Mittelmacht auf und übernimmt international Verantwortung. Seit vielen Jahren zählt das Land bei Blauhelm-Einsätzen zu den größten Truppenstellern.

Der 11. September 2001 und die Folgen

Die Anschläge vom 11. September 2001, die militärische Intervention in Afghanistan und der Sturz der Taliban markierten eine Zäsur für die pakistanische Außenpolitik. Unter dem Druck

Washingtons stellte sich General Pervez Musharraf, der im Oktober 1999 mit einem Putsch die Macht übernommen hatte, im Kampf gegen den Terrorismus an die Seite der USA. Pakistan reduzierte die Unterstützung für die Taliban, förderte jedoch weiterhin islamistische Gruppen in Kaschmir. In Reaktion auf die gescheiterte Erstürmung des indischen Parlaments durch islamistische Terroristen im Dezember 2001 drohte Neu-Delhi mit Militärschlägen, um die Infrastruktur militanter Gruppen auf pakistanischem Territorium zu zerstören. Die Krise und die Gefahr einer nuklearen Eskalation konnten durch diplomatische Interventionen der USA und Großbritanniens im Sommer 2002 beigelegt werden.

Im April 2003 unterbreitete der indische Premierminister Atal Bihari Vajpayee Pakistan überraschend ein Angebot für neue Gespräche, welches dort positiv aufgenommen wurde. Verschiedene Entwicklungen ermöglichten diesen bis dahin kaum denkbaren Wandel der pakistanischen Außenpolitik gegenüber Indien. Erstens hatten die Krisen 1999 und 2002 Pakistan keine internationalen Erfolge in der Kaschmir-Frage gebracht. Zweitens erwiesen sich die Versuche Islamabads, die indischen Menschenrechtsverletzungen in Kaschmir im Kontext der neu entstandenen Terrorismusdiskussion nach dem 11. September 2001 als »Staatsterrorismus« zu brandmarken, als kontraproduktiv. Stattdessen fanden die Anschuldigungen Indiens Gehör, nach denen Pakistan terroristische Gruppen in Kaschmir unterstütze. Drittens entfachte der Irakkrieg im Frühjahr 2003 eine Diskussion darüber, ob Pakistan nicht selbst ins Visier von militärischen Aktionen der USA gegen Staaten geraten könnte, die den Terrorismus und die Verbreitung von Massenvernichtungswaffen förderten. 2003 waren Aktivitäten des Netzwerkes von Abdul Qadir Khan, dem »Vater der pakistanischen Atombombe«, aufgedeckt worden, der nukleare Technologie u.a. an Libyen geliefert hatte.

Vor diesem Hintergrund brach Musharraf 2003 mit grundlegenden Prinzipien der pakistanischen Außenpolitik. Im Herbst verständigten sich Indien und Pakistan auf einen Waffenstillstand und begannen im Februar 2004 einen Verbunddialog. Im April 2005 erklärten der indische Premierminister Manmohan Singh und Präsident Musharraf den Friedensprozess als »irreversibel« und verständigten sich auf Grundzüge für eine mögliche Lösung der Kaschmir-Frage. Pakistan lehnte die von Indien favorisierte Umwandlung der »Line of Control« in eine internationale Grenze ab. Indien wiederum wies Vorschläge Pakistans für die territoriale Neuaufteilung Kaschmirs zurück. Nach dem Erdbeben im Oktober 2005 wurden Übergangsstellen an der Demarkationslinie eingerichtet und machten diese damit erstmals durchlässig (vgl. Info-Kasten auf S. 209). Bis Mitte 2008 gab es fünf Verhandlungsrunden, in denen vertrauensbildende Maßnahmen vereinbart wurden, u.a. Reiseerleichterungen in Kaschmir und im Punjab sowie eine bessere wirtschaftliche, kulturelle und wissenschaftliche Kooperation. Die Ausweitung der Beziehungen verbesserte das bilaterale Verhältnis substanziell: In Reaktion auf die Anschläge in der indischen Finanzmetropole Mumbai (Bombay), wo islamistische Terroristen mit Verbindungen nach Pakistan am 26. November 2008 an verschiedenen Stellen der Stadt mehr als 170 Menschen töteten, setzte Indien zwar

picture-alliance/dpa/Nasiruddin Mugha

Pakistanische Kinder begrüßen am 20. Juni 2006 einen indischen Passagier der neu eröffneten Buslinie am Grenzübergang Titrinote in Rawalakot.

den Verbunddialog für unbestimmte Zeit aus. Eine Krise wie im Sommer 2002 entwickelte sich daraus jedoch nicht.

Mit dem Verbunddialog rückte Musharraf auch von der bis dahin verfolgten Strategie Pakistans ab, den Kaschmir-Konflikt zu internationalisieren. Damit hatte er versucht, ein Referendum über Kaschmir zu erreichen, wie es die UN-Resolutionen festschrieben. Indien hingegen hatte stets auf bilateralen Verhandlungen bestanden, auf die sich beide Seiten im Vertrag von Simla 1972 verständigt hatten.

Während sich das Verhältnis zu Indien seit 2003 kontinuierlich entspannt hat, verschlechterten sich die Beziehungen zu Afghanistan. Ursache hierfür waren das Wiedererstarken der Taliban sowie die unterschiedlichen strategischen Positionen der USA und Pakistans. Präsident Barack Obama machte im Frühjahr 2009 mit seiner neuen Afghanistan-Pakistan-Strategie (»AFPAK«) unmissverständlich klar, dass aus seiner Sicht der globalen Ebene, d.h. der Bekämpfung von Al Qaida, oberste Priorität zukomme. Für Pakistan steht hingegen die regionale Perspektive wie der Konflikt mit Indien und die Sicherung der eigenen Interessen in Afghanistan im Vordergrund.

Die pakistanische Armee konnte bei der Bekämpfung von Al Qaida bislang eine Reihe von Erfolgen vorweisen. In Zusammenarbeit mit den USA gelang es, hochrangige Terroristen und Talibanführer auszuschalten. Demgegenüber gestaltete sich die Bekämpfung der pakistanischen Talibangruppen, die sich 2007 unter der Führung von Baitullah Massud zur Tehrik-e Taliban Pakistan (TTP) zusammengeschlossen hatten, deutlich schwieriger. Ihre Kämpfer verübten zahlreiche Anschläge, die sich gegen die pakistanische Unterstützung für die USA im Anti-Terror-Kampf richteten. Verschiedene Friedensabkommen blieben ohne dauerhafte Wirkung. Die von Islamabad zugesagte wirtschaftliche Entwicklung der Stammesregion kam nur schleppend in Gang. Nach der Rückeroberung des Swat-Tals (vgl. den Beitrag von Bernhard Chiari) und dem Tod Baitullah Massuds schienen die Taliban im Sommer 2009 geschwächt zu sein. Durch die Zusammenarbeit mit militanten Gruppen aus dem Umfeld der LeT, deren Gründung einst der ISI gefördert hatte, um in Kaschmir gegen Indien zu kämpfen, überzog die TTP unter ihrem neuen Führer Hakimullah Massud Pakistan im Oktober 2009 erneut mit einer Terrorwelle.

picture-alliance/dpa/Nadeem Khawer

Demonstration gegen den Terror: Pakistanische Frauen protestieren am 28. Oktober 2009 in Haiderabad gegen die ausufernde Gewalt im Land. In Peschawar hatte an diesem Tag eine Bombe 70 Menschen auf einem überfüllten Markt in den Tod gerissen, die meisten Frauen und Kinder. Weitere 150 Menschen wurden verletzt.

Ein grundlegender Dissens zwischen Pakistan und den USA erwächst aus dem Verhältnis gegenüber den afghanischen Talibangruppen um Mullah Omar, Gulbuddin Hekmatyar und Jalaluddin Haqqani. Diese haben ihre Rückzugsgebiete ebenfalls in den Federally Administrated Tribal Areas (FATA) an der afghanisch-pakistanischen Grenze. Es gibt zahlreiche Hinweise darauf, dass die pakistanische Armee sie nicht im gleichen Umfang wie Al Qaida und TTP bekämpft. Offensichtlich gelten sie der Militärführung weiterhin als wichtige Verbündete, um langfristig pakistanische Interessen in Afghanistan zu sichern: Zum einen könnte die Einbeziehung der Taliban in eine Regierung in Kabul dem indischen Einfluss Grenzen setzen. Zum anderen bilden die islamistischen Taliban ein Gegengewicht zu den ethnonationalistischen Strömungen unter den Paschtunen, die in der Vergangenheit mit der Forderung nach einem »Groß-Paschtunistan« die territoriale Einheit Pakistans infrage gestellt hatten.

Die Welle der Gewalt durch die TTP – darunter spektakuläre Aktionen wie der Angriff auf das Armeehauptquartier in Rawalpindi am 2. November 2009 – warfen erneut die Frage nach der Sicherheit der pakistanischen Atomwaffen auf. 1998 ordnete die pakistanische Armee ihr Nuklearprogramm neu. Seit 1999 gibt

Pervez Musharraf: Präsident zwischen Armee, Amerika und Al Qaida

Bei kaum einem Staatschef Pakistans scheiden sich die Geister derart drastisch wie im Falle Pervez Musharrafs. Nach seinem Putsch gegen das Regiment des damaligen Premierministers Nawaz Sharif im Oktober 1999 galt der General im Präsidentenrock noch als »Retter der Demokratie«, dem die pakistanischen Städter den Griff nach der Macht mit Freudentänzen dankten. Am Ende seiner Herrschaft wirkte er hingegen nur noch wie ein zynischer Autokrat, der den Staat und seine Institutionen im Interesse des selbstgefälligen Machterhalts bedenkenlos zu Tode manipulierte. Hätte es nicht eine blutige Terrorwelle gegeben, die Pakistan mit Selbstmordanschlägen erschütterte und Gefühlsausbrüche dieser Art verbot: Die Bevölkerung hätte wohl auch Musharrafs Rücktritt im August 2008 mit Straßenfesten gefeiert.

Die turbulente politische Karriere des 1943 in Neu-Delhi geborenen Diplomatensohns und Berufsoffiziers lässt sich nach dem Sprung an die Staatsspitze in drei völlig verschiedene Phasen unterteilen: In den ersten beiden Jahren nach dem Sturz der Sharif-Regierung profilierte sich Musharraf mit dem Segen des Verfassungsgerichts vor allem als zupackender Reformer, der Recht und Ordnung wieder herstellte. Die vor dem Kollaps stehende Wirtschaft brachte er mit beherzter Liberalisierung in Schwung und entmachtete die korrupte Politikerkaste samt Parteiendemokratie zugunsten einer Art basisdemokratischen Räterepublik. In der Außenpolitik standen zunächst das Krisenmanagement rund um die Folgen des Kargil-Konflikts von 1999 in Kaschmir und die gespannten Beziehungen mit Indien im Fokus – und damit freilich ein Problem, das Musharraf als Armeechef und Architekt der Kargil-Offensive selbst verursacht hatte.

Als sowohl in der Innen- als auch in der Außenpolitik der Erfolg hinter den geweckten Erwartungen zurückblieb, und der Stern Musharrafs zu sinken drohte, kam die Weltpolitik zu Hilfe und leitete die zweite Phase der Musharraf-Herrschaft ein. Der 11. September 2001 katapultierte Musharraf als Führer eines der »Frontstaaten« im Krieg gegen den Terror aus dem Nichts zum wichtigsten Verbündeten der USA. Auf Druck aus Washington reagierte er mit einer drastischen außenpolitischen Wende, ließ das befreundete Taliban-Regime in Afghanistan fallen und stellte sich bedingungslos auf die Seite der westlichen Führungsmacht. Flankiert wurde die neue Achse »Mush – Busharraf«, wie sie die pakistanische Presse ironisch taufte, mit einem systematischen Ausbau der innenpolitischen Macht. Zunächst inthronisierte sich Musharraf als Präsident, manipulierte unbehelligt von westlicher Kritik Wahlen zur Installierung einer »legalen Regierung« von seinen Gnaden und zimmerte sich mit Dekreten und juristischen Taschenspielertricks seine eigene Verfassungsordnung. Die Gunst seiner Gönner in Washington pflegte er mit einem strammen Anti-Al-Qaida-Kurs und der Auslieferung ausländischer Terroristen. Die Taliban- und Islamisten-Szene im eigenen Land versuchte er dagegen, mit einer Art Beschwichtigungs-Politik zu besänftigen.

Die Konsequenzen dieser riskanten Doppelstrategie – markiert durch einen massiven Vertrauensverlust im Westen und in der eher moderat gestimmten Mehrheit der eigenen Bevölkerung sowie durch das immer dreistere Auftreten der Islamisten-Szene, das auf eine finale Kraftprobe mit dem Staat hinauslief – leiteten Mitte 2007 den Niedergang und damit die dritte Phase ein. Auslöser war im Juli 2007 die gewaltsame Erstürmung der zuvor wochenlang von militanten Islamisten besetzten »Roten Moschee« in Islamabad, bei der Sicherheitskräfte ein Blutbad mit über 100 Toten anrichteten. Die Folge war eine fatale Kettenreaktion der Gewalt, die über den Islamisten-Aufstand im Swat-Tal und die dramatische Eskalation der Kämpfe in den paschtunischen Stammesgebieten entlang der afghanischen Grenze bis hin zu der grausamen Serie von Selbstmordanschlägen mit dem Attentat auf Benazir Bhutto als Höhepunkt reichte.

Den entscheidenden Fehler beging Musharraf, als er sich in der Frage der Legalität seines Regimes auf einen Konflikt mit dem Verfassungsgericht einließ und diesen mit der Entlassung des Vorsitzenden zu entscheiden suchte. Dies provozierte die Formierung einer außerparlamentarischen Massenprotestbewegung, deren versuchte gewaltsame Niederschlagung auch im Westen entscheidende Sympathiepunkte kostete. Der Rest war Formsache: von einer breiten Interessenkoalition erzwungene Neuwahlen, schleichender Machtverlust bis hin zur Abdankung als Armeechef und schließlich am 18. August 2008 der Rücktritt als Präsident. Im Westen wird man Musharraf wohl vor allem als Verbündeten im Kampf gegen den Terror in Erinnerung behalten, in Pakistan dagegen eher als »Totengräber der Demokratie« oder »Wegbereiter der Anarchie«. *(js)*

es eine National Command Authority (NCA). Das militärische Programm beaufsichtigt die Strategic Plan Division (SPD), welche als Sekretariat der NCA fungiert. Das Personal des Atomprogramms unterliegt strengsten Kontrollen, um eine Infiltration durch Islamisten auszuschließen. Nuklearwaffen werden in Einzelteilen an verschiedenen Orten gelagert. Die pakistanische Armee arbeitet bei der Sicherung der Atomraketen mit den USA zusammen und unterhält spezielle Einheiten für den Schutz der Trägersysteme und Sprengköpfe.

Die Gründung der Staatengruppe Friends of Democratic Pakistan (FoDP), der u.a. die USA, Deutschland, China und Saudi-Arabien angehören, zeigt, dass Pakistan heute mindestens als ebenso großes internationales Problem gesehen wird wie Afghanistan. Die FoDP stellten umfangreiche Mittel für die wirtschaftliche Entwicklung des Landes bereit, um so langfristig Umfeld und Rekrutierungsbasis radikaler Gruppen zu schwächen.

Außenpolitik am Scheideweg?

Die Anschläge der TTP auf die Armee und andere Einrichtungen des Staates im Herbst 2009 zeigen, dass große Teile der pakistanischen Außenpolitik in Trümmern liegen. Die jahrzehntelange Förderung islamistischer Gruppen im Kampf gegen Indien und die Verknüpfung mit der Kontrolle Afghanistans Anfang der 1990er-Jahre brachten keine außenpolitischen Erfolge. Die von den Interessen des Militärs bestimmte Außen- und Sicherheitspolitik verschlechterte vielmehr das internationale Ansehen des Landes dramatisch und löste zugleich eine der schwersten innenpolitischen Krisen seiner Geschichte aus.

Langfristig steht die pakistanische Außenpolitik zwei Herausforderungen gegenüber. Erstens bleibt abzuwarten, ob es der demokratisch gewählten Regierung gelingt, die Dominanz der Armee in außen- und sicherheitspolitischen Fragen zu überwinden. Zweitens muss die künftige internationale Rolle des Landes neu definiert werden, die bislang vor allem durch den Konflikt mit Indien bestimmt war. Nach den Wahlen im Februar 2008 kündigte die neue Regierung der Pakistan Peoples Party (PPP) von Premierminister Yusuf Raza Gilani und Präsident Asif Ali

Zardari an, die Politik der Annäherung mit Indien fortzusetzen. General Ashfaq Pervez Kiyani, der Nachfolger Musharrafs als Oberbefehlshaber der Streitkräfte, leitete einen teilweisen Rückzug der Armee aus der Politik ein. An der Vormachtstellung der Streitkräfte änderte dies freilich bislang nichts. Offensichtlich hat sich aber die Einsicht durchgesetzt, dass der Kampf gegen den Terrorismus nur durch eine Stärkung der Demokratie gewonnen werden kann. Zudem hat 2009 selbst die Armeeführung erstmals eingeräumt, dass die größte Bedrohung nicht mehr von Indien, sondern von Gruppen wie der TTP im eigenen Lande ausgeht.

Die militärisch orientierte Außenpolitik der letzten Jahrzehnte war nicht imstande, pakistanischen Sicherheitsinteressen in Bezug auf die Nachbarn gerecht zu werden. Eine alternative Strategie liegt darin, die wirtschaftliche Zusammenarbeit mit Afghanistan und Indien auszubauen. Einen Rahmen hierfür könnte das 2006 in Kraft getretene Freihandelsabkommen der South Asian Association for Regional Cooperation (SAARC) bilden. Damit ließen sich die ökonomische Entwicklung vorantreiben und gleichzeitig die moderaten Kräfte in Pakistan fördern. Langfristig könnte dies auch neue diplomatische Perspektiven eröffnen, insbesondere mit Blick auf Indien und Afghanistan.

Christian Wagner

picture-alliance/dpa/Farooq Khan

Kaschmir – das Foto zeigt den Dal-See bei Srinagar, der Hauptstadt des indischen Teils – besteht heute aus dem indischen Unionsstaat Jammu and Kashmir (ca. 100 000 km² und zehn Mio. Einwohner), den zu Pakistan gehörenden Nordgebieten sowie dem halbautonomen pakistanischen Azad Jammu and Kashmir (84 000 km² und bis zu 1,3 Mio. Einwohner). Gebiete mit einer Größe von 37 000 km² sind Teil des Territoriums Chinas.

Kaschmirs strategische Bedeutung erwuchs aus seiner Lage an den großen Fernhandelsverbindungen zwischen Vorder-, Zentral- und Südasien. Im Verlauf der Geschichte prägten buddhistische, hinduistische und seit dem 13. Jh. auch islamische Kulturen die Region. Nach der Teilung Britisch-Indiens 1947 blieb Kaschmir zunächst unabhängig, geriet aber bald in den Sog militärischer Auseinandersetzungen. Paschtunische Stammeskrieger trugen mit pakistanischer Unterstützung einen Angriff auf sein Territorium vor, worauf der herrschende Maharadscha Hari Singh Indien um militärische Unterstützung bat. Am 26. Oktober 1947 trat sein Fürstenstaat der Indischen Union bei.

Der Erste Indisch-Pakistanische Krieg von 1949 endete mit der Zweiteilung Kaschmirs unter Vermittlung der Vereinten Nationen. Der seitdem andauernde Konflikt zwischen Indien und Pakistan um das Gebiet stellt bis in die Gegenwart eine schwere Bürde für das Verhältnis beider Staaten dar. Die 750 km lange Waffenstillstandslinie (»Line of Control«) von 1949 bildet heute die Grenze zwischen dem indischen und pakistanischen Teil Kaschmirs.

Konfliktherd Kaschmir

Der Kaschmir-Konflikt zwischen Indien und Pakistan entstand unmittelbar nach der Teilung Britisch-Indiens und der Entlassung der beiden neuen Staaten in die Souveränität (vgl. den Beitrag von Bernd Lemke und Martin Rink). Pakistan feierte am 14. August und Indien am 15. August 1947 seine Unabhängigkeit. Die Teilung vollzog der letzte britische Vizekönig Lord Louis Mountbatten, dessen Mitarbeiter einen »Plan Balkan« ausgearbeitet hatten, der dann in London überarbeitet wurde. In seiner revidierten Form sah dieser vor, dass die Provinzen Britisch-Indiens und die indischen Fürstenstaaten einzeln in die Unabhängigkeit entlassen werden sollten, um sich dann – falls gewollt – zu neuen Staatsgebilden zusammenfinden zu können. Damit wäre den Briten die undankbare Aufgabe der Teilung erspart geblieben. Auch Mohammed Ali Jinnah, der Führer der Muslim-Liga, der die Errichtung eines pakistanischen Staates für die Muslime forderte, hätte dagegen nichts einwenden können.

Jawaharlal Nehru aber, zu jener Zeit schon Interimspremierminister Britisch-Indiens, reagierte scharf, als Mountbatten ihm den Plan zeigte. Er befürchtete, dass die angestrebte Vorgehensweise tatsächlich eine »Balkanisierung« Indiens nach sich ziehen würde, da dann dem Sammelsurium der in die Unabhängigkeit entlassenen Staaten keine starke Zentralregierung mehr als Verhandlungspartner gegenüber gestanden hätte. Eine Teilung durch die scheidenden Briten war dem vorzuziehen. Mountbatten sah das ein. Jinnah durfte einen britischen Richter benennen, der die Grenzen ziehen sollte. Mountbatten hielt die Grenzziehung geheim und veröffentlichte das Resultat erst nach dem 15. August. Darauf strömten insbesondere im Punjab Millionen von Flüchtlingen in beide Richtungen über die neue Demarkationslinie. Es kam zu gewalttätigen Unruhen. Ganze Eisenbahnzüge wurden in der Nähe der Grenze abgefangen und deren Passagiere ermordet.

Die Grenzziehung bezog sich nur auf Britisch-Indien, nicht aber auf die Fürstenstaaten, die wie ursprünglich geplant einzeln in die Unabhängigkeit entlassen wurden. Die meisten von ihnen waren von indischem Staatsgebiet umgeben und hatten kaum eine andere Wahl, als mit der indischen Regierung günstige Bedingungen für einen »Anschluss« auszuhandeln, wollten sie nicht zum Ziel militärischer Interventionen werden. Allein der Fürstenstaat Jammu and Kashmir, der sowohl an Indien als auch an Pakistan und dazu noch an Afghanistan und China angrenzte, konnte sich Hoffnungen auf eine unabhängige Existenz machen.

Derartige Kleinstaaten befanden sich jedoch nur vereinzelt auf pakistanischem Gebiet, weswegen eine Eingemeindung islamischer Fürstenstaaten auch jenseits der neuen Staatsgrenzen geplant wurde. Die Begehrlichkeiten richteten sich auf Haiderabad, dessen muslimischer *Nizam* (Herrschertitel) Jinnah hasste und eine größtenteils hinduistische Bevölkerung regierte, und auf Jammu and Kashmir, das zwar von einem Hindu-Maharadscha geführt wurde, dessen Untertanen jedoch mehrheitlich Muslime waren.

Der Fürstenstaat Jammu and Kashmir

Der Gründer dieses Fürstenstaats war Maharadscha Gulab Singh (1792–1857), der einem Klan der hinduistischen Dogra entstammte, die seit Jahrhunderten in Jammu heimisch waren. Gulab Singh hatte als Offizier in der Armee des Sikh-Maharadschas Ranjit Singh Karriere gemacht. Dieser hatte im Punjab einen mächtigen Staat errichtet und 1819 auch Kaschmir erobert. Ranjit Singh hatte 1822 Gulab Singh als Radscha von Jammu bestätigt. Als nach Ranjits Tod (1839) der Sikh-Staat zerbrach und dann in den nachfolgenden Sikh-Kriegen von den Briten besetzt wurde, hatte sich Gulab Singh auf deren Seite geschlagen. Die Engländer wussten mit Kaschmir nicht viel anzufangen und verkauften es für eine damals recht hohe Summe an den reichen Gulab Singh. Der Vertrag von Amritsar besiegelte 1846 dieses Geschäft, und Gulab Singh konnte sich nun Maharadscha von Jammu and Kashmir nennen. Er hatte fähige Nachfolger, die diese »Grenzmark« des britischen Weltreichs zu verteidigen wussten. Die Verwaltung des Staats besorgten die Kaschmir-Brahmanen, die allesamt den Ehrentitel *Pandit* (Gelehrter) trugen. Auch die Fa-

picture-alliance/dpa/Altaf Qadri

Aktivisten der separatistischen Jammu Kashmir Muslim League demonstrieren am 13. Juli 2007 in Srinagar anlässlich des Märtyrertages. Dieser geht zurück auf das Jahr 1931, als Truppen des hinduistischen Maharadschas Hari Singh 22 Muslime erschossen, die gegen seine autokratische Herrschaft protestierten.

milie Jawaharlal Nehrus, des ersten indischen Premierministers, gehörte diesen an, war aber schon seit Jahrhunderten in Nordindien beheimatet. Doch blieb für Nehru seine Zugehörigkeit zu Kaschmir immer von Bedeutung.

Eine »Volksvertretung« gab es unter der Herrschaft der Maharadschas zunächst nicht. Die Bevölkerung war arm und der Fürst der größte Grundbesitzer. Als Volkstribun trat schließlich Scheich Abdullah (1909–1982) auf, der »Löwe von Kaschmir«. Er war der Sohn eines wohlhabenden Kaufmanns, hatte an der Aligarh Muslim University studiert und sich 1931 dem indischen Freiheitskampf angeschlossen. Der Maharadscha Hari Singh warf ihn ins Gefängnis. Als Abdullah ein Jahr später entlassen wurde, gründete er die All Jammu and Kashmir Muslim Conference. Er wandte sich dann aber dem Sozialismus zu, forderte eine Bodenreform und wurde zum Freund Nehrus, der 1938 Kaschmir besuchte. Nun ersetzte Abdullah das Wort »Muslim« im Namen seiner Organisation durch den Begriff »National«. Diese »National Conference« ist noch heute unter Führung von Abdullahs Enkel Omar die führende Partei Kaschmirs.

Der »Anschluss« des Staates Jammu and Kashmir an Indien

Maharadscha Hari Singh hätte gern die Unabhängigkeit seines Staates bewahrt, die ihm am 15. August 1947 zugestanden worden war. Doch sowohl Pakistan als auch Indien wollten ihn zum »Anschluss« bewegen. Hari Singh erbat Bedenkzeit, die ihm auch gewährt wurde; aber um Fakten zu schaffen, entsandte Pakistan paschtunische Freischärler, die auf die Hauptstadt Srinagar zumarschierten. Sie wurden bald von regulären pakistanischen Truppen unterstützt.

Die pakistanische Armee stand damals noch unter dem Kommando eines britischen Generals, der sich weigerte, seinen Soldaten den Befehl zum Einmarsch in Kaschmir zu geben. Man fand den Ausweg, dass sich die betreffenden Einheiten »beurlauben« ließen und ihre – selbst schweren – Waffen in den Urlaub mitnahmen. In seiner Bedrängnis wandte sich Maharadscha Hari Singh an Indien mit der Bitte um militärische Hilfe. Lord Mountbatten, der auf Drängen Nehrus als Generalgouverneur in Indien geblieben war, wies diesen darauf hin, dass der Maharadscha zunächst den »Anschluss« vollziehen müsse, da er sonst kein Recht habe, Truppen nach Kaschmir zu entsenden. Hari Singh folgte dieser Empfehlung, und indische Truppen warfen darauf hin die pakistanischen »Touristen« zurück. Nehru versprach aber auch, eine Volksabstimmung abzuhalten, und rief die Vereinten Nationen auf, Pakistan als Aggressor zu verurteilen und den völligen Abzug seiner Truppen zu fordern.

Die Vereinten Nationen suchten währenddessen eine politische Lösung und bildeten die United Nations Commission for India and Pakistan, die noch heute existiert. Sie sollte die Volksabstimmung durchführen, die aber nie stattfand, weil Indien als Vorbedingung den Abzug aller pakistanischen Truppen verlangte. Dieser erfolgte jedoch nicht; das so genannte Azad Jammu and Kashmir (Freies Jammu und Kaschmir) westlich des Tals von Kaschmir sowie der gesamte Norden blieben in pakistanischer Hand.

Die indische Armee hatte Kargil und Leh, die Hauptstadt Ladakhs, zurückerobert, bis 1949 ein Waffenstillstand geschlossen wurde. Der ehemalige Frontverlauf, später »Line of Control«

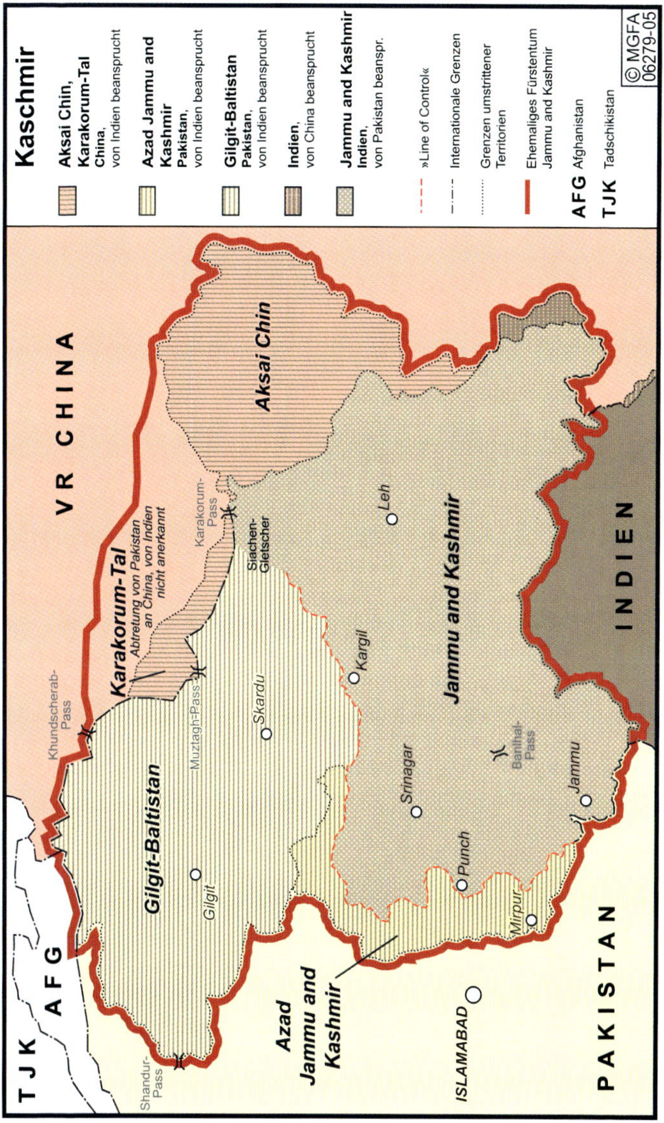
Kaschmir
Aksai Chin, Karakorum-Tal
China,
von Indien beansprucht
Azad Jammu and Kashmir
Pakistan,
von Indien beansprucht
Gilgit-Baltistan
Pakistan,
von Indien beansprucht
Indien,
von China beansprucht
Jammu and Kashmir
Indien,
von Pakistan beanspr.
»Line of Control«
Internationale Grenzen
Grenzen umstrittener Territorien
Ehemaliges Fürstentum Jammu and Kashmir
AFG Afghanistan
TJK Tadschikistan
© MGFA 06279-05
TJK
AFG
VR CHINA
Khundscherab-Pass
Karakorum-Tal
Abtretung von Pakistan an China, von Indien nicht anerkannt
Shandur-Pass
Gilgit-Baltistan
Gilgit
Muztagh-Pass
Karakorum-Pass
Siachen-Gletscher
Skardu
Aksai Chin
Azad Jammu and Kashmir
Kargil
Leh
Srinagar
Jammu and Kashmir
ISLAMABAD
Punch
Banihal-Pass
Mirpur
Jammu
PAKISTAN
INDIEN

genannt, wurde in der Folgezeit de facto zur Grenze. Sie endete an einem Punkt südlich des Siachen-Gletschers, jenseits dessen nicht gekämpft worden war. In der Vereinbarung heißt es nur, die Grenze verlaufe von dort nach Norden auf die Gletscher zu. Pakistan zog demgegenüber die Linie in nordöstlicher Richtung zum Karakorum-Pass und rief mit dieser Abweichung entschiedenen indischen Protest hervor. Seit 1984 tobten in 5000 Meter Höhe immer wieder Kämpfe indischer und pakistanischer Truppen um den Siachen-Gletscher. Dabei geht es im Grunde um die Kontrolle der Verbindungswege zwischen China und Pakistan in diesem Gebiet.

Die Kriege von 1965, 1971 und 1999

Im Oktober 1962 drangen chinesische Truppen in Indien ein (Indisch-Chinesischer Grenzkrieg). Sie marschierten über Tawang bis in die Ebene Assams, zogen sich aber rasch wieder zurück, ehe ihnen die Nachschublinien abgeschnitten werden konnte. Dieser Angriff war jedoch nur ein Ablenkungsmanöver. Im Westen Tibets stießen die Chinesen zur gleichen Zeit zum Karakorum-Pass vor und hielten diese strategische Verbindung von Lhasa nach Kaschgar und Urumchi. Damit erlitt Indien eine demütigende Niederlage, und Pakistan wandte sich dem Sieger zu. Die Regierung in Islamabad schloss 1963 ein Bündnis mit der Volksrepublik und trat den Chinesen einen breiten Streifen Kaschmirs nördlich des Karakorum-Gebirges ab. Die indischen Proteste konnten daran nicht das Geringste ändern.

Der Nachfolger des 1964 verstorbenen Nehrus, Lal Bahadur Shastri, galt als schwach und unerfahren. Aus diesem Grund versuchte der pakistanische Militärdiktator Ayub Khan, das Kaschmir-Problem mit Gewalt zu lösen. Seine Panzer sollten im September 1965 die Straße von Indien nach Kaschmir abschneiden, worauf sein indischer Kontrahent Truppen in Richtung Lahore in Marsch setzte und auch durch ein chinesisches Ultimatum nicht zu erschüttern war. China ließ den pakistanischen Bündnispartner schließlich im Stich. Als es zum Waffenstillstand kam, standen nunmehr indische Truppen auf pakistanischem Boden.

Indische Soldaten verteidigen am 31. Mai 1999 ihre Stellung bei Kargil in Kaschmir.

Ayub Khan musste auf der Konferenz von Taschkent 1966 eine Gewaltverzichtserklärung unterschreiben. Dieser Gesichtsverlust ermutigte die Bengalen in Ostpakistan zu Autonomieforderungen. Damit begann die Entwicklung, die 1971 zur Abspaltung Bangladeschs führte, wo sich schließlich 90 000 pakistanische Soldaten der indischen Armee ergaben. Zur gleichen Zeit fanden Kämpfe in Kaschmir statt, wo Indien Gebietsgewinne an der »Line of Control« verzeichnen konnte. Der pakistanische Präsident Zulfikar Ali Bhutto traf sich 1972 mit Indira Gandhi in Simla, um über die Repatriierung der Kriegsgefangenen zu verhandeln. Indira Gandhi verzichtete darauf, ihn nun zur Anerkennung der »Line of Control« zu zwingen. Bhutto versprach, sich für diese Lösung einzusetzen, meinte aber, dass er politischen Selbstmord beginge, wenn er sofort öffentlich der Grenzänderung zustimme. Wenige Jahre später wurde er von General Mohammed Zia ul-Haq hingerichtet. Damit starb auch sein Versprechen, über dessen Ernsthaftigkeit man bis heute geteilter Meinung sein kann.

Im Mai 1998 erfuhr die Weltöffentlichkeit, dass beide Staaten im Besitz von Nuklearwaffen waren. Nach der »Logik« der gegenseitigen Abschreckung hätte es nun zwischen ihnen keinen konventionellen Krieg mehr geben dürfen. Das glaubte auch der indische Premierminister Atal Bihari Vajpayee, der im Februar 1999 nach Lahore reiste und dort seinen pakistanischen Amtskollegen Nawaz Sharif umarmte. Der soll sich dabei sichtlich unwohl gefühlt haben, denn er wusste zu diesem Zeitpunkt wohl

Belutschistan

Belutschistan erstreckt sich über das Dreiländereck zwischen Iran, Afghanistan und Pakistan. Es umfasst die Region zwischen dem iranischen Bandar Abbas im Westen, dem südlichen Helmand-Fluss in Afghanistan, dem Arabischen Meer im Süden und dem Indus im Osten. Gebirge und Wüsten prägen das Anlitz des spärlich besiedelten, unwirtlichen Gebietes. Allerdings ist vor allem das pakistanische Belutschistan reich an Rohstoffen wie Gas und Kohle.

Weit über 80 Prozent der ca. sieben Mio. Belutschen leben in Pakistan. Dementsprechend richten sich politische Bestrebungen nach Selbstständigkeit in erster Linie gegen Islamabad. Bereits seit den 1920er-Jahren wird ein souveräner belutschischer Staat »Kalat« gefordert. Im unabhängigen Pakistan kam es deshalb immer wieder zu gewaltsamen Unruhen, v.a. 1947, 1958/59, 1962/63, zwischen 1973 und 1977 sowie seit 2000.

Die verschiedensten politischen Parteien schrieben sich den Kampf um ein unabhängiges Belutschistan auf ihre Fahnen. Ihre Führer entstammten überwiegend der traditionellen Stammeselite und richteten die belutschische Bewegung – zumindest rhetorisch – säkular bis marxistisch aus. Vor allem die Sowjetunion unterstützte das Autonomiestreben aus geo-strategischen Gründen (»Warmes Meer«) bis in die 1980er-Jahre. Gegenwärtig wirft die pakistanische Regierung Neu-Delhi vor, die Belutschen über die indische Präsenz in Afghanistan (Konsulat in Kandahar; Straßenbauprojekte in Südafghanistan) zu unterstützen.

Die Belutschen fühlen sich auf ganzer Linie benachteiligt. So ist die Region nach wie vor das Armenhaus Pakistans und verfügt kaum über Zugang zu sozialer Infrastruktur (Krankenhäuser, Schulen etc.). Die Ausbeutung örtlicher Rohstoffe kommt den Belutschen selbst kaum zugute, vielmehr fließen die Erträge direkt in die Regierungsschatullen der Hauptstadt. Das jüngste Beispiel hierfür bildet der Tiefseehafen in Gwadar. Hier errichten gegenwärtig die Chinesen in Absprache mit der pakistanischen Regierung eine ganze Hafenstadt, ohne die lokale Bevölkerung – und sei es auch nur als einfache Arbeitskräfte – einzubeziehen. Zudem fühlen sich die Belutschen überfremdet. Durch den Zuzug von Flüchtlingen aus Afghanistan leben in Quetta, der größten Stadt Belutschistans, mittlerweile mehr Paschtunen als Belutschen.

Auch stellen die Belutschen in der eigenen Provinz nur einen kleinen Teil der staatlichen Beamten und Angestellten, deren Mehrzahl aus dem Punjab kommen. Schließlich wird der Ausbau militärischer Stützpunkte entlang der durch Belutschistan führenden Überlandstraße als ein Akt der Unterdrückung verstanden.

Gerade die Ausbeutung der Gasfelder und der Bau von Gwadar ließen seit 2000 den belutschischen Widerstand erstarken. Extremisten verübten Anschläge auf Überlandstraßen, Gasförderanlagen und Kontrollposten. Die Erschießung des prominenten Belutschenführers Nawab Bugti in einem Gefecht mit pakistanischen Sicherheitskräften im August 2004 spitzte den Konflikt in augenfälliger Weise zu. *(cs)*

bereits, dass sein ebenfalls anwesender Armeechef General Pervez Musharraf eine Militäroperation geplant hatte, die als erster konventioneller Krieg zwischen Atommächten in die Geschichte eingehen sollte.

Musharrafs Plan war brillant: Als kaschmirische Freiheitskämpfer getarnte Soldaten sollten, noch ehe das Eis entlang der »Line of Control« taute, zwischen den in Bunkern überwinternden indischen Truppen hindurchschlüpfen und die strategisch wichtige Straße über Kargil nach Leh in Besitz nehmen. Das Tauwetter setzte jedoch in diesem Jahr früher ein als üblich, und indische Entsatztruppen konnten von Srinagar nach Kargil vordringen. Außerdem scheute sich Vajpayee trotz der Gefahr der atomaren Eskalation nicht, den Einsatz der indischen Luftwaffe anzuordnen. Somit verlor Musharraf seinen Krieg. Als der amerikanische Stabschef General Antony G. Zinni ihn im Juni 1999 besuchte, um ihn zum Abbruch der Kampfhandlungen zu bewegen, stimmte er sofort zu. Musharraf behauptete jedoch, dass nur Sharif befugt sei, den Rückzug zu befehlen, und daher solle US-Präsident Bill Clinton diesen nach Washington einladen, um die Angelegenheit auf höchster Ebene zu regeln.

Dies war ein geschickter Schachzug Musharrafs, um Sharif die alleinige Verantwortung für den Abbruch der Militäroperation übernehmen zu lassen. Dieser versuchte nun seinerseits, sich des Kontrahenten zu entledigen, woraufhin Musharraf putschte und Nawaz Sharif in die (arabische) Wüste schickte.

»Kaschmir«, »Kricket« und »Koran« – die pakistanische Perspektive

Ganz gleich wie fragil und brüchig Pakistan auf Außenstehende auch wirken mag: Im Bedarfsfall schweißt das Thema Kaschmir – neben Kricket, dem Nationalsport schlechthin, und dem Koran – die Nation wie kaum etwas anderes zusammen. Zugespitzt formuliert: Der »K«-Konsens in seiner politischen, sportlichen und religiösen Variante dient Pakistanern auf der Suche nach einer die sonstigen zahlreichen Gräben überwindenden nationalen Identität als Kompass.

Hinzu kommt, dass sich diese drei Identitätsquellen längst vereint haben und in dieselbe Richtung weisen: gegen Indien. So sind Fernsehübertragungen von Kricket-Länderspielen gegen Indien auch deshalb Straßenfeger, weil das Spielgeschehen im Hinterkopf der Zuschauer eine Fortsetzung der verlorenen Kriege um Kaschmir mit sportlichen Mitteln ist – mit der realistischen Chance, diesmal als Sieger vom Feld zu gehen.

Und der Einsatz für die vom »indischen Hindustaat unterdrückten Glaubensbrüder« jenseits der Waffenstillstandslinie – ganz gleich ob nur als Lippenbekenntnis oder mit der Kalaschnikow in der Hand – stellt eine Bürger- und Glaubenspflicht gleichermaßen dar, obwohl die überwiegende Mehrzahl der Pakistaner das als »Shangri-La« zu einem sagenhaften Paradies stilisierte Kaschmir bestenfalls vom Hörensagen kennt.

Die Kaschmir-Frage erhält selbst für ansonsten bodenständige Tieflandbewohner eine ins Irrationale gesteigerte Bedeutung. Tatsächlich berührt sie den zentralen Nerv eines bis heute unverarbeiteten kollektiven Traumas. Dieses reicht zurück bis in die Gründungsgeschichte Pakistans. Der Schock über die damalige politische Teilung des Subkontinents, die sich entlang religiöser Grenzen äußerst blutig vollzog, sitzt tief. Banal gesprochen wühlt jeder Pressebericht über Gräueltaten indischer Sicherheitskräfte an der kaschmirischen – sprich: muslimischen – Bevölkerung und jedes Foto gebrandschatzter Häuser in Srinagar erneut selbst erlebte oder über die Erzählungen von Familienangehörigen überlieferte Bilder auf. Eigene Erfahrung und Familienschicksal werden oft auf das ferne Kaschmir projiziert. So betrachtet kann man den Territorialanspruch pakistanischer Politiker auf Kaschmir, das Engagement militant-islamistischer Kreise im dortigen *Dschihad* (»Heiliger Krieg«) sowie das besonders eifrige Daumendrücken des Kricket-Fans beim Match gegen Indien auch als Spielarten des unbewussten Versuchs werten, die erlittene Demütigung zu überwinden.

Unterfüttert wird die überragende Symbolkraft der Kaschmir-Frage durch den Umstand, dass diese untrennbar mit dem Gründungsmythos Pakistans verbunden ist. Denn bereits für Jinnah, den »Vater der Nation«, und seine Mitstreiter von der Muslim-Liga stand lange vor der tatsächlichen Existenz des erträumten Staates im Nordwesten des Subkontinents außer Frage, dass natürlich auch Kaschmir als muslimische Hochburg mit großer historischer Tradition zur neuen Heimat gehören musste. Am besten lässt sich dieses politisch-religiöse Programm am Namen »Pakistan« ablesen, den in England studierende indische Muslime bereits in den 1930er-Jahren kreiert hatten und den sich die Unabhängigkeitsbewegung um Jinnah und seine Muslim-Liga dann zu eigen machte. Denn dieser Begriff bedeutet in Anspielung auf die religiöse Überlegenheit der Muslime gegenüber den Hindus nicht nur »Land der Reinen«. Gleichzeitig finden sich in dem Wort verborgen auch die zu diesem Land gehörenden Regionen als Abkürzung wieder. Das »K« steht hier für »Kaschmir«. *(js)*

Terror und Wahlen im indischen Kaschmir

Das indische Kaschmir durchlitt inzwischen ein trauriges Schicksal. Scheich Abdullah hatte seinen Frieden mit der indischen Regierung gemacht und das Land bis zu seinem Tod 1982 als Ministerpräsident regiert. Ihm folgte sein Sohn, Farooq Abdullah, der bisher als Arzt in England gelebt hatte und eigentlich keine besonderen Qualifikationen für sein neues Amt mitbrachte. Zwar kam es zu Konflikten mit Indira Gandhi, aber nach ihrem gewaltsamen Tod im Jahre 1984 konnte er gute Beziehungen zu ihrem Sohn Rajiv aufbauen, der ihr im Amt nachgefolgt war. Abdullah und Rajiv schmiedeten ein Bündnis von Kongresspartei und National Conference, das 1987 die Wahlen in Kaschmir gewann. Die Opposition sah sich jedoch durch Wahlbetrug ausgeschlossen und reagierte mit gewalttätigem Widerstand.

Als Rajiv Gandhi im November 1989 eine Wahlniederlage erlitt und von seinem Gegenspieler V.P. Singh abgelöst wurde, machte dieser ein politisches Zugeständnis, das Kaschmir versöhnen sollte. Er ernannte einen bekannten Politiker Kaschmirs, Mufti Syeed Mohammed, zum indischen Innenminister. Doch kurz darauf entführten Terroristen dessen Tochter und pressten eine Reihe inhaftierter Extremisten frei, womit der Terror in Kaschmir einen neuen Aufschwung erlebte. Als die Sowjets 1989 aus Afghanistan abzogen, suchten viele afghanische Freiheitskämpfer ein neues Betätigungsfeld, das sie in der Region fanden. Der pakistanische Geheimdienst Inter-Services Intelligence (ISI), der im amerikanischen Auftrag die Mudschaheddin unterstützt hatte, mag bei diesem neuen »Arbeitsbeschaffungsprogramm« seine Hand mit im Spiel gehabt haben.

Die 1990er-Jahre standen in Kaschmir unter dem Zeichen des Terrors, der auch den umfassenden Einsatz paramilitärischer indischer Sicherheitskräfte nach sich zog, darunter der dem indischen Innenministerium unterstellten Grenzschutz (Border Security Force). Die Sicherheitskräfte wendeten teils unverhältnismäßige Gewalt an. Dennoch gelang es ihnen nicht, die Auseinandersetzungen für sich zu entscheiden, da die Terroristen sich stets auf ihren Nachschub über die Grenze verlassen konnten.

Erst 1996 kehrte wieder eine gewisse Ruhe ein. Farooq Abdullah konnte in diesem Jahr bei den Wahlen zum Regionalparlament einen erstaunlichen Sieg für die National Conference verbuchen. Diese errang ein Drittel der Stimmen und erhielt dafür – bedingt durch das Mehrheitswahlrecht – zwei Drittel der Mandate. Die folgende Phase relativer Ruhe dauerte bis zum Oktober 2001, als Selbstmordattentäter das Parlament von Kaschmir überfielen. Der Anschlag forderte 38 Todesopfer.

Nun geschah etwas Außergewöhnliches: Die militant-islamistische Bewegung Jaish-e Mohammed (Armee Mohammeds, JM), die sich zu dem Anschlag bekannte, veröffentlichte die Namen der getöteten Attentäter samt ihren Herkunftsorten. Alle stammten aus Pakistan. Bisher hatte man stets behauptet, dass terroristische Aktivitäten gegen die Regierung Kaschmirs den einheimischen Freiheitskämpfern zuzuschreiben seien. Der Schachzug der Islamisten war leicht zu durchschauen: Sie wollten auf diese Weise einen Keil zwischen Pakistan und Indien treiben, die sich nach dem 11. September 2001 beide der »Allianz gegen den Terror« angeschlossen hatten (vgl. den Beitrag von Christian Wagner). Die indische Regierung erkannte jedoch die dahinterstehende Absicht und schwieg zunächst. Doch wenig später überfielen im Dezember 2001 islamistische Terroristen das Parlament in Neu-Delhi. Sie hatten sich als Polizisten verkleidet und konnten erst im letzten Moment erkannt und erschossen werden. Im Parlament, in dem nicht einmal das Wachpersonal Waffen tragen darf, hätten die Angreifer ein Blutbad anrichten können. Premier Vajpayee reagierte darauf, indem er indische Truppen an der Grenze Pakistans aufmarschieren ließ. Im Jahr 2002 eskalierte die Lage zusehends und konnte nur durch intensive amerikanische Vermittlungsbemühungen entschärft werden.

Die im Oktober 2002 abgehaltenen Landtagswahlen im indischen Unionsstaat Jammu and Kashmir zeigten ein überraschendes Ergebnis. Die National Conference verlor die Wahlen. Eine neue Partei, die People's Democratic Party (PDP), verbuchte unter der Führung des ehemaligen indischen Innenministers Mufti Syeed Mohammed auf Anhieb viele Stimmen im Tal von Kaschmir. Die Kongresspartei war in den anderen Landesteilen erfolgreich und errang mehr Sitze als die PDP. Somit wurde eine Koalitionsregierung gebildet, deren Vorsitz zunächst Mufti Syeed Mohammed übernahm. Nach Ablauf der halben Legislaturperiode sollte dann die Kongresspartei das Amt des Ministerpräsidenten besetzen.

Diese Zusammenarbeit verlief anfangs gut; doch am Ende der Legislaturperiode zerbrach die Koalition. Im Dezember 2008 wurde ein neuer Landtag gewählt. Die National Conference gewann diesmal die meisten Mandate, gefolgt von der PDP und der Kongresspartei. Es wäre auch eine Koalition von PDP und Kongresspartei möglich gewesen, doch Letztere entschied sich für eine Koalition mit der National Conference. Omar Abdullah, der Enkel Scheich Abdullahs, wurde Ministerpräsident. Terroristen hatten zum Boykott der Wahlen aufgerufen, doch die Wähler bewiesen Mut und verhalfen der Demokratie zum Sieg. Inzwischen hatte auch Pakistan wieder eine demokratische Regierung, und die indische Führung zeigte sich zu Gesprächen mit ihr bereit. Doch der äußerst blutige Anschlag pakistanischer Terroristen in Mumbai (Bombay) im November 2008 machte vorläufig alle Hoffnungen auf eine Versöhnung der beiden Staaten zunichte. Der Kaschmir-Konflikt bleibt weiterhin ungelöst.

Dietmar Rothermund

picture-alliance/dpa/epa afp Mukherjee

Der 2001 von den USA ausgerufene »War on Terror« katapultierte die Grenzregion zwischen Pakistan und Afghanistan ins Zentrum der weltpolitischen Aufmerksamkeit. Häufig wird jedoch übersehen, dass sich hier verschiedene Konflikte überlappen. Während NATO-Truppen militante Islamisten bekämpfen, vollziehen sich gleichzeitig Interessenkonflikte zwischen den Nationalstaaten Afghanistan und Pakistan sowie – auf beiden Seiten der Grenze – zwischen lokaler Autonomie und staatlicher Einflussnahme. Wie es zu dieser Gemengelage kommen konnte, verdeutlicht ein Blick in die Geschichte.

Das Foto zeigt den früheren afghanischen König Mohammed Zahir Schah (links), angetan mit einem traditionellen Turban, im April 2002 bei einer Unterredung mit paschtunischen Stammesführern in seiner Kabuler Residenz. Zahir Schah gehörte wie Präsident Hamid Karsai selbst der Volksgruppe der Paschtunen an. Er verbrachte 29 Jahre im Exil und kehrte erst 2002 in seine Heimat zurück. Mohammed Zahir Schah starb im Juli 2007 in der afghanischen Hauptstadt.

Staat und Stamm – Das Grenzland der Paschtunen

Im »Great Game«, das im 19. Jahrhundert zwischen Britisch-Indien und Russland ausgetragen wurde, ging es um nicht weniger als um die Frage, welche Kolonialmacht die Vorherrschaft über Asien erringen würde. Die russische Politik war in erster Linie vom Drang zum »warmen Meer« bestimmt. In der britischen Politik kamen unterschiedliche Strömungen zum Tragen. Für Britisch-Indien stellte sich stets die Frage, wie weit sein Einfluss über den Indus nach Nordwesten hinaus verschoben werden sollte. Aufgrund verhängnisvoller Fehleinschätzungen seitens der Engländer, Irritationen zwischen Großbritannien und den afghanischen Emiren, Regierungswechseln in London sowie der unübersichtlichen Machtkonstellationen in Afghanistan stieß das Empire am Hindukusch schmerzlich an die Grenzen kolonialer Weltpolitik: 1838–1842, 1879/80 und 1919 kam es zu Kriegen zwischen Afghanistan und Britisch-Indien, aus denen Letzteres stets angeschlagen hervorging.

Erst nach dem Zweiten Anglo-Afghanischen Krieg einigten sich Britisch-Indien und Russland darauf, das Emirat Afghanistan zu schaffen. Wesentlicher Grundstein seiner Staatswerdung war zwischen 1887 und 1895 die Festlegung einer territorialen Grenze durch die beiden Kolonialmächte. Aus einer Position der Schwäche heraus musste der afghanische Emir Abdur Rahman 1893 die Durand-Linie als Grenze zu Britisch-Indien anerkennen. Damit lag etwa die Hälfte des Stammesgebiets der Paschtunen, welche die Nominalbevölkerung Afghanistans bilden – Paschtune bedeutet auf Persisch Afghane –, in Britisch-Indien.

Paschtunistan – die nationalstaatliche Grenzziehung

Bis heute wird die Grenze von paschtunischen Nationalisten auch unter Aspekten des Völkerrechts infrage gestellt. So ist eine weit verbreitete Meinung, dass der Grenzvertrag nur eine Gültigkeit von einhundert Jahren hatte. Jedoch findet sich im

Originalvertrag kein Vermerk darüber. Ein anderes Argument lautet, dass der Vertrag damals nur auf Englisch und nicht auch auf Persisch abgefasst worden sei, was den internationalen völkerrechtlichen Standards zuwiderlaufe. Schließlich wird darauf verwiesen, dass das Abkommen zwischen Afghanistan und Britisch-Indien geschlossen wurde, womit die Rechtskräftigkeit der Grenzziehung nicht automatisch auf das souveräne Pakistan übergehe, das 1947 die Rechtsnachfolge antrat.

Die Kontroverse um die Durand-Linie muss in Verbindung mit einem paschtunischen Nationalismus gesehen werden, der erstmals in den 1920er-Jahren aufkam. Dessen Hochburgen lagen in den Städten (v.a. Peschawar), während in den ländlichen Regionen entlang der Grenze Stammesrivalitäten einem einigenden Nationalismus entgegenstanden. Die Bewegung Khudai Khidmatgaran (Diener Gottes), bekannter als Red Shirts, unter Führung von Abdul Ghaffar Khan propagierte diesen paschtunischen Nationalismus. Primäres Ziel der Red Shirts war die Abschüttelung der britischen Herrschaft, während die Gründung eines eigenen Staats zunächst im Hintergrund blieb.

Mit dem Zusammenbruch Britisch-Indiens fiel nach der Durchführung eines stark umstrittenen Referendums 1947 die North-West Frontier Province (NWFP) an Pakistan. Die Gründung eines eigenen Staats »Paschtunistan« oder der »Anschluss« an Afghanistan hatten bei der Abstimmung nicht zur Wahl gestanden. Die Bannu-Resolution, die am 21. Juni 1947 eine Vollversammlung der NWFP einstimmig verabschiedete, forderte die Umwandlung des Gebietes in einen souveränen Staat »Paschtunistan«. Die Erklärung fand jedoch kein Gehör.

Afghanistan machte sich seit der Gründung Pakistans immer wieder für die Selbstbestimmung der dort lebenden Paschtunen stark. Der Paschtunistan-Konflikt brachte 1955, 1961 sowie 1977/78 Afghanistan und Pakistan an den Rand eines Kriegs und veranlasste Pakistan in den 1950er- und 1960er-Jahren wiederholt dazu, seine Grenzen zu Afghanistan zu schließen. Der erste Höhepunkt des Konfliktes war erreicht, als 1949 eine *Loya Dschirga* (Ratsversammlung) in Kabul die völkerrechtliche Bedeutung der Durand-Linie für nichtig erklärte. 1955 forderte der afghanische König Mohammed Zahir Schah gar eine »Wiedereingliederung« Paschtunistans.

Abdul Ghaffar Khan (Badschah Khan) – der »Grenz-Gandhi«

Eng verbunden mit der Herausbildung eines nationalen Bewusstseins der Paschtunen in der Nordwestgrenzprovinz (North-West Frontier Province, NWFP) Pakistans und der Idee eines unabhängigen Paschtunistans ist der Name Abdul Ghaffar Khan (1890–1988). Die seit 2006 in Peschawar regierende, paschtunisch-nationalistische Awami National Party (ANP) unter Führung von Ghaffar Khans Enkel, Asfandyar Wali Khan, knüpft heute an diese Tradition an. Die ANP möchte die NWFP symbolisch in *Pakhtunkhwa* umbenennen.

Schon 1947 war damit allerdings kein grenzübergreifendes und alle Stammesgebiete einschließendes Paschtunistan gemeint. Ghaffar Khans politisches Engagement konzentrierte sich vielmehr auf die als »sesshaft« bezeichneten Territorien in der indischen Grenzprovinz, deren rechtliche Gleichstellung mit den übrigen Landesteilen Britisch-Indiens 1931 einen ersten Erfolg seiner Red-Shirts-Bewegung darstellte. Alle Teile der NWFP waren bis zu diesem Zeitpunkt den Frontier Crimes Regulations von 1901 unterlegen, die in den von Islamabad aus verwalteten Stammesgebieten (Federally Administrated Tribal Areas, FATA) sogar bis heute Gültigkeit besitzen.

Als Red Shirts (Surkh Poosh) oder auch Khudai Khidmatgaran (Diener Gottes) hatte Ghaffar Khan seit 1929 in der NWFP seine Anhängerschaft unter den Paschtunen straff organisieren können. Ghaffar Khan vertrat das Prinzip völliger Gewaltfreiheit. Dies stand in sichtbarem Gegensatz zur dominierenden Wahrnehmung der Paschtunen als »wilde Krieger«. Ghaffar Khan mobilisierte deren politisches Bewusstsein und rief zu zivilem Ungehorsam gegenüber den britischen Kolonialherren auf. Gleichzeitig trat er für soziale Reformen, Bildung, eine höhere Beteiligung von Frauen im öffentlichen Leben und eine säkulare Regierung ein.

Die Red Shirts kooperierten mit dem Indian National Congress (INC), der so genannten Kongresspartei. Nicht nur war deren Führer Mahatma Gandhi Vorbild für Ghaffar Khan, sondern beide Parteien verfolgten eine ähnliche Zielsetzung: Den Abzug der Briten sowie die Einheit von Hindus und Muslimen in einem unabhängigen Indien. Den Niedergang der Bewegung besiegelte die Zustimmung der Kongresspartei zur Teilung Britisch-Indiens. Die von Ghaffar Khan vorgeschlagene Bildung eines autonomen Paschtunistan innerhalb Pakistans wurde abgelehnt. Im neu geschaffenen Pakistan waren der »Grenz-Gandhi« und seine Anhänger vielmehr wie bereits unter den Briten als Hindus, Nicht-Muslime und angebliche indische Agenten Verfolgung und Diffamierung ausgesetzt, obwohl Ghaffar Khan immer wieder öffentlich seine Loyalität zu Pakistan erklärt hatte. Nach Jahren in pakistanischen Gefängnissen sowie des Exils in Indien und im afghanischen Dschalalabad starb Ghaffar Khan 1988 in Peschawar. Auf eigenen Wunsch fand er im Garten seines Hauses in Dschalalabad die letzte Ruhe: Ermöglicht wurde die Beisetzung, weil die Mudschaheddin und die sowjetischen Truppen einen eintägigen Waffenstillstand vereinbarten und sich darauf einigten, die Grenze für den Trauerzug zu öffnen. *(km)*

Neben dem ethnischen Argument begründete Kabul seinen Anspruch auf Paschtunistan mit historischen Verweisen. So wurden die Ausdehnung des Durrani-Reichs unter »Baba« Ahmed Schah (1747–1772) sowie die des antiken Aryana zur Untermauerung afghanischer Begehrlichkeiten ins Feld geführt. Damit war die Frage verknüpft, welches Gebiet Paschtunistan eigentlich umfasste. Die Minimalforderung setzte es mit der NWFP gleich. Eine weiter gehende Forderung erblickte auch in der Provinz Belutschistan einen Teil Paschtunistans (vgl. Info-Kasten auf S. 92). Dahinter verbarg sich der Wunsch, einen Zugang zum Indischen Ozean zu erhalten. Zur Untermauerung seiner irredentistischen Position betrieb Kabul eine aktive Politik in der Grenzregion und in der NWFP. So richtete die afghanische Regierung ein Ministerium für Stammes- und Grenzangelegenheiten ein, das den paschtunischen Widerstand gegen Islamabad organisieren sollte.

Obgleich in den letzten 60 Jahren in Pakistan selbst immer wieder der Ruf nach einem eigenen Staat *Pakhtunkhwa* oder nach der Angliederung an Afghanistan aufkam, erblickten die dortigen Verfechter eines paschtunischen Nationalismus in diesen Forderungen eher ein Instrument, um ihren eigenen Einfluss auf das pakistanische Staatswesen zu stärken. Die Regierung in Islamabad wiederum bemühte sich nach Abspaltung Bangladeschs 1971, gerade die paschtunische Elite entsprechend einer ethno-lingualen Proporzpolitik stärker mit staatlichen Ämtern zu betrauen. Besonders im Militär und im pakistanischen Geheimdienst Inter-Services Intelligence (ISI) sind Paschtunen seitdem überproportional vertreten. Gleichzeitig verlor Afghanistan aufgrund des seit Ende 1978 anhaltenden Krieges und der damit einhergehenden Zerstörungen an Attraktivität als Ansprechpartner und Schutzmacht für paschtunische Nationalisten.

Wenngleich in der Paschtunistan-Frage Kabul als die treibende Kraft erscheint, zeigt auch Pakistan Interesse an einer Einflussnahme auf die afghanische Politik. So betonte Islamabad stets die Bedeutung der »strategischen Tiefe«, die es mit Afghanistan verband. Bis heute ist die oberste Prämisse des pakistanischen Militärs, im Falle eines Krieges mit Indien den Rücken frei zu haben, um nicht in einen Zweifrontenkrieg verwickelt zu werden. Seit der Invasion der Sowjetunion war Islamabad daher bestrebt, afghanische Kriegsparteien zu fördern, die Pakistan gegenüber positiv eingestellt waren. Zu diesen zählten etwa Gulbuddin Hekmatyar oder die Taliban – also Kräfte, die aufgrund ihrer religiösen Weltanschauung ethno-nationale Momente ausblendeten. Als Hekmatyar nach Ende der sowjetischen Besatzung 1989 mit einem Mal seine paschtunische Identität betonte, erklärte Pakistan das einstige Lieblingskind umgehend zur Persona ingrata.

Tribalistan – Grenzziehung zwischen Stamm und Staat

Den nationalstaatlichen Konflikt über die Rechtmäßigkeit der Durand-Linie überlagert der Konflikt zwischen Stamm und Staat. Bereits während der britischen Herrschaft befanden sich die Stämme in ständigem Aufruhr. Die Briten versuchten diese zu befrieden, indem sie ein militärisches Bollwerk in den Stammesgebieten westlich des Indus errichteten, das so genannte Sandeman-System. 1930 verhängte Britisch-Indien das Kriegsrecht. Allein in der Unruhregion Wasiristan unterhielten die Briten in den 1930er-Jahren 28 kampfstarke Bataillone. In manchen Jahren

Paschtune in Amlokdara, Swat-Tal.

mussten diese mehr als 300 Gefechte bestehen. Die Stämme schreckten nicht davor zurück, militärische Außenposten zu attackieren, Garnisonen zu belagern und sich den Briten in offener Feldschlacht zu stellen. Jedoch fußte ihr Widerstand nicht auf einer gemeinsamen nationalen Identität, sondern auf intertribalen Rivalitäten. Jeder Stamm agierte für sich allein. Allianzen unterlagen einem ständigen Wechsel.

Der Aufsässigkeit der Stammesgebiete trugen die Briten Rechnung, indem sie mit der Grenzsicherung Stammesmilizen beauftragten. Diese wurden 1907 zum Frontier Corps zusammengefasst. Auch in anderer Weise setzte sich die indirekte Herrschaft als britischer Leitgedanke durch. So erließen die Behörden 1872 die Frontier Crime Regulations, welche die Konfliktschlichtung in den Stammesgebieten entsprechend lokaler Rechtsanschauungen vorsahen. Hiermit ging eine Transformation der Stammesstrukturen einher. So institutionalisierte das Empire das Amt des *Maliks* als Stammesoberhaupt und brach damit das Moment der Gleichheit auf, das der tribalen Ordnung der Paschtunen zugrunde lag. Zudem waren die Vertreter der Kolonialmacht darum bemüht, die Stämme durch eine administrative Einhegung zu befrieden. In den 1890er-Jahren wurde das Gebiet entlang der heutigen afghanisch-pakistanischen Grenze in Stammesgebiete unterteilt. 1901 fiel das Territorium westlich des Indus als North-West Frontier Province (NWFP) unter die Administration Britisch-Indiens.

Schon der Name der Provinz weist nicht nur auf ihren Grenzcharakter hin, sondern spiegelt auch das Verständnis einer »zivilisatorischen Mission« wider. In noch stärkerer Weise trifft dies auf jene Gebiete zu, die aufgrund ihrer gesellschaftlichen Andersartigkeit einen Sonderstatus innerhalb Britisch-Indiens als »tribal« erhielten. Diese verkörperten den Übergang vom »zivilisierten« Britisch-Indien zum »wilden« Afghanistan.

Pakistan vernachlässigte nach seiner Gründung zunächst die Stammesgebiete. Islamabad setzte auf bewährte Mittel wie Bestechung, Vergeltungsakte etc., um Rebellionen auf ein Mindestmaß zu begrenzen. Auch das Frontier Corps an der Grenze zu Afghanistan blieb bestehen. Nach der Abspaltung Bangladeschs belebte Pakistan 1971 die administrative Ordnung der Stammesgebiete wieder, die einst die Briten eingeführt hatten. Diese wurden in den Federally Administrated Tribal Areas (FATA) zusammengefasst und unterstanden nun direkt dem pakistanischen Präsidenten. Ihre Verwaltung übernehmen seither so genannte Political Agents. In den FATA gelten die während der britischen Herrschaft eingeführten Frontier Crimes Regulations. Das Gebiet verharrt in einem Sonderstatus, in dem es kaum an der wirtschaftlichen Entwicklung Pakistans Teil hat. Seiner Bevölkerung werden zentrale politische Rechte vorenthalten.

Talibanistan – die religiöse Grenzziehung

Häufig wird betont, dass die paschtunischen Stammesstrukturen den Einfluss religiöser Würdenträger begrenzten, da die Mullahs außerhalb dieses Bezugssystems stünden. In Wahrheit üben aber je nach Kontext religiöse Momente sogar erheblichen Einfluss auf die Ordnung der Stämme aus: In den letzten Jahrzehnten ist weniger eine Ablösung der Stammesstrukturen durch einen militanten Islamismus zu beobachten, als vielmehr ein Verschmelzen religiöser und tribaler Vorstellungen.

Bereits im 19. Jahrhundert spielten religiöse Netzwerke eine zentrale Rolle entlang der Grenze. Charismatische Würdenträger – so genannte Mad Mullahs – vermochten die zerstrittenen Stämme kurzfristig auf ein gemeinsames Ziel hin einzuschwören und Allianzen gegen die britische Herrschaft zu stiften. Said Ahmed, Hadda Mullah oder Turangzai standen beim Kampf gegen das Empire in vorderster Linie. Die Rebellion in Wasiristan (1936–1938) führte der berühmte Fakir von Ipi, Mirza Ali Khan, an.

Eine stärkere Institutionalisierung religiöser Eliten erfolgte in den Stammesgebieten erst seit den 1970er-Jahren mit der Islamisierungspolitik General Mohammed Zia ul-Haqs, der Pakistan nach einem Militärputsch regierte. Seit den 1980er-Jahren entstanden in der NWFP mehr als 1300 religöse Schulen (*Medresen)*, die häufig der orthodoxen Deoband-Schule nahe standen. Mit der Besetzung Afghanistans durch sowjetische Truppen trat zudem die Dimension des »Heiligen Krieges« (*Dschihad*) in den Vordergrund. Die Durand-Linie wurde zu einer ideologischen Grenze zwischen den Weltanschauungen des Kalten Krieges. Der pakistanische Geheimdienst ISI unterstützte beim Aufbau des afghanischen Widerstands vorzugsweise die islamistischen Parteien der Mudschaheddin. Diese kontrollierten die Flüchtlingslager, wo mehr als drei Millionen Vertriebene aus Afghanistan lebten. Während das Gros der Flüchtlinge auf der pakistanischen Seite der Grenze Zuflucht fand, wanderten die paschtunischen Eliten weiter in die Städte Pakistans, nach Europa oder in die USA ab. Damit ging ihr Einfluss auf die Stammesbevölkerung verloren und hinterließ ein politisches Vakuum. Seit Mitte der 1980er-Jahre besetzten zunehmend einfache Geistliche, die überwiegend aus den religiösen Schulen der NWFP stammten, deren Führungspositionen. Diese Entwicklung lag ganz im Interesse Islamabads. Pakistan sah hierin eine Chance, die tribalen Strukturen zu brechen, die paschtunische Identität abzuschwächen und Kämpfer für den Dschihad zu mobilisieren.

Grenze als Gunstraum

Die Weigerung Afghanistans, die Durand-Linie völkerrechtlich anzuerkennen, wie auch die Tatsache, dass Kabul wie Islamabad kaum eine staatliche Repräsentanz in den Stammesgebieten aufbauen konnten, prägten die Struktur der Grenzregion. Bislang weist diese eine hohe Durchlässigkeit auf. Tagtäglich überqueren Tausende Stammesmitglieder die Grenze ohne Papiere. Die Grenzübergänge sind zahlreich; viele Bewohner der Stammesgebiete haben zwei Pässe. Die Durand-Linie bildete für paschtunische Krieger von jeher weniger eine unüberwindbare Barriere als vielmehr eine wichtige Option, um der staatlichen Kontrolle zu entweichen. Bis Ende der 1970er-Jahre überschritten immer wieder ganze Stammeseinheiten die Grenze, um Repressalien des afghanischen oder pakistanischen Staats zu entrinnen. Die Durchlässigkeit der Demarkationslinie bildete für die Bevölkerung einen wichtigen Gunstfaktor.

Selbst ökonomisch ließen sich aus diesem Zustand Vorteile ziehen. Aufgrund seiner Binnenlage hatte Afghanistan mit Pakistan bereits in den 1950er-Jahren das Afghanistan Transit Trade Agreement (ATTA) getroffen, das Kabul berechtigte, seine Güter über Pakistan zollfrei einzuführen. Dies löste lebhafte Schmuggelaktivitäten aus, die auch während des Krieges nicht abrissen. Besonders der Handel mit Schlafmohn, der in grenznahen Provinzen wie Nangarhar, Helmand oder Kandahar angebaut wird, eröffnete diesbezüglich ganz neue Verdienstmöglichkeiten. Und anders, als häufig dargestellt, liegen die Stammesgebiete auch nicht fernab jeder Zivilisation: Seit den 1980er-Jahren wandern zahllose Arbeitsmigranten nach Karatschi oder an den Golf ab, bleiben jedoch mit ihren Familien in Verbindung.

Post 9/11

Mit der Intervention in Afghanistan im Herbst 2001 erfuhr die afghanisch-pakistanische Grenzregion weltpolitische Aufmerksamkeit. Hier sollen Osama bin Laden und die Führungsspitze von Al Qaida abgetaucht sein; auch die Taliban zogen sich in das Gebiet zurück. Seit 2001 drehte sich die Spirale der Gewalt ständig nach oben. Von den Grenzgebieten ging der Widerstand gegen die von der NATO geführten ISAF-Truppen wie gegen die afghanische und die pakistanische Armee aus. Während anfangs vor allem die FATA als »sicherer Hafen« galten, in den sich militante »Gotteskrieger« immer wieder zurückziehen konnten, haben verschiedene islamistische Gruppierungen ihre Einflussbereiche schnell aus den Grenzgebieten nach Süd- und Südostafghanistan vorgeschoben. Seit 2009 nahm der Widerstand auch in an die FATA angrenzenden Regionen zu. Besonders Swat unter Führung von Maulana Fazlullah – genannt Mullah Radio – avancierte zu einer Hochburg des Aufstands.

In der Regel liefert das eindimensionale Koordinatensystem des War on Terror Erklärungsansätze für die laufenden Kämpfe. Wenngleich die islamistische Dimension eine wesentliche Rolle

Wiedereröffnung der staatlichen Schule in Mingora im Swat-Tal. Nach Wochen intensiver Kämpfe erklärten dort die pakistanischen Behörden am 1. August 2009 ihren Sieg über die Taliban.

spielt, müssen die Auseinandersetzungen jedoch gerade als Überlappung der oben aufgezeichneten Konfliktlinien verstanden werden. So bildet das spannungsreiche Verhältnis zwischen Pakistan und Afghanistan einen wesentlichen Hintergrund. Die jüngsten Bemühungen der Obama-Administration um eine regionale Konfliktlösung stehen beispielsweise vor dem Problem, dass Afghanistan bis heute die Anerkennung der Durand-Linie verweigert. Dass der ISI jahrelang das Wiedererstarken der Taliban unterstützte, erklärt sich nur aus dem pakistanischen Primat der »strategischen Tiefe«. Pakistan blieb es verwehrt, bei der Neuordnung Afghanistans seine eigenen Sicherheitsbedürfnisse einzubringen. Daher kam es im Grenzgebiet immer wieder zu Feuergefechten zwischen afghanischen und pakistanischen Grenzschützern. 2006 äußerte Pakistan den Vorschlag, die Grenze durch einen Zaun und Verminung abzusichern. Dass Kabul hierzu kaum bereit sein dürfte, ist der pakistanischen Regierung nur allzu bewusst: Das Eingehen auf die Vorschläge aus Islamabad würde de facto die völkerrechtliche Anerkennung der Grenze seitens Afghanistan bedeuten.

Ist das schlechte afghanisch-pakistanische Verhältnis einer Friedensfindung abträglich, stellt die Verteidigung lokaler Autonomie eine direkte Antriebsfeder für die Aufstandsbewegung dar. So wird jede externe Einflussnahme, die die lokale Ordnung beeinträchtigt, als Störfaktor wahrgenommen. Viele lokale Akteure begreifen den War on Terror als einen Staatsbildungskrieg von außen, dem lokale Vorstellungen und Gepflogenheiten zum Opfer fallen könnten. Die Durchsetzung »neuer Spielregeln«, die sich Kabul und Islamabad wie die NATO auf ihre Fahnen schreiben, bedroht nach diesem Verständnis die herrschende Gesellschaftsordnung – von den eingespielten Wirtschaftsaktivitäten (z.B. Schmuggel) bis hin zur traditionellen Rolle der Frau. Widerstand speist sich auch aus dem Wunsch heraus, eine politische Ordnung zu verteidigen, deren Basis eine hohe Skepsis gegenüber Modernisierung in Form staatlicher und internationaler Eingriffe bildet. Diese politische Ordnung verbindet lokale Vorstellungen mit militant islamistischen und schreibt den alten Gegensatz zwischen Stamm und Staat fort.

Conrad Schetter

picture-alliance/dpa/Rehan Khan

Pakistanische Aktivisten protestierten am 8. Mai 2009 in Karatschi gegen die »Talibanisierung« ihres Landes und den Vormarsch der Islamisten in der North-West Frontier Province (NWFP). Premierminister Yusuf Raza Gilani hatte eine umfassende Militäroperation angekündigt, um die Strukturen des bewaffneten Widerstands im dortigen Distrikt Swat und den angrenzenden Gebieten zu zerschlagen. Hier hatten die Taliban nach einem Friedensabkommen mit der Regierung im Februar die Macht übernommen. Dies löste in Pakistan wie auch in der übrigen Welt besorgte Debatten über die Stabilität des Landes und die Funktionsfähigkeit des Staates aus.

Neben den Taliban, deren Anschläge die Schlagzeilen bestimmen, leidet Pakistan unter zahlreichen weiteren Bedrohungen der Sicherheit. Dazu zählen die gewaltsamen Aktivitäten von Gruppen, die den »Heiligen Krieg« (*Dschihad*) führen, ebenso wie konfessionelle Spannungen zwischen Sunniten und Schiiten, vielfältige Abspaltungsbewegungen und ethnische Auseinandersetzungen, aber auch die Verflechtung von Armee und Geheimdienst mit extremistischen Gruppen.

Destabilisierung und Eskalation der Gewalt

Medienwirksam geplante Anschläge militanter Regierungsgegner in Pakistan dominierten über Monate die täglichen Schlagzeilen. So zündete ein Selbstmordattentäter am 5. Oktober 2009 im Zentrum der Hauptstadt Islamabad eine Bombe auf dem Gelände des Welternährungsprogramms (World Food Programme, WFP) und riss fünf Menschen mit in den Tod. Die pakistanischen Taliban bekannten sich zu dem Anschlag gegen die Vereinten Nationen (UN), denen sie unterstellen »amerikanische Agenten« zu sein. Damit erreichten sie zumindest ein Ziel: Die Behörden forderten die UN dazu auf, ihre Büros in das abgeriegelte Diplomatenviertel der Stadt zu verlegen.

Die Militanten tragen ihren Krieg gegen die Regierung mittlerweile bis in das Herz der Administration und Streitkräfte, die stets als Garant für den Fortbestand Pakistans galten: In der Garnisonsstadt Rawalpindi drangen Aufständische am 2. November 2009 in das Hauptquartier der Armee ein. Im Verlauf eines längeren Gefechtes kamen mehrere Soldaten ums Leben, und den Angreifern gelang es, mehrere Armeeangehörige als Geiseln zu nehmen. Die psychologische Wirkung der Attacke blieb nicht aus: So äußerten sich internationale Beobachter besorgt über die Stabilität und Zukunft des pakistanischen Staates.

In Pakistan wie im benachbarten Afghanistan fehlt nach wie vor eine einheitliche Organisation des Aufstands, der im Volksmund unter der Bezeichnung »Taliban« firmiert. Auch unterscheiden sich die Attacken in Qualität und Intensität. Die Regierungen in Islamabad und Kabul reagieren – mit Unterstützung der US-Streitkräfte bzw. der International Security Assistance Force (ISAF) – gegen diesen Widerstand mit militärischen Maßnahmen. Diese reichen von der – ebenfalls vielfach in den Medien kommunizierten – gezielten Tötung einzelner Terroristen bis hin zu militärischen Operationen im großen Stil beiderseits der pakistanisch-afghanischen Grenze. Die Erfolge der Taliban im pakistanischen Swat-Tal, wo sie im Frühjahr 2009 kurzzeitig ein Emirat errichtet hatten, sowie im afghanischen Süden, wo ISAF- und Regierungstruppen seit 2007 in regelrechte Kriegshandlungen verstrickt sind, zeigen Signalwirkung weit über das paschtunische Siedlungsgebiet beider Länder hinaus (vgl. Übersichtskarte auf der hinteren Umschlagseite).

Die Auseinandersetzungen lassen leicht vergessen, dass die durch die pakistanische Gesellschaft verlaufenden Konfliktlinien weit komplexer sind als der Gegensatz zwischen dem Staat und »den« Taliban. Kleinere Volksgruppen nehmen Anstoß an der Dominanz der Punjabis. Wanderungsbewegungen und ethnische Verschiebungen stoßen vielerorts auf Unmut. Im Sindh, insbesondere in der Provinzhauptstadt Karatschi und in Haiderabad, bekämpfen einheimische Sindhi immer wieder Immigranten (*Muhadschirin/Mohajir*), von denen sie sich ins gesellschaftliche Abseits gedrängt fühlen. Radikale Nationalisten fordern sogar einen eigenen Staat Sindhu Desh (»Land der Sindhi«). Regionalistische oder separatistische Bestrebungen bestehen neben der North-West Frontier Province (NWFP) auch in Belutschistan, wo die verbotene Belutschische Befreiungsarmee (Balochistan Liberation Army, BLA) seit 2000 für staatliche Selbstständigkeit, zumindest aber für mehr Autonomie kämpft.

Pakistan erlebt seit den 1980er-Jahren einen rasanten Zuwachs staatlich geförderter Koranschulen (*Medresen*), die mit zu einer Radikalisierung des Landes beitragen. Nach dem 11. September 2001 überschwemmte eine Flut von Publikationen das Land, in denen extremistische Gruppen zum »Heiligen Krieg« (*Dschihad*) aufriefen. Sunnitische Hardliner predigten Hass gegen die als »Abtrünnige« verunglimpften Schiiten Pakistans. Die wichtigsten sunnitischen Terrororganisationen, die Sepah-e Sahaba Pakistan (Soldaten der Gefährten des Propheten in Pakistan, SSP) und ihre Abspaltung Lashkar-e Jhangvi (Armee Jhangvis, benannt nach einem 1990 durch schiitische Extremisten ermordeten Geistlichen, LeJ), führten einen brutalen Krieg gegen die schiitische Minderheit. Beide Gruppen kämpften auch zusammen mit den Taliban und unterhielten Kontakte zum Terrornetzwerk Al Qaida. In Quetta ermordete die LeJ im Juni 2003 elf Polizisten – allesamt schiitische Hasaras. Im März 2004 starben eben dort beinahe 50 Gläubige während einer Prozession zum Aschura-Fest, mit dem die Schiiten des Todes Husseins, des zweiten Enkels des Propheten, gedenken, nur zwei Monate später 16 Gläubige in einer Moschee in Karatschi. Am 6. Dezember 2008 töteten zwei Bomben in

Gefährdungsstufen in der afghanisch-pakistanischen Grenzregion (Sommer 2009)

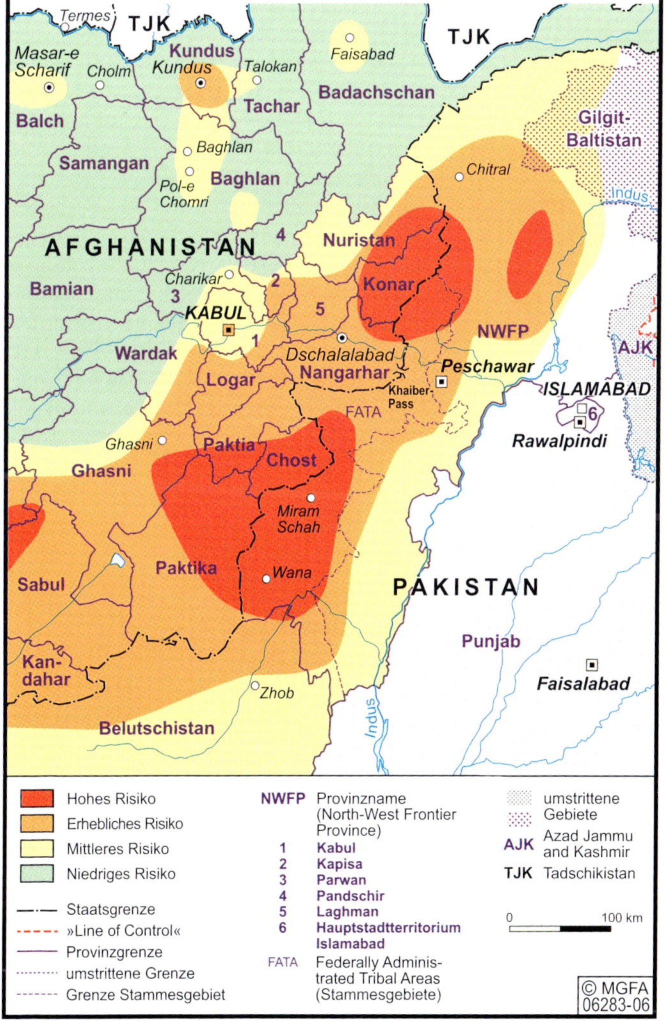

der North-West Frontier Province (NWFP) mindestens 22 Menschen. Der Anschlag ereignete sich auf zwei belebten Märkten in Peschawar und Orakzai, wo sich schiitische Gläubige auf das islamische Opferfest (Eid Al-Adha) vorbereiteten. Beide Anschlagsorte gelten als Hochburgen konfessioneller Spannungen zwischen Schiiten und Sunniten. Auch der Anschlag mit einer Autobombe, der fast ein Jahr später am 28. Oktober 2009 in Peschawar beinahe 90 Passanten in den Tod riss – nur Stunden nach der Ankunft von US-Außenministerin Hillary Clinton in Islamabad –, zeigte, dass viele Terrorakte konfessionelle Hintergründe haben.

Die Politik der pakistanischen Regierung und das Verhalten der Exekutive förderten indirekt das Aufblühen extremistischer Gruppen. Trotz eines allgemeinen Verbots radikaler Organisationen erhielten militante sunnitische Gruppen immer wieder Unterstützung durch den pakistanischen Geheimdienst Inter-Services Intelligence (ISI) oder die Streitkräfte. Im März 2003 erlaubten die Behörden der verbotenen Lashkar-e Taiba (Armee der Reinen, LeT; 1990 in Kunar, Afghanistan, gegründet) ein Treffen in Islamabad, auf dem zum Dschihad aufgerufen wurde. Die Ambivalenz Präsident Pervez Musharrafs – nämlich in den westlichen Hauptstädten einen moderaten Islam zu predigen, im eigenen Land aber Extremisten zu unterstützen – nahm der Bevölkerung das Vertrauen in einen klaren politischen Kurs der Regierung. Zudem trieb die Herrschaft des Militärs viele Pakistaner religiösen Parteien in die Arme. Auch blieben die vielfältigen Beziehungen zwischen Armee und Geheimdienst einerseits und den Dschihadisten andererseits weiterhin bestehen. Schließlich verfügen viele Parteien und politische Gruppierungen über eigene Milizen, die ihrerseits das Klima von Gewalt und Verunsicherung weiter anheizen. So kontrollieren Privatmilizen verschiedene Stadtviertel von Karatschi.

Grenzland

Zum Symbol für die Sicherheitsproblematik Pakistans avancierten die paschtuischen Stammesgebiete an der pakistanisch-afghanischen Grenze (vgl. den Beitrag von Conrad Schetter). Die etwa 2600 Kilometer lange Grenze im Verlauf der Durand-Linie auf Höhen zwischen 600 und 7500 Meter spielt für die Paschtunen kaum eine Rolle: So vermochten es weder Afghanistan noch Pakistan hier ein Grenzregime zu etablieren. Die Paschtunen stellen in Pakistan nach den Punjabis und den Sindhis die drittgrößte Bevölkerungsgruppe. Die große Zahl afghanischer Flüchtlinge sowie der Machtanspruch lokaler und regionaler Potentaten begrenzen die Einflussmöglichkeiten der pakistanischen Regierung darüber hinaus.

Viele Familien profitieren von der Drogenökonomie als einem der wenigen funktionierenden Erwerbszweige. In der Grenzregion erreicht das Pro-Kopf-Einkommen nur etwa die Hälfte des pakistanischen Durchschnitts. Mangelnde Zukunftsperspektiven fördern die Landflucht der Bevölkerung. Dies vergrößert die sozialen Probleme in den Städten und lässt dort Slums entstehen, die ebenso wie die Flüchtlingslager ideale Rekrutierungsbasen für radikale Gruppierungen darstellen.

Ebenso wie auf afghanischer Seite kämpfen auch in den pakistanischen Stammesgebieten militante Islamisten gegen den Zentralstaat und jede »Verwestlichung«, als deren Hauptrepräsentant die Vereinigten Staaten gelten. Sie beabsichtigen die Einführung der *Scharia* (islam. Rechtsprechung) und gehen gegen Musik, Mädchenschulen oder westliche Kleidung vor. Extremistische Gruppen planen ihre Operationen vom pakistanisch-afghanischen Grenzgebiet aus und frischen in diesem Rückzugsraum ihre Kräfte auf. Die Autonomie der Stämme in der NWFP und dort insbesondere in den Stammesgebieten unter Bundesverwaltung (Federally Administrated Tribal Areas, FATA) reicht bis in die Zeit der britischen Herrschaft zurück. Den FATA kommt ein verfassungsmäßiger Sonderstatus zu. Die pakistanischen Streitkräfte operierten hier überhaupt erstmals 2002 im Rahmen des US-geführten Kampfes gegen den Terror.

Grenzüberschreitende Angriffe finden bislang nur in Ausnahmefällen statt. Doch planen Kommandeure der Taliban von Städten wie Peschawar und Quetta aus Operationen in Afghanistan. Die Militanten, die den bewaffneten Kampf durchführen, verfügen in ihren Einsatzgebieten über familiäre Netzwerke. Auch die Führer von Al Qaida und anderer Terrororganisationen betreiben mit Zustimmung und als Gäste örtlicher Machthaber

Jorge Scholz

Waffenwerkstatt in Pakistan.

Ausbildungscamps und Medresen für die Rekrutierung neuer Kämpfer.

Das Gros der Bevölkerung und der lokalen Stammesführer sieht sich mit den Militanten durch einen ausgeprägten Anti-Amerikanismus verbunden, lehnt allerdings deren Methoden überwiegend ab. Fallweise bekämpfen örtliche Milizen mit Wissen oder Unterstützung der pakistanischen Regierung die Aufständischen, sehen diese Aktionen selbst allerdings meist als ein Mittel, um die pakistanische Regierung und ihre Sicherheitskräfte aus dem eigenen Einflussbereich hinauszudrängen. Die Aufständischen ihrerseits gingen – ebenso wie in Afghanistan – in der Vergangenheit immer wieder gegen widerspenstige Stammesführer vor, bedrohten oder töteten Älteste, die mit Regierung und Militär kooperierten.

Die Grenze zu Afghanistan sichert Pakistan mit etwa 1100 permanenten Kontroll- und Beobachtungsposten. Jedoch kann dies eine wirksame Überwachung nicht sicherstellen. Die Schwierigkeiten effektiver Kontrolle illustriert der Umstand, dass nur drei von 100 Grenzgängern überhaupt Ausweise besitzen. Auf pakistanischer Seite tun überwiegend Einheiten des territorial organisierten Frontier Corps Dienst: rund 35 000 Mann in der NWFP (Hauptquartier in Peschawar) und etwa 40 000 Mann in Belutschistan (Hauptquartier in Quetta). Die paramilitärischen »Corps« (Regimenter) rekrutieren sich aus den örtlichen Stämmen. Die Armee befindet sich ebenfalls an der Grenze im Einsatz. Zusammen mit Polizeikräften dürfte die pakistanische Regierung damit dauerhaft über nahezu 100 000 Mann an Sicherheitskräften in der Region verfügen. Mit Ausnahme einiger Spezialverbände weisen diese bislang jedoch einen niedrigen Ausbildungsstand auf und sind überwiegend nicht zur Bekämpfung der hoch motivierten Aufständischen in der Lage, zumal ihre Angehörigen selbst in den örtlichen Stammes- und Klanstrukturen verwurzelt sind.

Die afghanische Grenzpolizei (Afghan Border Police, ABP) hat landesweit eine Soll-Stärke von 18 000 Mann, erreichte im Januar 2009 aber erst 12 000. Sie wird unterstützt durch Truppen der ISAF und der afghanischen Streitkräfte. Auch die ABP leidet unter erheblichen Defiziten bei Ausbildung und Ausrüstung. Ihr Personal stammt überwiegend aus dem grenznahen Raum. Selbst ranghohe Offiziere profitieren vom grenzüberschreitenden, illegalen Handel. Monatelang ausbleibende Gehaltszahlungen erschweren die konsequente Verfolgung krimineller Elemente ebenso wie die Einflüsse der Stammesloyalität.

Im Rahmen einer Initiative zur Bekämpfung militanter Strukturen im afghanisch-pakistanischen Grenzgebiet wurden an einigen Stellen die vorhandenen Grenzübergänge ausgebaut und Grenzzäune verstärkt. Darüber hinaus errichteten Afghanistan, Pakistan und die USA gemeinsam betriebene »Border Coordination Centers«, welche die Durchlässigkeit der Grenze verringern sollen. Ob die geplanten Maßnahmen die Präsenz des pakistanischen Staates in den Grenzgebieten tatsächlich verbessern können, bleibt abzuwarten. Neben fehlenden finanziellen Mitteln wird staatliches Eingreifen dadurch erschwert, dass weder die zivile Regierung noch das pakistanische Militär Rückhalt in der Bevölkerung genießen.

Verhandlungen mit »gemäßigten« Taliban?

In der jüngeren Vergangenheit beschäftigten die mögliche Aussöhnung mit »gemäßigten« Taliban oder deren Beteiligung an den offiziellen Machtstrukturen sowohl die Regierungen in Islamabad und Kabul als auch örtliche Regierungsvertreter. Um die Sicherheitsproblematik im Grenzgebiet zu entschärfen, strebt die pakistanische Regierung unter dem am 25. März 2008 vereidigten Premierminister Yusuf Raza Gilani den Dialog mit verhandlungsbereiten Aufständischen an. Zudem sollen die bislang vernachlässigten paschtunischen Stammesgebiete zukünftig vermehrt von staatlicher Aufbauhilfe profitieren. Gleichzeitig fördert der Staat die Rückkehr der in den Grenzgebieten lebenden Flüchtlinge in ihre afghanische Heimat. Als integraler Bestandteil der Regierungsstrategie gilt aber weiterhin die gezielte militärische Bekämpfung gewaltbereiter Aufständischer. Auch der afghanische Präsident Hamid Karsai empfahl sich im Spätherbst 2009 seinen potenziellen Wählern mit der Aussage, Verhandlungen mit den Taliban notfalls auch gegen den Willen des Westens führen zu wollen.

Die Problematik entsprechender Verhandlungen zeigten die Ereignisse im Swat-Distrikt (NWFP) seit Frühjahr 2009, dessen Hauptstadt Mingora nur 120 Kilometer von Islamabad und Peschawar und etwa 80 Kilometer von der Grenze zu Afghanistan entfernt liegt. Seit 2003 geriet die »pakistanische Schweiz« – aufgrund ihrer landschaftlichen Schönheit einst Tourismus-Hochburg – mehr und mehr unter die Kontrolle der Taliban. Unter ihrem radikalen geistlichen Führer Maulana Fazlullah griffen örtliche militante Gruppen, unterstützt durch usbekische, tadschikische und tschetschenische Kämpfer, die örtlichen Sicherheitskräfte an, entführten und töteten staatliche Repräsentanten. Schließlich vertrieben sie den zum Schutz von Swat eingesetzten und wenig effektiven paramilitärischen Grenzschutz (Frontier Constabulary).

Reguläre pakistanische Sicherheitskräfte starteten Ende 2007 eine erste Offensive, welche die Taliban jedoch nur zeitweise verdrängen konnte. Knapp ein Jahr später schlossen die Taliban sämtliche Mädchenschulen und zerstörten viele Schulen sowie die Gebäude anderer staatlicher Einrichtungen. Sittenwächter wiesen Personen, die sich angeblich einer unislamischen Lebensweise schuldig gemacht hatten, öffentlich zurecht – beispielsweise in nächtlichen Radiosendungen –, bestraften sie oder zwangen sie zur Flucht. Durch die Kämpfe im Swat-Tal starben bis Anfang 2009 wohl bis zu 1500 Zivilpersonen, viele Tausend Menschen wurden verwundet.

Mit Bestürzung reagierte die pakistanische Öffentlichkeit auf ein Friedensabkommen, das die örtlichen pakistanischen Behörden am 16. Februar 2009 mit den Taliban schlossen. Die religiösen Führer erhielten die Erlaubnis, im Swat-Tal die Scharia einzuführen. Die Provinzregierung erklärte das Ende militärischer Operationen. Im Gegenzug verpflichteten sich die Anhänger Fazlullahs, ihre Waffen niederzulegen. Die islamischen Hardliner setzten damit eine ihrer zentralen Forderungen durch, während die staatlichen Verhandlungsführer in den Augen der meisten nationalen wie internationalen Beobachter die Schwäche der pakistanischen Exekutive in der NWFP und den katastrophalen Zustand des pakistanischen Staates insgesamt eingestanden. Dies, so die Befürchtung, würde eine erhebliche Signalwirkung für die Aufstandsbewegung in anderen Teilen Pakistans und in Afghanistan haben.

Die weiche Haltung der pakistanischen Regierung fand ihre Entsprechung in der pakistanischen Armee, die den Kampf gegen die Aufständischen aus unterschiedlichen Gründen scheute. Neben der Angst, ein militärisches Engagement in der NWFP könnte zu Lasten der Verteidigungsbereitschaft an der Grenze zum »Erzfeind« Indien gehen, war in den Streitkräften vor allem die Überzeugung tief verwurzelt, pakistanische Soldaten dürften nicht auf muslimische Glaubensbrüder schießen.

Die Bevölkerung des Swat-Tals verfolgt dort in erster Linie eigene Ziele und lehnt den pakistanischen Staat teilweise ab. Sie fügte sich der religiösen Diktatur – teils in der Hoffnung auf Frieden und Sicherheit, vor allem aber aus Angst vor Strafe. Tatsächlich schwiegen nach Abschluss des Abkommens zunächst die Waffen. Bewaffnete Taliban patrouillierten nun auch tagsüber die Straßen und überwachten an Checkpoints alle Bewegungen im Distrikt, während die staatlichen Sicherheitskräfte nicht mehr präsent waren. Auf den Marktplätzen tauchten Schilder auf, die Frauen aus der Öffentlichkeit verbannten. Beschwerdekästen wurden aufgestellt, um anonyme Anzeigen unislamischer Handlungen aufzunehmen. Mädchen und Frauen peitschte man öffentlich aus, wenn ihnen sittenwidriges Verhalten vorgeworfen wurde.

Der Konflikt eskalierte, als Taliban im südwestlichen Nachbardistrikt Buner, knapp 100 Kilometer von Islamabad entfernt, auftauchten. Die pakistanische Regierung entschloss sich im April zu einer groß angelegten Militäroperation. Diese endete im Juni mit einem »Sieg« der pakistanischen Sicherheitskräfte, die nach eigenen Angaben in Swat mehr als 200 Taliban-Kämpfer töteten. Hunderttausende Menschen befanden sich auf der Flucht und konnten oft erst nach Monaten in ihre – häufig zerstörten – Häuser zurückkehren. Im Herbst 2009 geriet Südwasiristan ins Visier der pakistanischen Sicherheitskräfte, die mit 30 000 Soldaten gegen die örtlichen Taliban-Strukturen vorgingen. Hier wie im Swat-Tal zeigte sich, dass die dortigen Netzwerke geschwächt, aber keinesfalls dauerhaft zerstört werden konnten. Daran änderten auch die Verhaftung oder Tötung einiger einflussreicher Führer aus dem Umfeld von Maulana Fazlullah sowie weitere Militäroperationen im Distrikt Swat nichts.

Bewaffnete nicht-staatliche Akteure als Garanten für Sicherheit?

Die prekäre Sicherheitslage in den Grenzgebieten verstärkte die Diskussionen darüber, inwieweit bewaffnete nicht-staatliche Akteure (Armed Non-State Actors, ANSA) für Ruhe und Ordnung sorgen können. Verschiedene Regierungs- und Sicherheitsorgane in Pakistan und Afghanistan wie auch Vertreter der NATO plädieren dafür, häufiger lokale Kräfte einzubinden. Dadurch sollen die Präsenz von Polizisten und Soldaten entbehrlich gemacht und gleichzeitig den Taliban der Zugriff auf solcherart »gefestigte« Gebiete verwehrt werden. Die Medien gebrauchten in diesem Zusammenhang den Begriff »Stammesmilizen« verallgemeinernd für verschiedene Formen der örtlichen Polizei, ebenso wie für lokale Sicherheitsdienste bis hin zu bewaffneten Milizen, die als Teil von Schattenwirtschaft, Drogenhandel und Waffenschieberei selbst Problemfaktoren sind.

Hinter dem Begriff »Stammesmilizen« steht ein komplexes, lange in die Geschichte zurück reichendes, in örtlichen Strukturen verwurzeltes System, Sicherheit zu schaffen und Konflikte zu entschärfen. Schon der Vorläufer des modernen afghanischen Staats bediente sich im 18. Jh. dieses Instruments, um lokale Auseinandersetzungen zu schlichten und die Sicherheit der Grenzen zu verbessern. Präsident Mohammed Nadschibullah nahm die Hilfe von Stammesmilizen in Anspruch, um in den 1980er-Jahren die Mudschaheddin zu bekämpfen. Schließlich betrieben und sicherten sie – in Abwesenheit staatlicher Ordnungskräfte – u.a. Flüchtlingslager in der NWFP und in Afghanistan.

Die Übertragung hoheitlicher Aufgaben, beispielsweise beim Grenzschutz, erscheint gleichwohl in mehrfacher Hinsicht proble-

Traditionelle Mechanismen zur Konfliktlösung

Örtliche Konfliktlösung basiert ursprünglich auf traditionellen Verhaltenskodices wie dem *Paschtunwali*. In den paschtunischen Gebieten Südostafghanistans unter dem Namen *Arbakai* bekannt, entstanden vergleichbare Strukturen in den FATA unter dem Namen *Salwishti* oder *Shalgoon*, in Kandahar werden sie *Paltani* genannt: Auf unterschiedlichen Ebenen (Stämme, Klans) organisierten sich von jeher Gemeinschaften abseits staatlicher Strukturen. Sie vertrauten auf ein Sicherheitssystem, das besser zu ihren Traditionen und Bedürfnissen passte als die Maßnahmen und Instrumente der Regierungen in Islamabad und Kabul.

picture-alliance/dpa/Rashid Iqbal

Aufstellung einer Miliz durch die Bevölkerung des Kabal-Gebietes im Swat-Tal, um die Dörfer nach dem Ende der pakistanischen Militäroffensive vor den Taliban zu schützen, 8. August 2009.

Arbakai (wörtlich »Bote«, die Bezeichnung meint sowohl das System als auch die darin eingebundenen Personen) unterscheidet sich grundlegend vom Prinzip gedungener Milizen oder Sicherheitsdienste. Es handelt sich vielmehr um ein gemeinschaftliches Aufgebot aus konkretem Anlass, das Stämme, Klans oder Dörfer mit geeigneten Personen beschicken. Die Arbakai erhalten keine Bezahlung vonseiten des Staates, einer Person oder Gesellschaft, vielmehr nehmen sie unentgeltlich gemeinschaftliche Aufgaben wahr. Sie setzen Beschlüsse der Ratsversammlungen (*Dschirgas*) um, halten Gesetz und Ordnung aufrecht und schützen die Grenzen und Einflussgebiete des jeweiligen Stammes oder der Gemeinschaft. Den bewaffneten Kampf größeren Umfangs übernimmt eine Stammesarmee (*Lashkar*).

Arbakai sind elementares Bindeglied zwischen den Dschirgas und der übrigen Gesellschaft. Die Zugehörigkeit zu einer Dschirga wird nicht vererbt oder abhängig gemacht von der Zugehörigkeit zu einer Familie, Sozial- oder Berufsgruppe. Vielmehr entscheiden individuelle Fähigkeiten, Wissen, Scharfsinn und persönliche Eigenschaften über die Eignung. Bewährt sich ein Angehöriger einer Dschirga nicht, wird er durch eine andere Person ersetzt. Hat die Ratsversammlung, die keine permanente Einrichtung ist, ein gravierendes Problem zu lösen – beispielsweise das unerwünschte Auftreten auswärtiger Personen, die Ankunft von Flüchtlingen oder Verteilungskonflikte zwischen örtlichen Familienverbänden –, so kann sie sich der Arbakai bedienen.

Nach einem festgelegten Zahlenschlüssel entsenden Stämme, Klans und Familien eine Anzahl von Männern, deren Lebenswandel dem Paschtunwali entspricht. Die Anführer meist bis zu 60 Mann starker Formationen tragen den Titel *Emir* (arab. Führer, Kommandeur, bis hin zum Führer der Gläubigen im Kalifat). Sie erhalten ihre Weisungen von der Ratsversammlung. Arbakai nehmen ihre Aufgaben nicht »von außen« wahr, sondern mit dem Mandat der örtlichen Familien, Klans und Stämme. Folgerichtig kommen sie stets nur auf eigenem Territorium zum Einsatz. Dies macht einen fundamentalen Unterschied gegenüber der staatlichen Exekutive aus, wo beispielsweise Polizisten dienen, die »fremden« Stämmen angehören. Es unterscheidet die Arbakai von jeder Art von »Söldnern« und erklärt ihren Erfolg: Die Bevölkerung fühlt in der Regel die Verpflichtung, die Arbakai als eine legitime, eigene Ordnungsmacht zu unterstützen, mit Informationen zu versorgen und ihre Maßnahmen zu akzeptieren.

Arbakai erwiesen sich immer wieder als geeignet, in Konflikten zu vermitteln, Gegner an einen Tisch zu bringen und Lösungen auszuhandeln. Durch ihre örtliche Verwurzelung gelang es ihnen, Frieden und Stabilität in eng begrenzten Räumen zu schaffen und zu überwachen. Grundsätzlich erscheint also der Ansatz sinnvoll, in solchen Gebieten, in denen der Staat über keine ausreichende Präsenz verfügt, mit den Arbakai der Bevölkerung selbst die Verantwortung für die Organisierung ihres Umfeldes zu übertragen.

matisch. In Pakistan und Afghanistan versuchten die Regierungen verstärkt, die traditionellen Ordnungsinstrumente durch Überwachung und Bezahlung in staatliche Strukturen einzupassen. Distriktchefs griffen auf das Prinzip der Arbakai in Form gedungener Hilfspolizisten zurück und banden diese in korrupte Hierarchien ein. In der Vergangenheit scheiterten die Arbakai immer dann – etwa bei der Regulierung von Konflikten um Land –,

picture-alliance/dpa/Rashid Iqbal

Ein Konvoi mit Anhängern der verbotenen Movement for the Enforcement of Mohammedan Law im Swat-Tal, 16. April 2009. Drei Tage zuvor hatte auch das Unterhaus des pakistanischen Parlaments das zwischen muslimischen Hardlinern und der Provinzregierung der NWFP geschlossene Abkommen gebilligt, das die Einführung der Scharia festschrieb.

wenn ihre Angehörigen nicht aus jenen Gegenden stammten, in denen sie zum Einsatz kamen. Ohne die Rückendeckung der örtlichen Dschirgas nahm man sie als Repräsentanten staatlicher Macht wahr und schützte sie beispielsweise nicht gegen Angriffe der Taliban. Arbakai, dauerhaft in die staatliche Polizei integriert, verlören ihre Legitimität als Schiedsrichter und Konfliktlöser.

Zudem funktionieren die geschilderten Mechanismen nur innerhalb eines traditionellen Regel- und Wertesystems von Stammesgesellschaften. Krieg und Bürgerkrieg in Afghanistan, aber auch die kriegsbedingten Bevölkerungsverschiebungen in Pakistan, hinterließen diesbezüglich mehr oder weniger ausgeprägte Zerstörungen. Den »klassischen« Arbakai fehlte in einer zersplitterten Gesellschaft, die von Wanderungsbewegungen, der Rückkehr entwurzelter Flüchtlinge oder der Multi-Ethnizität geprägt ist, die Legitimität in der Bevölkerung.

Übernimmt die Bevölkerung wesentliche hoheitliche Aufgaben wie beispielsweise die Schaffung von Sicherheit, kommt dies einer staatlichen Kapitulation gleich und bedroht bestehende Strukturen. Das System der Arbakai lässt sich nicht in die Organisations- und Führungsprinzipien einer »modernen« Exekutive integrieren, ebenso wie traditionelle Formen der örtlichen Entscheidungsfindung (*Dschirgas*) häufig in einem Spannungsverhältnis zu den Behörden und ihrem Ordnungs- und Herrschaftsanspruch stehen. Arbakai folgen dem Paschtunwali, aber nicht staatlichen oder internationalen Gesetzen. Bestehen traditionelle und staatliche Ordnungssysteme gleichzeitig, so wird in intakten Gesellschaften stets eine Mehrzahl nicht den »fremden« Strukturen vertrauen, sondern den »eigenen«.

Und schließlich: Milizen unterschiedlicher Ethnien, wie sie heute in Pakistan und Afghanistan entstehen, bedeuten zusätzliches Gewaltpotenzial innerhalb teils ethnisch stark durchmischter, schwer bewaffneter und von erheblichen Wanderungsbewegungen geprägten Gesellschaften. Dieses Potenzial kann sich jederzeit in unterschiedliche Richtungen entladen, bis hin zur neuerlichen Ethnisierung von Konflikten. Diese Dynamik seitens der Zentralregierungen in Islamabad und Kabul – geschweige denn durch internationale Akteure – kontrollieren zu wollen, erscheint unrealistisch.

Ausblick

Auf beiden Seiten der Durand-Linie kommt bislang dem Einsatz militärischer Mittel gegenüber den zivilen die entscheidende Rolle zu. Für Afghanistan umschreibt die aktuelle, innerhalb der ISAF praktizierte Counter-Insurgency Doctrine der USA dies mit der Begriffskette »Shape« (Identifizierung einer Region), »Clear« (Bekämpfung der Aufständischen), »Hold« (Präsenz in einer »befriedeten« Region) und »Build« (Aufbau funktionsfähiger staatlicher Strukturen). Eine vergleichbare Strategie verfolgt die pakistanische Regierung in der Nordwestgrenzprovinz und insbesondere in den FATA. Zentrale Bedeutung kommt in diesem Zusammenhang der Ausbildung und Ausrüstung der Sicherheitskräfte zu, die ohne substanzielle staatliche Anstrengungen und internationale Hilfe nicht gelingen kann.

Ein ausgeweiteter Kampfeinsatz ruft andererseits Gegenreaktionen regionaler und lokaler Netzwerke hervor und treibt die Anzahl sicherheitsrelevanter Zwischenfälle weiter in die Höhe. Den Staat und erst recht die NATO nehmen erhebliche Teile der Bevölkerung als Bedrohung der eigenen Lebenswelt wahr. Der Konflikt erscheint vor diesem Hintergrund nur dann lösbar, wenn es gelingt, für Initiativen und Projekte zur Stabilisierung in pragmatischer Weise traditionelle Formen örtlicher Entscheidungsfindung zu nutzen, ohne sie nach »modernen« Vorstellungen umformen zu wollen.

Pakistan und Afghanistan befinden sich heute an einem Scheidepunkt. Gelingt es den beiden Regierungen und der Internationalen Gemeinschaft nicht, die laufenden Auseinandersetzungen in den Griff zu bekommen und rivalisierende Gruppen sowie Teile der anti-westlichen Aufstandsbewegung in den pakistanischen bzw. afghanischen Staat einzubinden, besteht die Gefahr der weiteren Eskalation bis hin zu einem sich verstetigenden Bürgerkrieg. Das Wiedererstarken der Taliban stellt diesbezüglich für Pakistan nur eine von mehreren Bedrohungen dar. Sich vielfach überlagernde Konfliktlinien verlaufen quer durch soziale und ethnische Gruppen. Verdrängungskämpfe zwischen alteingesessenen Einwohnern, Zugezogenen oder Rückkehrern wirken ebenso destabilisierend wie regionalistische oder separatistische Bestrebungen, die im ganzen Land anzutreffen sind. Radikale Islamisten und Terrororganisationen, die fallweise trotz der erklärten Anti-Terror-Politik der pakistanischen Führung durch das pakistanische Militär und den Geheimdienst unterstützt werden, führen den Dschihad gegen alle Ungläubigen, während gleichzeitig der Kampf zwischen sunnitischen und schiitischen Muslimen immer wieder aufflackert. Private Milizen und Sicherheitsdienste können kurzfristig lokale Probleme lösen und Stabilität erzeugen. Gleichzeitig heizen sie jedoch ein Klima der Gewalt an, in dem sich politische Demonstrationen in Ausschreitungen entladen und »Wahlkampf« im wörtlichen Sinne mit Waffen ausgetragen wird.

Bernhard Chiari

Jorge Scholz

Die gegenwärtig etwa 170 Millionen Menschen zählende Bevölkerung Pakistans – das Bild von 2004 zeigt einen paschtunischen Migranten in Karatschi – ist sehr heterogen. Oft werden die Landesbewohner zunächst auf der Grundlage der vier Provinzen eingeteilt, die ungefähr mit den Sprachräumen identisch sind. Aus dieser Perspektive setzt sich die pakistanische Nation aus vier ethnischen Gruppen zusammen: Punjabis im Punjab, Paschtunen in der North-West Frontier Province (NWFP), Sindhis im Sindh und Belutschen in Belutschistan.

Hierbei handelt es sich jedoch um eine grobe Vereinfachung. Keine der vier Provinzen umfasst tatsächlich eine einheitliche Sprachbevölkerung. So wird zum Beispiel in Belutschistan neben Belutschi auch Paschto und Brahui gesprochen, und im Punjab gibt es regionale Sprachformen wie Potohari und Seraiki, die von ihren Sprechern oft als eigenständige Sprache betrachtet werden. Viele Seraikis bestehen darauf, eben keine Punjabis zu sein. Ohnedies bildet die Sprache nicht unbedingt immer den wichtigsten Faktor für die Bildung kollektiver oder ethnischer Identitäten (vgl. die Übersichtskarte auf der hinteren Umschlagseite).

Familie, Verwandschaft und Ethnizität

Die komplexe Problematik von Sprache und Identität in Pakistan verdeutlicht ein Blick in die Hochgebirgsregion von Gilgit-Baltistan, als Folge des Kaschmir-Konfliktes verwaltet von Pakistan: Hier existieren zahlreiche Sprachgemeinschaften in teils sehr kleinräumigen Gebieten, die sich vielfältig überlagern. In manchen Hochgebirgstälern kommen gleich mehrere Sprachen zur Anwendung. Aber auch hier bildet Sprachzugehörigkeit nicht das wichtigste Kriterium für Identität. Für viele Menschen ist es von größerer Bedeutung, dass sie Schiiten sind oder einer bestimmten Abstammungsgruppe angehören, als dass sie zum Beispiel die Sprache Shina sprechen.

Will man verstehen, wie Ethnizität in Pakistan »funktioniert«, darf man nicht von feststehenden und eindeutig abgegrenzten ethnischen Gruppen ausgehen. Der Begriff »Ethnizität« beinhaltet vielmehr die Frage, wer sich aufgrund welcher Eigenschaften mit wem identifiziert oder sich gegenüber anderen abgrenzt. Auf der Basis von Ethnizität fußen soziale Beziehungen, die den Alltag in Pakistan bestimmen. Rein formale, anonyme soziale Interaktionen, wie etwa zwischen einem Händler und den Kunden auf dem Markt oder zwischen Beamten und Antragstellern in der Verwaltung, nehmen lediglich eine untergeordnete Bedeutung ein; sie sind schwach und wenig verlässlich. Daher versucht man, wo immer möglich formale Strukturen mit Formen von Gemeinschaft zu unterlegen: Man geht auf dem Basar zu jenem Händler, der aus derselben Region stammt wie man selbst, oder sucht einen Beamten auf, mit dem man in einem entfernten Verwandtschaftsverhältnis steht. Funktionierende Gemeinschaftsbeziehungen beinhalten immer ein Element von Verpflichtung. Man kann dem entfernten Cousin oder dem Dorfgenossen nicht wirklich eine Bitte abschlagen.

Ethnizität bezieht sich in der Regel auf Merkmale, die durch Geburt erworben werden, wie Abstammung, Muttersprache oder regionale Herkunft. Sie meint weniger solche Charakteristika, die sich aus der weiteren Biografie ergeben, wie z.B. die Zugehörigkeit zu einer politischen Partei. Ethnizität beruht auf einer Dynamik von Gemeinschaft und Abgrenzung: Gemein-

Sprachgruppen in Pakistan (1998)

Sprache	Sprecher in Mio.	Bevölkerungsanteil in %
Punjabi	58,4	44,6
Paschto	20,4	15,4
Sindhi	18,7	14,1
Seraiki	13,9	10,5
Urdu	10,0	7,6
Belutschi	4,7	3,6
andere (mehr als 60)	6,2	4,7

Quelle: Zensus 1998

schaft wird auch dadurch hergestellt, dass man sich gegenüber anderen abgrenzt. Wer jeweils »die anderen« sind, und welche Form von Zusammenhalt man zu etablieren sucht, hängt von der Situation ab, in der man sich gerade befindet, und von den Zielen, die man verfolgt.

Die Identifizierung eines Gegenübers als »eigener« oder »anderer« vollzieht sich auf unterschiedlichsten Ebenen. Das Fundament bilden die eigene Familie und Verwandtschaft; auf der obersten Ebene geht es um die Identifizierung mit der gesamten Nation und/oder der globalen Gemeinschaft der Muslime (*Umma*). Zwischen diesen beiden Extremen existieren zahlreiche weitere Schichten der Identifizierung und Abgrenzung. Manche Identitäten beinhalten selbst wieder verschiedene Teilaspekte. So identifiziert man sich etwa in räumlicher Hinsicht zunächst mit seinem Dorf oder einem Stadtviertel, dann aber auch mit einer Region, einer Provinz und schließlich mit dem gesamten Land.

Welche Ebene der Identifizierung in den Vordergrund tritt, hängt vom jeweiligen Gegenüber und Kontext ab. Zwei Männer aus Lahore, von denen einer aus der Altstadt stammt, der andere aber in Gulberg lebt, werden sich vor Ort als Bewohner unterschiedlicher Stadtteile von einander abgrenzen. Wenn sie sich aber zum Beispiel in Rawalpindi treffen, werden sie sich gemeinsam als Lahoris begrüßen. In Karatschi steht dann für beide im Vordergrund, dass sie im Gegensatz zu den lokalen Sindhis oder Immigranten (*Muhadschirin/Mohajir*) aus dem Punjab stammen. Und falls sie eine Auslandsreise machen, werden sie – gemeinsam mit Reisenden aus Islamabad oder aus anderen Landesteilen – zu Pakistanern. Oft überlappen oder überlagern sich verschiedene Identifizierungen: So gehört der Mann aus Gulberg vermutlich der urbanen Mittel- oder Oberklasse an, da der Stadtteil ein wichtiges Zentrum der modernen Stadt ist, während der Mann aus der Altstadt wahrscheinlich eher einer traditionellen Händlerfamilie entstammt. In dieser Weise entsteht ein vielfältiges und vielschichtiges Geflecht sozialer Kontakte, Beziehungsmöglichkeiten und Verpflichtungen, in das der Einzelne eingebunden ist.

Familie und Verwandtschaftsgruppen

Die fundamentalste Beziehung und Gemeinschaft wird durch Familie und Verwandtschaft hergestellt. Ein Individuum ist zu allererst seiner Familie gegenüber verpflichtet, ebenso wie die Familie dem Einzelnen gegenüber. Familie meint in Pakistan normalerweise nicht die Kernfamilie aus Eltern und Kindern, sondern eine erweiterte Familie, die oft aus drei Generationen besteht: Verheiratete Brüder mit ihren Ehefrauen und Kindern sowie ihren Eltern leben in einem gemeinsamen Haushalt.

An der Familie lassen sich Grundprinzipien der pakistanischen Gesellschaft ablesen. Die Zugehörigkeit wird patrilinear, also über den Vater bestimmt. Eine Frau gehört nach der Heirat in der Regel zur Familie und Gruppe ihres Mannes (vgl. den Beitrag von Christina Alff). Beziehungen innerhalb der Familie, wie in der Gesellschaft überhaupt, weisen meist hierarchische Strukturen auf: Frauen sind den Männern untergeordnet, ein jüngerer Bruder dem älteren und überhaupt die jüngere Generation jener der Eltern und Großeltern. Soziale Beziehungen meinen in erster Linie Beziehungen zwischen Familien. Daher werden Ehen zwischen Familien »arrangiert«. Als Kriterium für die Eheschließung dient weniger, wie zwei Individuen zueinander stehen, sondern vielmehr, ob die beiden Familien zueinander passen.

Paschtunischer Stammesältester der Afridi im Khaiber-Distrikt (FATA), Aufnahme vom Frühjahr 2001.

Dabei bestehen zwei zentrale Strategien. In den meisten Regionen Pakistans versucht man, eine Ehe mit möglichst nahen Verwandten zu schließen. Die bevorzugte Braut für einen jungen Mann ist die Tochter eines väterlichen Onkels. Als Idee hinter dieser Heiratsform steht, dass die Ehe in der eigenen Familie bleibt und man sich nicht mit »Fremden« einlassen muss. Man kennt sich bereits und weiß, in welches Umfeld die Tochter einheiratet. Eine Ehe stärkt Verbindlichkeit und Zusammenhalt innerhalb der Familie, anstatt Verpflichtungen gegenüber anderen zu verursachen. So kann auch das Erbe zusammengehalten werden. Als zweite Strategie lassen sich Hochzeiten mit anderen Familien stiften, um neue, vorteilhafte Beziehungen zu knüpfen. Dabei kann es u.a. um die Bildung von Allianzen in der Dorfgemeinschaft oder um soziale Mobilität gehen.

Familien sind in Verwandtschafts- oder Abstammungsnetzwerke eingebunden, die regional unterschiedliche Bezeichnungen tragen. Im Punjab spricht man von *Biradari* oder *Zat*, bei Paschtunen von *Khel* und in Belutschistan sowie in vielen anderen Gebieten meist von *Qom*. Eheschließungen finden fast immer zwischen Angehörigen solcher Verwandschaftsgruppen statt, innerhalb derer wechselseitige Verpflichtungen bestehen. Im Punjab etwa heißt das System *Lena Dena* (»Nehmen und Geben«) und kommt beispielsweise beim Austausch von Geschenken bei Hochzeiten und anderen Festlichkeiten zum Ausdruck. Der sich so wechselseitig verpflichtete Personenkreis definiert eine Gemeinschaft, innerhalb derer ganz allgemein Solidarität und Unterstützung vorausgesetzt werden. Diese Erwartungen an den Gemeinsinn führen z.B. dazu, dass berufliche Kenntnisse oder das Wissen über wirtschaftliche Chancen nur innerhalb der eigenen Gruppe weiter gegeben wird, sei es in der Verwandtschaft oder in einem weiteren ethnischen Netzwerk. Daher besetzen häufig bestimmte Gruppen spezielle ökonomische Nischen. So stammen etwa in Gilgit alle Barbiere aus Balakot, während sich das Transportgeschäft in Karatschi überwiegend in der Hand von Paschtunen befindet.

Auch Verwandtschaftsgruppen weisen hierarchische Strukturen auf. Im Punjab unterscheidet man zwischen landbesitzenden (*Zamindars*) Biradari, z.B. den Jat und Rajputen, und zahlreichen anderen Gruppen, denen traditionell bestimmte Handwerke oder Dienstleistungen zugeordnet werden, wie etwa *Mirasis* (Musiker) oder *Tarkhan* (Zimmerleute). Der Kreis der Handwerker und Dienstleister tragen die kollektive Bezeichnung *Kammis* und befinden sich in der Hierarchie unter den Landbesitzern (vgl. den Beitrag von Katja Mielke). Zwischen Grundeigentümern und Kammis bestehen häufig auch heute noch langfristige, generationenübergreifende Patron-Klient-Beziehungen, die wechselseitige Verpflichtungen beinhalten. Eine gewisse Ähnlichkeit zum indischen Kastensystem liegt auf der Hand. Wie in Indien spielen auch in Pakistan Reinheitsvorstellungen eine wichtige Rolle. So verbindet man Berufe, die als unrein betrachtet werden – Wäscher, Schmiede oder Barbiere – mit einem unteren Platz in der Rangordnung.

In manchen Regionen entstanden regelrechte ethnische Hierarchien. Dies trifft zum Beispiel auf das Swat-Tal im Norden Pakistans zu, das in Zusammenhang mit dem Vormarsch der Taliban in die Schlagzeilen geraten ist (vgl. die Beiträge von Bernhard Chiari und Thomas Ruttig). Hier stellen Yusufzai-Paschtunen die dominante »Kaste« der Landbesitzer, denen die Kammis, aber auch größere Gruppen wie Gujjars und Kohistanis untergeordnet sind. Über den Paschtunen stehen nur die Sayyids, die sich genealogisch auf den Propheten Mohammed zurückführen und aus diesem Grund hohes Ansehen genießen. Glaubt man den Analysten, so wies auch der Vormarsch der Taliban in Swat eine ethnisch-ökonomische Dimension auf: Insbesondere Gruppen mit wenig Landbesitz wie Kohistanis unterstützten deren

Herrschaft anfänglich, weil sie eine Umverteilung des Bodens erhofften.

Verwandtschaft und Beziehungen zwischen Biradari kommt selbst in der institutionellen Politik wesentliche Bedeutung zu. Im Wahlkampf werden Stimmen zu einem großen Teil über Verwandtschafts- und Patronagebeziehungen mobilisiert. Ohne eine starke Familie im Hintergrund haben Kandidaten kaum eine Chance. Dies gilt sowohl auf lokaler als auch auf nationaler Ebene. So dominiert der Bhutto-Klan aus dem Sindh die Pakistan Peoples Party (PPP), während die Sharif-Familie aus dem Punjab innerhalb der Pakistan Muslim League (PML) die Fäden in der Hand hält (vgl. die Info-Kästen auf S. 219 und 223).

Konfliktpotenzial der Ethnizität

Ethnizität kann in der Politik eine erhebliche Rolle spielen, die weit über die Unterstützung durch Verwandtschaft, Patronage und ethnische Gemeinschaft hinaus geht. Hierzu kommt es vor allem dann, wenn ethnische Zugehörigkeit selbst zum politischen Bezugspunkt wird. Trotz der Betonung der Einheit der Muslime, die ja stets als Ursache für Pakistans Unabhängigkeit galt, hat der Bevölkerungsproporz dem Land zahlreiche Probleme gebracht. Als kritisch erwies sich vor allem die ungleiche Verteilung von Macht und Ressourcen.

Das politische Zentrum des unabhängigen Staates lag nach 1947 eindeutig in Westpakistan, dem heutigen Pakistan. Ostpakistan, das heutige Bangladesch, war politisch marginalisiert, obwohl dort die Mehrheit der Bevölkerung lebte. Die fortgesetzte Diskriminierung der Bengalen führte schließlich zur Spaltung des Landes und zur Unabhängigkeit von Bangladesch im Jahr 1971 (vgl. den Beitrag von Jorge Scholz). Den Westen hingegen dominierten zwei Gruppen: Punjabis sowie die aus Nordindien nach Pakistan emigrierten Urdu-Sprecher, die Muhadschirin, welche sich vor allem in Karatschi und anderen Städten des Sindhs ansiedelten (vgl. den Beitrag von Katja Mielke und Conrad Schetter).

Punjabis stellten alleine schon aufgrund ihrer Anzahl einen gewichtigen Faktor dar; weit mehr als die Hälfte der Gesamtbevölkerung Pakistans lebt im Punjab. Die Muhadschirin spielten demgegenüber eine zentrale Rolle, weil Urdu-Sprecher schon die Pakistan-Bewegung in Britisch-Indien bestimmt hatten. Die Urdu-sprechenden Muslime Nordindiens besaßen einen verhältnismäßig hohen Bildungsgrad und brachten häufig administrative Erfahrung aus der britischen Zeit mit. In Pakistan stellten die Muhadschirin anfangs mehr als 20 Prozent des Verwaltungspersonals, obwohl sie lediglich drei Prozent der Bevölkerung ausmachten. In der Bundesverwaltung stieg ihr Anteil bis zum Beginn der 1970er-Jahre sogar auf über 30 Prozent. Dieses Ungleichgewicht ließ bei anderen Gruppen wie Sindhis oder Belutschen das Gefühl der Benachteiligung aufkommen.

Bereits ab 1948 galt für Positionen in der öffentlichen Verwaltung ein mehrfach verändertes und erst 1997 abgeschafftes Quotensystem, das zum Ausgleich dieses Ungleichgewichts beitragen sollte. Auch für Studienplätze an den Universitäten greifen ähnliche Regelungen. Die Quoten führten in der Praxis jedoch weniger zum Ausgleich als vielmehr zu weiteren Konflikten. Ein Problem bestand in der Zuordnung: Die Grundlage für die Vergabe von Stellen bildete die Residenz des Bewerbers in einer bestimmten Provinz, nicht aber die tatsächliche Zugehörigkeit zu einer ethnischen Gruppe; Ethnizität lässt sich weder amtlich registrieren noch zählen. Aufgrund der Vielschichtigkeit von Zugehörigkeiten kann sie kaum festgeschrieben werden. Häufig kam die Quotierung privilegierten Gruppen in einer Provinz zugute, aber nicht den tatsächlich unterrepräsentierten Gemeinschaften.

Die Komplexität der Verhältnisse verdeutlicht das Beispiel des Sindhs. Dort hatten die Muhadschirin Stellen in der Verwaltung überwiegend aufgrund ihrer besseren Qualifikation bekommen. In den 1970er-Jahren reduzierte die Ausweitung der Quoten für andere Gruppen ihre berufliche Chancen deutlich: Insbesondere um das Ungleichgewicht zwischen den überrepräsentierten Muhadschirin und den unterrepräsentierten Sindhis auszugleichen, galt hier nun eine staatliche Quote für städtische Gebiete, in denen vor allem Muhadschirin lebten, und eine andere für den ländlichen Raum, den die Sindhis dominierten. Obwohl Muhadschirin – gemessen an ihrem Anteil an der Bevölkerung – in der Verwaltung immer noch überrepräsentiert waren, fühlten sie sich innerhalb der staatlichen Administration ebenso wie bei der Vergabe von Studienplätzen diskriminiert.

Entwicklungen wie diese bildeten den zentralen Grund für die Entstehung der militanten Muhadschirin-Bewegung vor allem in Karatschi und Haiderabad. Auch die Sprachenpolitik trug dazu bei: 1972 erklärte Mumtaz Bhutto, Ministerpräsident des Sindhs und Bruder des damaligen Präsidenten Zulfikar Ali Bhutto, Sindhi zur offiziellen Sprache der Provinz. Er brüskierte mit diesem Schritt vor allem die urbane Bevölkerung, die überwiegend nicht aus dem Sindh stammte.

Auch die massive Binnenmigration nach Karatschi förderte die konfliktreiche Konkurrenz zwischen den verschiedenen Gruppen. In den 1970er-Jahren kamen viele Paschtunen in die Stadt. Diese Migration wurde durch den Krieg in Afghanistan verstärkt, da afghanische Flüchtlinge zum Teil Paschtunen aus der North-West Frontier Province (NWFP) verdrängten. Ein Unfall im Jahre 1985, bei dem ein paschtunischer Busfahrer in Karatschi eine Muhadschirin-Schülerin tötete, löste tagelange gewaltsame Auseinandersetzungen aus. Nicht zuletzt aufgrund der schon thematisierten Ethnisierung ökonomischer Nischen schob man den Unfall den Paschtunen insgesamt in die Schuhe.

Die Ethnisierung von Konflikten veränderte auch das Parteienspektrum. Noch zu Beginn der 1980er-Jahre hatte die islamische Partei Jamaat-e Islami (JI) in Karatschi sowohl unter Muhadschirin als auch unter Paschtunen viele Anhänger. Während der Konflikte zwischen Paschtunen und Muhadschirin blieb sie daher neutral. Daraufhin warfen Letztere ihr mangelnde Unterstützung vor und verließen die Organisation. Stattdessen erhielt eine neue Partei, die Mohajir Qaumi Movement (Nationale Bewegung der Zuwanderer, MQM), großen Zulauf. Die MQM entwickelte einen dezidiert säkularen Nationalismus, der die Forderung nach der Loslösung von Pakistan einschloss.

Inzwischen haben sich die Parameter neuerlich verschoben. Die 1997 in Muttahida Qaumi Movement (Vereinigte Nationale Bewegung) umbenannte Partei ist heute bemüht, sich als säkulare und anti-islamistische Kraft im ganzen Land zu positionieren, etwa auch im Punjab und in Azad Jammu and Kashmir. Die Muhadschirin haben ihren separatistischen Nationalismus weitgehend aufgegeben und versuchen, sich nun wieder als die nationale Avantgarde darzustellen, als die sie zuvor galten. Ihr Beispiel zeigt deutlich die mögliche Dynamik und Wandelbarkeit ethnischer Mobilisierung sowie Bezüge zwischen ethnischer und religiöser Zuordnung.

Die Islamisierungspolitik während der Diktatur von General Mohammed Zia ul-Haq bildete den Versuch, derartige ethnisch-nationalistische Bewegungen zurückzudrängen. Sie betonte demgegenüber die Einheit des Landes und eine gemeinsame islamische Identität aller Pakistaner. Diese Politik hatte jedoch eine andere Problematik zur Folge: Da die Islamisierung den Prinzipien des sunnitischen Islams folgte, sah sich die schiitische Minderheit Pakistans ausgegrenzt und forderte ihre Rechte ein. Statt nationaler Einheit förderte die staatliche Politik die Entstehung radikaler und militanter Organisationen von Sunniten und Schiiten, die sich bis heute mit blutigen Anschlägen gegenseitig bekämpfen (vgl. den Beitrag von Boris Wilke).

Ethnisch-nationalistische Bewegungen mit mehr oder weniger deutlichen separatistischen Programmen gibt es auch in den anderen »marginalen« Provinzen Pakistans, in Belutschistan und in der NWFP (vgl. den Info-Kasten auf S. 92). Im Sindh entstand neben der MQM eine nationalistische Bewegung der Sindhis, die für die Autonomie oder Unabhängigkeit der Provinz eintritt. Selbst der dominante Punjab blieb von ethno-politischen Erschütterungen nicht verschont: Hier fordern Seraikis die Etablierung einer eigenen Provinz im Süden. In dieser Situation stellt bereits die Durchführung einer Volkszählung, die normalerweise alle zehn Jahre stattfinden soll, ein Politikum dar. Nach »problematischen« Kategorien, wie der Zugehörigkeit zu islamischen Konfessionen (Sunniten, Schiiten, Ismailiten, etc.), aber auch nach ethnischen Zuordnungen wird dort gar nicht erst gefragt, um Konflikte über die Anzahl und damit auch politische Bedeutung der entsprechenden Gruppen zu vermeiden. Trotz dieser Vorsichtsmaßnahmen kam der Zensus, der eigentlich 1991 fällig gewesen wäre, erst sieben Jahre später zustande, weil unter anderem über die im Sindh so kritische Zählung von ländlicher und urbaner Bevölkerung gestritten wurde. Das Beispiel zeigt abschließend: Der moderate und um Ausgleich bemühte Umgang mit Ethnizität und ethnischen Gruppen spielt eine wesentliche, vielleicht sogar die zentrale Rolle für die zukünftige Entwicklung Pakistans und für alle Versuche, von Islamabad aus Staat zu machen.

Martin Sökefeld

Jorge Scholz

Die junge Geschichte Pakistans ist vor allem eine Geschichte der Migration. So war das Land in den letzten Jahren Zielort von Zuwanderungs- und Flüchtlingsströmen aus Indien, Afghanistan und Bangladesch. Andererseits wanderten seit den 1970er-Jahren Millionen einheimische Arbeitskräfte in die Golfstaaten ab. Aber auch innerhalb Pakistans spielt Migration eine erhebliche Rolle. So bedingte der kontinuierliche Zuzug aus den ländlichen Regionen ein unkontrolliertes Wachstum von Großstädten wie Karatschi, Rawalpindi oder Lahore. Bis heute verzeichnet Pakistan daher die größte Binnenmobilität in ganz Asien. Der pakistanische Staat ist kaum noch in der Lage, dieser Migrationsströme – das Foto zeigt eine Nomadenfamilie bei Multan im punjabischen Tiefland – Herr zu werden.

Pakistan als Drehscheibe globaler Migrationsströme

Nach der Auflösung Britisch-Indiens gründete sich Pakistan als die Heimstätte aller Muslime Südasiens. Der von Gewaltexzessen begleitete »Bevölkerungsaustausch« von Muslimen, die aus Indien nach West- und Ostpakistan flohen, sowie von Hindus und Sikhs, die in die Gegenrichtung migrierten, hatte den Tod von weit über zwei Millionen Menschen zur Folge. Bereits unmittelbar nach der Unabhängigkeit sah sich Pakistan vor die Aufgabe gestellt, nahezu sechs Millionen Flüchtlinge aufnehmen zu müssen. In Westpakistan trugen die Provinzen Punjab und Sindh den Großteil dieser Last. Die erste Bevölkerungszählung 1951 ergab, dass Flüchtlinge annhähernd ein Fünftel der pakistanischen Gesamtbevölkerung ausmachten. In einigen Großstädten wie Karatschi stellten sie gar die Mehrheit.

Für die aus Indien stammenden Muslime bürgerte sich die Bezeichnung *Muhadschirin/Mohajir* (Immigranten) ein. Niemand Geringeres als der Prophet selbst avancierte dabei zum Vorbild. Denn im islamisch-historischen Kontext wird der Begriff für Mohammed und seine Gefährten verwendet, die gemeinsam von Mekka nach Medina flohen. Im Zensus von 1951 wurden die Muhadschirin als separate Gruppe aufgeführt. Wohl wegen ihrer Herkunft aus Indien wandelte sich die Bedeutung des Wortes im lokalen Kontext zunehmend zu einer ethnischen Bezeichnung für die Urdu-sprachigen Bewohner Pakistans. Aufgrund ihrer ökonomischen Dominanz spielen die Muhadschirin politisch eine wichtige Rolle. So stellen sie mit der Mohajir Qaumi Movement (MQM) eine der vier wichtigen pakistanischen Parteien des Landes.

Die Abspaltung Ostpakistans als eigenständiger Staat Bangladesch 1971 löste eine zweite Flüchtlingswelle aus. Nun kehrten Muslime nach Pakistan zurück, die erst 1947 in den 1500 km entfernt liegenden Landesteil im Osten abgewandert waren. Zudem verzeichnet Pakistan bis heute einen kontinuierlichen Zuzug von Muslimen aus Indien, Bangladesch und Myanmar. Diese werden auf eine bis drei Mio. geschätzt. Sie sind jedoch nicht als Flüchtlinge anerkannt und leben in der Illegalität sowie sozial und wirtschaftlich am Rande der Gesellschaft.

Neben der Zuwanderung ausländischer Migranten trugen vor allem die ländlichen Regionen zu einer regelrechten Bevölkerungsexplosion der Städte bei. Seit den 1960er-Jahren setzte zunächst im Punjab und in der North-West Frontier Province (NWFP), später auch im Sindh aufgrund zunehmenden Bevölkerungswachstums und geringer Einkommensmöglichkeiten eine Landflucht enormen Ausmaßes ein. Allein in den 1960er-Jahren verließen 1,5 Mio. Menschen – fast nur Männer – die NWFP. Zwischen 1951 und 1981 verzeichneten die Städte eine Vervierfachung ihrer Einwohnerzahl. Besonders die Metropolen Karatschi, Lahore und Rawalpindi erlebten ein unkontrolliertes Wachstum und waren kaum noch in der Lage, mit der Entwicklung Schritt zu halten. Zwischen 35 und 40 Prozent der städtischen Bevölkerung Pakistans leben heute in unregulierten Armensiedlungen (*Katschi Abadis*), welche die Großstädte ummanteln. Vor allem Karatschi wucherte zu einem urbanen Moloch aus, der kaum noch verwaltet werden kann, und wo die Sicherheit teilweise in Händen lokaler Milizen liegt. Soziale Dienstleistungen sowie funktionierende städtische Infrastruktur im Bereich Wasser-, Elektrizitäts- und Abfallmanagement fehlen weitgehend.

Neben der Abwanderung in die Großstädte förderten aber auch die staatliche Entwicklungsplanung und Wirtschaftspolitik die Binnenmigration. So übten seit Ende der 1950er-Jahre nationale Großbaustellen wie die neu gegründete Hauptstadt Islamabad oder die Staudämme Tarbela und Mangla eine magnetische Anziehungskraft für Tausende Arbeitsuchende aus.

Arbeitsmigration in die Golfstaaten: »Dubai tschalo«

Gegen Ende der 1960er-Jahre gingen viele der staatlichen Bauprojekte in Pakistan ihrem Ende entgegen. Gleichzeitig löste der Anstieg der Rohölpreise einen Bauboom in den Golfstaaten aus. Viele Firmen heuerten nun vergleichsweise kostengünstige pa-

picture-alliance/augenklick/Fo/Bernhard Kunz

Hoffnung auf Arbeit und Verdienst: Boomtown Dubai, Vereinigte Arabische Emirate, Aufnahme von 2009.

kistanische Arbeiter für Großaufträge auf der Arabischen Halbinsel an. Der Slogan *Dubai tschalo* (»Auf geht's nach Dubai«) steht für diese Massenabwanderung in den 1970er- und 1980er-Jahren. Die Arbeitsmigration ging unter Zulfikar Ali Bhutto – gerade nach der Abspaltung Bangladeschs – mit einer politischen Annäherung Pakistans an die arabische Welt einher. So erleichterte die pakistanische Regierung die Ausstellung von Reisedokumenten und gründete Vermittlungsagenturen, die jedoch weitgehend erfolglos bei dem Versuch blieben, regulativ einzugreifen. Die Zahl der über persönliche Kontakte vermittelten Arbeiter überstieg jene der über bilaterale staatliche Verträge entsandten um ein Vielfaches.

1980 arbeiteten bereits zwei Mio. Pakistaner am Golf. Dies entsprach etwa zehn Prozent der männlichen Erwerbstätigen des gesamten Landes. Hauptgrund für diese Massenauswanderung war der immense Lohnunterschied: Auf den Baustellen Abu Dhabis, Kuwaits und Dubais konnte anfangs das zehnfache Einkommen des Heimatlandes erzielt werden; Mitte der 1980er-Jahre überstiegen die dortigen Verdienstmöglichkeiten jene Pakistans immer noch um das Siebenfache. Die Gastarbeiter rekrutierten sich überwiegend aus wenig gebildeten Gesellschaftsschichten der ländlichen Gebiete Pakistans, vor allem aus dem bevölkerungsreichen nördlichen Punjab, der NWFP sowie Azad Jammu and Kashmir. Hier war die landwirtschaftliche Produktivität gering, existierten kaum Industriebetriebe, und demzufolge gab es viele junge männliche Erwerbslose. In den Golfstaaten verdingten sie sich meist als ungelernte Arbeiter, vor allem auf Baustellen und im Transportwesen.

Seit den 1990er-Jahren unterliegt die Arbeitsmigration an den Golf konjunkturellen Schwankungen. Dies verdeutlicht gerade die jüngere Vergangenheit. So löste der Anstieg der Ölförderung 2001 eine große Abwanderungswelle pakistanischer Arbeiter in die Region aus. Die globale Wirtschaftskrise 2008/09 bedingte dagegen, dass die Golfstaaten viele pakistanische Arbeiter abschoben.

Die Arbeitsmigration diente makro-ökonomisch stets als Ventil, um strukturell angelegte Defizite der pakistanischen Wirtschaft aufzufangen. So konnte hierdurch der einheimische Arbeitsmarkt immer wieder wesentlich entlastet werden. Die ökonomische Bedeutung der Gastarbeiter für die heimatliche Volkswirtschaft ist überragend. 1982/83 entsprach die Summe ihrer Rücküberweisungen über pakistanische Banken mit 2,9 Mrd. US-Dollar (USD) zehn Prozent des Bruttoinlandsprodukts (BIP). Die offiziell registrierten Transfers kletterten seit 1972/73 stetig von 136 Mio. auf 7,81 Mrd. USD im Jahr 2009. Allein im Finanzjahr 2008/09 stiegen sie um mehr als 21 Prozent im Vergleich zum Vorjahreszeitraum. Diese beträchtlichen Überweisungen in Fremdwährungen stützten jahrzehntelang die Währungsreserven der pakistanischen Wirtschaft. Mithilfe dieses Instruments konnte auch das immer größer werdende Handelsdefizit in einem überschaubaren Rahmen gehalten werden.

Zudem wirkte sich die finanzielle Unterstützung in den Herkunftsregionen der Arbeitsmigranten massiv aus. Weit über zehn Prozent der Haushalte in der NWFP und im nördlichen Punjab sind von deren Rücküberweisungen abhängig. In der Regel fließt ein Großteil des Geldes in die Abdeckung der Grundbedürfnisse. Die gesteigerte Kaufkraft vieler Familien bewirkte zudem eine Ausweitung lokaler Märkte sowie des Handwerks und Kleingewerbes. Die Arbeitsmigration führte aber auch zu gesellschaftlichen Umbrüchen. So übernahmen Frauen in Ab-

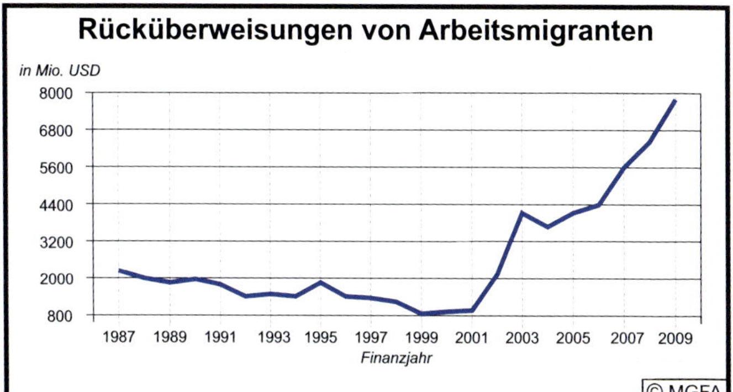

Quelle: State Bank of Pakistan, Annual Report 2008/09, Teil 1, Kapitel 7, S. 167.

wesenheit ihrer Ehemänner und Brüder Aufgaben, die bislang Männern vorbehalten waren. Selbst das Sozialgefüge änderte sich: Einige Familien stiegen dank der Auslandsüberweisungen gesellschaftlich auf, während traditionelle Eliten, die nicht an der Arbeitsmigration teilnahmen, mitunter ihren Status einbüßten.

Die Golfstaaten bildeten jedoch nicht das einzige Abwanderungsziel. Nahezu alle Elitenfamilien des Landes besitzen ein Standbein im westlichen Ausland – meist in Großbritannien oder in den USA. Schätzungen zufolge leben zwei bis drei Mio. Menschen pakistanischer Herkunft in Ländern, die Mitglieder der Organisation für wirtschaftliche Zusammenarbeit und Entwicklung (OECD) sind. Gerade in internationalen Organisationen finden sich überdurchschnittlich viele gut ausgebildete Pakistaner.

Afghanische Flüchtlingsproblematik und Binnenflüchtlinge im Anti-Terror-Krieg

Einen weiteren Akzent in der komplexen örtlichen Migrationsstruktur setzen die afghanischen Flüchtlinge. Afghanistan und Pakistan sind eng miteinander verbunden: Handels- und Familiennetzwerke über die bis heute durchlässige Grenze hinweg wie auch Migration (z.B. von Nomaden) sind historisch gewachsen. Die »April-Revolution« der Kommunisten 1978 in Afghanistan und der Einmarsch sowjetischer Truppen Ende 1979 lösten eine Massenflucht aus. Aufgrund des Kalten Krieges, in dem Pakistan an der Seite des USA stand, erhielten afghanische Mirgranten offiziell den Flüchtlingsstatus und wurden – wie einst die Migranten aus Südasien – als Muhadschirin bezeichnet. Das Gros der Flüchtlinge kam in mehr als 200 Lagern in der NWFP, insbesondere den Federally Administrated Tribal Areas (FATA), sowie in Belutschistan unter. In den folgenden Jahren war die Situation dort durch ein ständiges Kommen und Gehen geprägt. So kam es zu verschiedenen Wellen von Flucht und Heimkehr, Weitermigration an den Golf, Rückkehr nach Afghanistan und erneuter Flucht aufgrund des dort 1992 einsetzenden Bürgerkriegs oder der Taliban-Herrschaft in der zweiten Hälfte der 1990er-Jahre.

Die Zahl der Afghanen, die in Pakistan Zuflucht suchten, unterlag stets großen Schwankungen. Zudem ist die Dunkelziffer sehr hoch, da viele Flüchtlingskinder schon in Pakistan geboren wurden. Obgleich nach dem Fall des Taliban-Regimes bis zu drei Mio. Menschen nach Afghanistan zurückkehrten, leben verschiedenen Schätzungen zufolge immer noch zwischen zwei bis drei Mio. in Pakistan. Bis 2012 will die pakistanische Regierung die Rückführung aller Afghanen abgeschlossen haben. Allerdings ist dieser Prozess aufgrund der desolaten Lage in Afghanistan ins Stocken geraten. Die Mehrheit der in Pakistan registrierten afghanischen Flüchtlinge gab an, aufgrund fehlender Sicherheit sowie angesichts von Landknappheit und hoher Arbeitslosigkeit nicht in ihre Heimat zurückkehren zu wollen. Bei einer weiteren Verschlechterung der dortigen Lage könnte Pakistan sogar erneut Zielort afghanischer Flüchtlinge werden.

Über die Jahre etablierten sich tief gehende soziale Netzwerke, auf welche die Afghanen in Krisenzeiten zurückgreifen können. Da zudem eine Grenzüberschreitung jederzeit möglich ist, bietet die Option einer spontanen Migration nach Pakistan eine wichtige Komponente bei individuellen Versuchen, Risiken zu minimieren und das Überleben zu sichern. Afghanen reisen immer wieder nach Pakistan, um dort Arbeit zu suchen, sich medizinisch behandeln zu lassen oder ihr Studium zu absolvieren.

Da viele afghanische Flüchtlinge im Grenzgebiet leben, waren sie besonders von den jüngsten bewaffneten Auseinandersetzungen innerhalb Pakistans betroffen (vgl. den Beitrag von

Bernhard Chiari). Die Etablierung örtlicher Herrschaftsgebiete durch die Taliban sowie die Offensive des pakistanischen Militärs lösten 2009 mehrere Fluchtwellen aus: So flohen über zwei Mio. Menschen im Frühjahr aus dem Swat-Tal in andere Regionen der NWFP und in den Punjab. Im Herbst kam es zu einer Fluchtbewegung aus Wasiristan. Die meisten Menschen fanden bei Verwandten oder Bekannten Zuflucht. Die Regierung – wie bereits bei dem Erdbeben 2005 (vgl. den Info-Kasten auf S. 209) – zeigte sich mit dem Krisenmanagement völlig überfordert.

Katja Mielke und Conrad Schetter

picture-alliance/dpa/Rainer Jensen

In Pakistan gibt es das geflügelte Wort, dass 22 Familien die Geschicke des Landes lenken, da sie die politischen Parteien dominieren und die Wirtschaft weitgehend unter sich aufgeteilt haben. Der Mythos geht auf den einstigen Chefökonomen der staatlichen Planungskommission Mahbubul Haq zurück, der 1968 offen legte, dass 22 Klans zwei Drittel des Industriesektors und 87 Prozent der Bank- und Versicherungseinlagen kontrollierten. Im Laufe der Zeit ist ihre Zahl durch eine sektorale Diversifizierung und die für Pakistan typische Verquickung der wirtschaftlichen mit den politisch-administrativen und militärischen Eliten noch weiter gewachsen.

Der heutige Reichtum der tonangebenden Familien basiert ursprünglich auf dem Besitz von Ackerboden. Zwar ist heute Landbesitz allein kein ausschlaggebender Faktor mehr, um in die Rangliste der reichsten pakistanischen Klans zu gelangen. Aber Aufstieg und Reichtum vieler »großer« Familien gehen auf die Verarbeitung landwirtschaftlicher Produkte und den Betrieb von Baumwollspinnereien, Textil- und Zuckerfabriken zurück, die auch heute noch ein Kernstück ihrer börsendotierten Unternehmenskonglomerate bilden. Die höchst ungleichen Landbesitzverhältnisse prägen die pakistanische Gesellschaft nachhaltig und stellen ein weitgehend unterschätztes Konfliktpotenzial dar.

Die politische und wirtschaftliche Macht der Großgrundbesitzer

Lange galt Pakistan als Agrarland. Die landwirtschaftliche Produktion machte in den Jahren direkt nach der Staatsgründung 1947 und dann während der »Grünen Revolution« in den 1960er- und 1970er-Jahren, als die Behörden Pakistans und Indiens die ländlichen Produktionsstrukturen mit einer Mischung aus staatlichen Maßnahmen und der Ermunterung dörflicher Initiativen umstrukturierten, die Haupteinnahmequelle des Staates aus. Mit einem Anteil am Bruttoinlandsprodukt (BIP) von zuletzt 21,8 Prozent (Pakistan Economic Survey 2008/09) gilt der Primäre Sektor gegenwärtig immer noch als größter Wirtschaftsfaktor Pakistans, in dem laut Statistik 44,7 Prozent der erwerbstätigen Bevölkerung Beschäftigung finden. Dabei sind das Ackerland und die landwirtschaftlichen Einkommensmöglichkeiten zwischen den vier Provinzen aufgrund naturräumlich-klimatischer Gegebenheiten sehr ungleich verteilt. Das Gros der Anbauflächen, nämlich 84 Prozent allen Bodens oder 93 Prozent des gesamten Bewässerungslandes, findet sich in den beiden im Indus-Tiefland gelegenen Provinzen Punjab und Sindh. Mit Ausnahme des Beckens von Peschawar kann Ackerbau in der Nordwestgrenzprovinz (North-West Frontier Province, NWFP) und in Belutschistan vergleichsweise nur sehr eingeschränkt und punktuell betrieben werden (vgl. den Beitrag von Hermann Kreutzmann).

Im ländlichen Raum konzentrieren sich Landbesitz und Zugangsmöglichkeiten zu anderen wichtigen Produktionsmitteln wie Wasser, Rohrbrunnen, Düngemittel und Saatgut in unterschiedlich hohem Grade in den Händen weniger Großgrundbesitzer. Die höchste Konzentration weist die untere Indus-Ebene in Sindh auf. Den dortigen Landbesitzern, den *Waderas*, gehören bis heute Latifundien in der Größenordnung von mehr als 200 Hektar (ha). Anders als weiter nördlich im Punjab, wo sich durch Modernisierungsmaßnahmen im Zuge der »Grünen Revolution« traditionelle Landnutzungspraktiken änderten, ist das Leben der Durchschnittsbevölkerung im Sindh nach wie vor durch starke Abhängigkeit von den Waderas geprägt.

Historischer Rückblick

Ein Blick zurück in die Geschichte der Region erhellt die Gründe für diese unterschiedliche Ausprägung von Landbesitz und Abhängigkeitsverhältnissen: So war privater Landbesitz unter den Mogul-Herrschern völlig unbekannt (vgl. den Beitrag von Stephan Conermann). Bis zur Machtübernahme der Kolonialverwaltung durch die East India Company erhielten loyale Gefolgsleute zur Belohnung das Recht zur Steuereintreibung über weite Landstriche. Einen Teil der Einnahmen hatten sie an den Herrscher abzuführen; der Rest blieb ihnen als Entlohnung für die Unterhaltung großer Armeen.

Die Gefolgsleute und die in den jeweiligen Territorien beheimateten Zwischenmänner *(Zamindars)*, denen die praktische Steuerverteilung oblag, können als die Vorfahren der heutigen Großgrundbesitzer gelten. Häufig waren die Zamindars lokal angesehene Personen, die auch andere gemeinschaftliche Aufgaben wahrnahmen, z.B. Streitschlichtungen. In der vorkolonialen Periode fehlte ein Erbschaftsprinzip. Ebenso war die Weiterveräußerung von Land an Dritte nicht vorgesehen, so dass der Anspruch auf herrschaftlichen Alleinbesitz stets aufrecht erhalten wurde. Erst mit der Machtschwächung der Mogul-Herrscher boten sich Rahmenbedingungen, die es den Mittelsmännern erlaubten, ihren Zugriff und Anspruch auf das von ihnen verwaltete Land und die dort lebende Bevölkerung zu festigen und eigenständig Einnahmen herauszuziehen.

Die Einführung des Privateigentums sowie eines begleitenden Rechts- und Verwaltungssystems unter britischer Herrschaft formalisierte diese »spontane Privatisierung« seitens der Zamindars und anderer Mittelsmänner. Die Kolonialverwaltung versprach sich von der Gewährung vererbbarer Eigentumsrechte und vergleichsweise geringen Abgaben loyale Partner auf Produktionsebene (vgl. den Beitrag von Bernd Lemke und Martin Rink). Der Ende des 19. Jahrhunderts von den Briten initiierte massive Ausbau des Bewässerungssystems (vgl. den Beitrag von Hermann Kreutzmann) brachte nicht nur eine signifikante Aufwertung von Landbesitz, sondern ermöglichte neben ganzjähriger Bewässerung auch die Ausweitung der Kulturflächen und den großflächigen Anbau marktfähiger Pflanzen wie Baumwolle. Allerdings konzentrierte sich die Kolonialverwaltung vor allem auf die Erschließung des Punjab, dessen Gebiete 1849 nach dem Sieg über die Sikhs vollständig durch die Briten erobert wurden.

Den ersten Meilenstein bei der Errichtung eines ausgedehnten Kanalsystems bildete 1859 die Einweihung des oberen Bari-Doab-Kanals (vgl. die Karte auf S. 205). In Sindh dagegen, das sich seit 1843 unter britischer Kontrolle befand, wurde der erste Staudamm erst 1932 fertig gestellt. Die neu erschlossenen Anbauflächen vergaben die Briten teilweise an alt gediente Sikh-Kämpfer, die sich im Dienst des britischen Militärs hervorgetan hatten. Weiterhin wurden Einwohner aus nördlicheren Gebieten in den neu geschaffenen »Kanalkolonien« als Kleinbauern angesiedelt. Die Steuerlast zwang viele Landbesitzer, sich zu verschulden. In der Konsequenz verlor ein großer Teil der Zamindars Boden an hinduistische Geldleiher und Händler, die zu einer neuen Besitzklasse im ländlichen Raum aufstiegen. Dies nahm solche Ausmaße an, dass die britische Verwaltung sich im Jahre 1900 gezwungen sah, mit dem Punjab Land Act ein Verbot über die Veräußerung von Grundbesitz an nicht-landwirtschaftliche Nutzer zu verhängen.

Infolge dieser vielfältigen Entwicklungen bestand in den landwirtschaftlichen Gunstzonen zum Zeitpunkt der Teilung Indiens 1947 eine starke Konzentration von Boden in den Händen relativ weniger Personen. Der Anteil der Großgrundbesitzer mit mehr als 40 ha im Sindh belief sich auf ca. neun Prozent der besitzenden Provinzbevölkerung, die damit über die Hälfte der agrarischen Gesamtfläche verfügte. Ein weiteres Prozent der Bevölkerung besaß Latifundien von über 200 ha und damit ein knappes Drittel der Fläche: Zehn Prozent der Landbesitzer kontrollierten im Sindh also 82 Prozent des Bodens.

Im Punjab besaßen 1947 nur 2,5 Prozent der Grundbesitzer mehr als zwei Drittel der fruchtbaren Böden, wohingegen das restliche Drittel von Kleinbauern mit weniger als zwei Hektar Besitz aufgeteilt wurde, deren Anteil sich auf 67 Prozent belief. Im Sindh hingegen machten Zwei-Hektar-Bauern nur ca. 30 Prozent der Landbesitzer aus, deren Eigentum etwa vier Prozent der Gesamtanbaufläche darstellte. Bis heute weist diese Provinz landesweit die höchste Konzentration von Grundbesitz auf.

Eine Schätzung für 2004 geht davon aus, dass 50 bis 60 Prozent der ländlichen Bevölkerung oder acht Mio. Menschen im Sindh Landlose oder Besitzer unbedeutender Kleinstgrundstücke sind (*Haris*).

Mit der Staatsgründung 1947 gingen Flucht und Vertreibung von Indern und Pakistanern einher, wodurch die Eigentumsverhältnisse zudem neu geordnet wurden. Insgesamt verloren Hindus und Sikhs 2,7 Mio. ha, davon 1,7 Mio. Bewässerungsland, das nunmehr pakistanisches Staatsgebiet wurde. Dies begünstigte jedoch nicht etwa eine Revision der ungleichen Landverteilung zugunsten der Landlosen. Vielmehr nutzten alteingesessene ländliche Eliten und Angehörige der zivilen Verwaltung die unübersichtliche Situation, um ihren bereits vorhandenen Besitz noch zu vergrößern oder günstig Äcker für Spekulationszwecke und zur Weitervermarktung zu erwerben. In Sindh gingen zwei Drittel der von den Hindus hinterlassenen mehr als 526 000 ha auf diese Weise an muslimische Landbesitzer über. Jene Flüchtlinge hingegen, die aus den nun zu Indien gehörenden Landesteilen nach Pakistan strömten, bekamen in Sindh nur dann jeweils 60 ha zugewiesen, wenn sie schon vorher Land besessen hatten. Kleinbauern erhielten lediglich 0,4 ha pro Person, Pächter oder landlose Arbeiter jedoch gingen leer aus.

Politische Einflussnahme

Die Verschränkung von Landbesitz und Politik hat in Pakistan eine lange Tradition: Bereits 1947 rekrutierten sich die Hälfte der Abgeordneten aus dem Punjab und 60 Prozent der Sindhi-Vertreter im Zentralrat der Muslim-Liga aus den Reihen der Großgrundbesitzer. Seit der pakistanischen Staatsgründung entstammen zudem alle Regierungschefs und die Mehrheit der Parlamentsabgeordneten den Provinzen Sindh, Punjab und der NWFP. Traditionell haben die beiden großen Volksparteien, die Muslim-Liga – heute dominiert vom Flügel Nawaz Sharifs (PML-N) – und die Pakistan Peoples Party (PPP) der Bhutto-Familie sogar ihre Kernwählerschaft in der Landbevölkerung. Dieser scheinbare Widerspruch – arme Bauern unterstützen Großgrundbesitzer –

picture-alliance/dpa

Die im Dezember 2007 bei einem Anschlag getötete ehemalige pakistanische Premierministerin (1988–1990, 1993–1996) und stellvertretende Vorsitzende der Volkspartei PPP, Benazir Bhutto, vor dem Bild ihres Vaters Zulfikar Ali Bhutto. Die Aufnahme entstand am 7. Oktober 1993 – einen Tag nach den Parlamentswahlen, aus der die PPP als stärkste Partei hervorging.

lässt sich indes leicht auflösen: Zulfikar Ali Bhuttos Wahlkampfagenda von 1970 beispielsweise enthielt Pläne für eine Bodenreform, was ihm die Sympathien breiter Schichten in der Landbevölkerung einbrachte und den nicht-landbasierten Kandidaten seiner Partei zum Wahlsieg verhalf.

In den Folgejahren besetzten allerdings nach und nach die Großgrundbesitzer die Listenplätze der PPP sowie der PML-N und dominierten fortan die Kandidatenverzeichnisse. Die Familie des heutigen Präsidenten Asif Ali Zardari, PPP-Führer und Witwer Benazir Bhuttos, gehört mit zu den größten Grundeigentümern Pakistans. Die Dominanz dieser Klientel in allen Regierungsinstitutionen bewirkte, dass sich an den ungleichen Besitzstrukturen trotz wiederholter Bestrebungen einer Bodenreform unter Ayub Khan (1959) und Zulfikar Ali Bhutto (1972) kaum etwas veränderte. Die Widerstände gegen eine derartige Reform wurden einmal mehr 1989 deutlich, als der Föderale Scharia-Gerichtshof erklärte, Bodenreformen seien nicht mit dem Islam vereinbar.

Allein infolge des Bevölkerungswachstums und der Vererbung von Landbesitz an nachfolgende Generationen ist eine Verkleinerung von Besitzflächen in den Händen einzelner Familienklans zu beobachten. Zudem verschwamm die Abgrenzung zwischen einer landbesitzenden, militärischen und bürokratischen Elite in den letzten Jahrzehnten zunehmend: Der pakistanische »Landadel« hat sich vor allem durch Heiratsallianzen mit Familien aus Militär, Industrie, Banken und Staatsdienst ein breites gesellschaftliches Fundament geschaffen. Die politische Einflussnahme der großen Landbesitzer funktioniert nunmehr direkt über die beiden Parteien und indirekt über weit reichende Beziehungsnetzwerke. Landbesitz stellt heutzutage mehr ein Symbol für Macht und Reichtum dar, bildet aber nicht mehr deren einzige Basis. So gesehen kennzeichnet es die politische Verfasstheit Pakistans, dass das Militär nicht nur die Industrie und Teile des öffentlichen Sektors dominiert, sondern auch der größte korporative Grundeigentümer ist und als einzige staatliche Institution Staatsland in Privatbesitz umwidmen kann. Die Armee kontrolliert mit einer Fläche von mehr als 4,68 Mio. ha etwa zwölf Prozent des im Staatsbesitz befindlichen Grund und Bodens – mehr als die Hälfte mittlerweile als privates Eigentum einzelner Militärangehöriger, die sich aufgrund ihres Ranges oder besonderer Leistungen verdient gemacht haben.

Während die Produktionsweise der pakistanischen Landwirtschaft in vielen Bereichen fortlaufend modernisiert wurde und deshalb kaum feudalistische Züge aufweist, kann das Auftreten der Großgrundbesitzer nach wie vor mit diesem Etikett ausgezeichnet werden. Der Machtanspruch dieser Familien beruht auf traditionell-religiösen Werten. Viele legitimieren sich durch den Familiennamen Sayyid als Nachfolger des Propheten. Daneben gibt es innerhalb dieser Elite viele *Pirs*, oftmals ursprünglich Anhänger sufischer Mystik, die als Heilige oder als deren Nachkommen von der Bevölkerung traditionell stark verehrt werden. Dies verleiht ihnen einen nahezu unangreifbaren Status.

Eine zweite Machtbasis der »Landlords« bilden Solidaritäts- und Beziehungsnetzwerke (*Biradari*), die wie Bruderschaften oder Studentenverbindungen funktionieren: Ihre Angehörige profitieren vom Weiterkommen eines anderen Mitglieds allein aufgrund der Tatsache, dass sie Teil von dessen Gefolgschaft

picture alliance/landov/Saeed Shah

Treffpunkt der pakistanischen Elite: Nur geladene Gäste hatten Zutritt zur glamourösen »Fashion Week«, die im November 2009 im Marriott-Hotel von Karatschi stattfand.

bzw. Netzwerk sind. Ethnische, religiöse oder linguistische Unterschiede treten demgegenüber zurück. Eine vorgestellte oder auch faktische gemeinsame Herkunft, vor allem jedoch Loyalität bilden den Kitt, der die ländliche Gesellschaft auch schichtenübergreifend zusammenhält. Er verbindet insbesondere Pächter und landlose Abhängige auf der einen mit dem Landbesitzer auf der anderen Seite. Kollektives Wahlverhalten – also die unhinterfragte Unterstützung des Kandidaten, der dem »Patron« oder dessen Netzwerk angehört – ist eine bekannte Ausprägung solcher Solidaritätsbeziehungen.

Kastenstrukturen im ländlichen Pakistan

Abhängigkeits- und Loyalitätsverhältnisse sind der Grund, warum für einige Teile des Sindh, wenige Gebiete in Belutschistan und punktuell auch für den Seraiki-sprachigen Teil des Punjab von feudalen Zuständen und sogar von der Existenz eines Kastensystems gesprochen werden kann. »Kasten« meint dabei nicht die Abgrenzung von »Unberührbaren«. Im pakistanischen Kontext steht der Begriff für die kaum vorhandene soziale Aufwärtsmobilität im ländlichen Raum. Kasten repräsentieren sowohl verschiedene Status- als auch Berufsgruppen, in welche die Mitglieder hineingeboren werden. So verlaufen beispielsweise wenig durchlässige Grenzen zwischen den Großgrundbesitzern, großen und mittleren Landwirten sowie Kleinstbesitzern mit marginalen Grundstücken sowie landlosen Lohnarbeitern. Aber auch andere Berufsgruppen (Diener, Fahrer, Wäscher, Köche etc.), die im erweiterten Haushalt und dem Anwesen der »Landlords« streng arbeitsteilig beschäftigt sind, werden gemeinhin als Kasten unterschieden. Das Abhängigkeitsverhältnis zwischen Arm und Reich ist demzufolge entsprechend komplex. Zu den bestimmenden Faktoren zählen sozio-ökonomische Ausbeutung und Einschränkungen in der Arbeitskräftemobilität bis hin zur Freiheitsberaubung, gleichzeitig aber auch die Schutz- und Versorgungsfunktion des Landbesitzers, der dem Sicherheitsbedürfnis und Loyalitätsempfinden seiner Untergebenen genügen muss.

Zu den spezifischen Ausprägungsformen wechselseitiger Abhängigkeiten zählen die Existenz von Privatgefängnissen, Kinderarbeit sowie unbezahlte Arbeit (*Begar*) in Form von Unterhaltgewährung statt Lohn, die eigentlich seit 1959 gesetzlich verboten ist. Menschenrechtsorganisationen sowie politische und gesellschaftliche Lobbygruppen haben immer wieder die ebenfalls gesetzlich verbotene, aber dennoch praktizierte Schuldknechtschaft und unzureichende Bildungschancen für die Landbevölkerung angeprangert. Phänomene wie eine immens hohe Verschuldung der Kleinbauern und steigende Armut sind indirekte Folgen. Etwa ein Drittel der Bevölkerung lebt unter dem Existenzminimum. Die Zahl der Menschen allein in der Landwirtschaft, die vor allem im Sindh und in der NWFP ihr Dasein in Schuldknechtschaft fristen, wurde 2009 auf 1,8 Mio. geschätzt. Gleichzeitig unterliegen die Landbesitzer keiner Steuerpflicht für landwirtschaftliche Einkommen.

Diese Doppelmoral in der öffentlichen Ordnung manifestiert sich für die Massen vor allem im ungleichen Zugang zu den Rechtsprechungsorganen und bereitet den Nährboden für eine wachsende Unzufriedenheit unter der Landbevölkerung. 1983 entlud sich provinzübergreifend die aufgestaute Unzufriedenheit der Sindhis; das Militär schlug die Proteste unter Inkaufnahme zahlreicher Opfer nieder. Heute fördern die gefühlte Rechtlosigkeit und das Ausmaß der Korruption im Justizwesen, dass Vertretungsorgane der kleinen Grundeigentümer und Landlosen

picture-alliance/dpa

Kinderarbeit in einer Textilfabrik in Multan (2003).

sowie Lobbygruppen im urbanen, zivilgesellschaftlichen Milieu entstehen. Darüber hinaus können sich vergleichsweise neue Akteursgruppen wie die so genannten Taliban als Anwälte der Benachteiligten positionieren. Die Parteinahme gegen die großen Landbesitzer, ihre Vertreibung sowie die wirksame Schlichtung von Rechtsstreitigkeiten nach Einführung einer eigenen Scharia-Gesetzgebung brachte im Frühjahr 2009 den Taliban in Swat maßgeblich Sympathien der benachteiligten Bevölkerungsgruppen ein. Unter den Vorzeichen wachsender Unzufriedenheit, ausbleibenden ökonomischen Wachstums und korrupter Institutionen scheint eine weitere Ausbreitung radikaler Gruppierungen in die von Armut und Ungleichheit bevölkerungsmäßig besonders betroffenen Landesteile deshalb nicht abwegig.

Katja Mielke

picture-alliance/dpa/Fayyaz Ahmad

Pakistan wurde als Heimstatt für die Muslime des indischen Subkontinents gegründet. Ein säkulares Pakistan, in dem die Religion reine Privatsache wäre, ist deshalb kaum vorstellbar. Dennoch ist Pakistan kein fundamentalistischer Staat, in dem die Kleriker das letzte Wort haben. Der Einfluss islamischer Grundsätze und religiöser Kräfte unterliegt vielmehr starken Schwankungen. Vor diesem Hintergrund ist es wichtig, zwischen dem Verhältnis von Politik und Islam im Grundsatz, dem politischen Islam (Islamismus) sowie dem Versuch, die Rolle des Islams in Politik und Gesellschaft gewaltsam auszuweiten (militanter Islamismus), zu unterscheiden.

Das Foto zeigt Anhänger der Jamiyat Ulema-e Islam (Vereinigung der Rechtsgelehrten des Islams, JUI), die am 6. Juni 2004 in Kalat den Worten von Maulana Fazal ur-Rahman lauschen, dem Führer der Mutahida Majlis-e Amal (Vereinigte Aktionsfront, MMA). Die MMA bildet seit 2002 eine Allianz der fünf bedeutendsten islamistischen Parteien Pakistans. Im Hintergrund zu erkennen ist ein Transparent, das vor dem Zugriff der Vereinigten Staaten auf Pakistan warnt.

Politik und Islam

Das enge Verhältnis von Staat und Islam ist schon in der britischen Kolonialherrschaft angelegt, während derer Religionsgemeinschaften in einem rechtlichen Sinne definiert wurden. In jener Zeit ist auch der Grundstein für ein Bildungssystem gelegt worden, das in staatlich-säkulare und privat-religiöse Einrichtungen (Religions- und Koranschulen, *Medresen*) gegliedert ist. Auch konstituierten sich hier schon die *Ulema*, die islamischen Religionsgelehrten, als eine Interessengruppe. Vor allem aber wurde mit der Volkszählung, die auch die Religionszugehörigkeit erfasste, das Bewusstsein für die regionale Verteilung und Verwurzelung der Glaubensgemeinschaften erzeugt, aus der sich religiös begründete Herrschaftsansprüche entwickelten. Auf dieser Grundlage forderte der Dichter Mohammed Iqbal 1930 die Errichtung eines nordwestindischen muslimischen Staates, dessen Grenzen ungefähr mit jenen des heutigen Pakistans übereinstimmen (vgl. den Beitrag von Bernd Lemke und Martin Rink).

Pakistan wurde im Namen des Islams gegründet und bezeichnet sich als Islamische Republik. Dennoch ist die *Scharia*, das islamische Recht, nicht unmittelbar Gesetz, sondern dient bei der Auslegung der Verfassung lediglich als leitender Grundsatz. Die Scharia ist besser als Bestandteil einer zugrunde liegenden Werteordnung zu verstehen, in der die Ziele des politischen Gemeinwesens festgelegt sind. Nur im Familienrecht (Muslim Personal Law 1961) sowie in Teilen des Strafrechts hat die Scharia in stark modifizierter Form Geltung erlangt. Der Großteil der geltenden Gesetze dagegen stammt aus der Zeit der britischen Kolonialherrschaft, und die Verfassung garantiert die meisten der üblichen Grund- und Freiheitsrechte. So postuliert die Objectives Resolution, die ursprünglich die Präambel der Verfassung bildete und erst 1985 zu ihrem Bestandteil wurde, zwar die göttliche Souveränität, die lediglich an das Volk und den Staat Pakistan delegiert sei. Mit dieser Vorstellung etabliert sie gleichwohl keine Theokratie. Die Gesetze werden von den Menschen gemacht, konkret von den Abgeordneten des Parlaments, die in allgemeiner und freier Wahl bestimmt werden – oder per

Rechtsverordnung durch den Präsidenten. Diese Gesetze dürfen der Scharia zwar nicht widersprechen – doch die Entscheidung hierüber liegt nicht bei den Ulema, sondern bei den weltlichen Richtern, die im 1985 eingerichteten Federal Shariat Court die Mehrheit bilden.

Parteien und Interessengruppen, die diesen Status quo ändern und das Land in ein religiöses Gemeinwesen verwandeln wollen, werden in Pakistan als »religiös« bezeichnet, was gleichbedeutend mit »islamistisch« ist. Dabei lassen sich im Grundsatz zwei Richtungen unterscheiden: erstens die Parteien der Religiösen und zweitens die religiöse(n) Partei(en).

Die Parteien der Religiösen

Die Parteien der Religiösen sind als Interessenorganisationen der Ulema vorwiegend darauf bedacht, die Autonomie des religiösen Sektors zu bewahren. Zwischen den Parteien bestehen erhebliche programmatische Differenzen, die sich auf die unterschiedlichen islamischen Rechtsschulen zurückführen lassen.

Die inzwischen in verschiedene Fraktionen zerfallene Jamiyat Ulema-e Islam (Vereinigung der Religionsgelehrten des Islams, JUI) gehört der sunnitischen Deoband-Schule an. Diese religiöse Erneuerungsbewegung, die 1867 im nordindischen Deoband ihre erste Medrese errichtete, gilt inzwischen als orthodox, ja puristisch. In den fünfziger Jahren zählten die Deobandis zu den treibenden Kräften einer Kampagne, welche die Sekte der Ahmadiya aus der Gemeinschaft des Islams herausdrängen wollte. Ihre politische Gesamtausrichtung kann als konservativer, religiöser Nationalismus bezeichnet werden. Die JUI ist ein eher urbanes Phänomen, und ihre Anhängerschaft rekrutiert sich aus der städtischen Bildungsschicht und den Basaren der Nordwestgrenzprovinz, Belutschistans und Punjabs.

Die Jamiyat Ulema-e Pakistan (Vereinigung der Religionsgelehrten Pakistans, JUP), welche die Ulema der sunnitischen Barelvi-Schule vertritt, ist dagegen stärker im bäuerlichen Volksislam verankert. Ihre weniger rigide Form der Religiosität, mit Schreinkult und Heiligenverehrung, ist allerdings nicht so sehr Ausdruck von aufgeklärter Toleranz als von rückständigen Ver-

picture-alliance/dpa

Muslime in der islamischen Hochschule Dar ul-Ulum Deoband, Aufnahme vom 25. Februar 2008. Die in Nordindien beheimatete, einflussreichste theologische Hochschule Asiens erließ eine *Fatwa* gegen den Terrorismus. Dieses islamische Rechtsgutachten wurde am 31. Mai in Neu-Delhi im Rahmen einer Konferenz vor mehr als 15 000 Teilnehmern verlesen.

hältnissen, wie sie vor allem in den ländlichen Regionen des südlichen Punjab und des inneren Sindhs vorherrschen. Dort fallen politisches und religiöses Charisma in der Person der *Pirs* (»Schreinheiligen«) zusammen.

Ein eher urbanes Phänomen stellt die Jamiyat Ahl-e Hadith (Vereinigung der Leute des Hadith, JAH) dar, die den fundamentalistischen Islam einer puritanischen Sekte (*Wahabiten*) repräsentiert. Sie orientiert sich an den Überlieferungen des Propheten (*Hadithen*) und strebt die Wiederherstellung der Zustände zuzeiten Mohammeds an. Entsprechend ihrer orthodoxen Ausrichtung, die jede Vermittlung zwischen Gott und Mensch ablehnt, richtet sich ihre Agitation nicht nur gegen den Schreinkult der Barelvis, sondern auch gegen die Autorität der Ulema sowie gegen das Schiitentum.

Auch die Tehrik-e Islami Pakistan (Bewegung für den Islam in Pakistan, TIP), welche die Interessen der schiitischen Rechtsgelehrten vertritt, hat ihre Hochburgen in den Städten – dort, wo die meisten Schiiten leben, die etwa 20 Prozent der pakistanischen Bevölkerung ausmachen. Insbesondere nach der Iranischen Revolution 1979 haben die schiitischen Parteien eine offensive, teilweise militante Agenda verfolgt, die auf die stärkere Berücksichtigung ihrer Rechtsnormen abzielte.

Jamaat-i Islami

Die Jamaat-e Islami (Islamische Partei, JI) hingegen ist als religiöse Partei keine politische Dachorganisation von Ulema und *Mullahs* (Geistliche), sondern eine Kaderorganisation von Laien und selbsternannten Propheten, die Religion zugleich als Mittel und Zweck der politischen Revolution interpretieren. Maulana Maududi, der die Partei im Jahre 1941 in Lahore gründete, war kein Religionsgelehrter, sondern Journalist und Intellektueller. Seine Gefolgschaft sammelte er nicht in Moscheen oder Religionsschulen, sondern am Islamiyah College Lahore. Maududi formte die JI zu einer modernen Partei, die gerade den nicht-religiösen Wettbewerberinnen an Professionalität weit voraus ist: Ihre Aktivisten, zu einem großen Teil Angehörige der technischen Berufe, müssen sich bis zur Vollmitgliedschaft einem mehrstufigen Eignungstest unterziehen. Im Gegenzug werden Maududis Nachfolger, die den Titel *Emir* (arab. Führer, Kommandeur bis zum Führer der Gläubigen im Kalifat) tragen, demokratisch gewählt – ein Unikum in Pakistan.

Der politische Islam, wie er von der JI oder auch von den ägyptischen Muslimbrüdern vertreten wird, zielt auf die Umwälzung der gesellschaftlichen Verhältnisse durch den Staat, und zwar im Namen und im Sinne des Islams. Dabei fungiert der Islam weniger als religiöse Rechtsquelle denn als politische Ideologie, die auch zu sozial- und wirtschaftspolitischen Fragen Auskunft gibt. Sein politisches Projekt einer islamischen Revolution verfolgt der Islamismus notfalls auch gegen die Autorität der Ulema und die Praktiken des Volksislams. Die »richtige« Islamauslegung wird in die Hände der zugleich auserwählten und demokratisch gewählten politischen Parteiführer gelegt. Dieser Islamismus spricht den Menschen einerseits die (Volks-)Souveränität ab, die allein bei Allah liege, andererseits öffnet er aber der politischen Willkür seiner Führer Tür und Tor.

Jorge Scholz

Die Badshahi-Moschee (»Kaiserliche Moschee«) in Lahore.

Durch Vorfeldorganisationen wie das renommierte Institute for Policy Studies oder die rabiate Studentenorganisation Islami Jamaat-e Tulaba hat die JI ihre gesellschaftlichen Einflusskanäle erweitern können. Die indisch-pakistanischen Kriege gaben ihr zudem eine Gelegenheit, sich durch die Bereitstellung von Freiwilligen als patriotische Kraft zu profilieren und eine enge Beziehung zum militärischen Establishment zu entwickeln.

Militanter Islamismus

Der militante Islamismus ist das Erbe der Islamisierung von Oben, die in Pakistan während der 1970er-Jahre im Zeichen des von Saudi-Arabien und den Westmächten geförderten anti-sowjetischen *Dschihad* (»Heiliger Krieg«) in Afghanistan vollzogen wurde. Die von Militärdiktator General Mohammed Zia ul-Haq (1977–1988) erlassenen Hudood Ordinances sehen für bestimmte Vergehen wie Diebstahl, Ehebruch oder Blasphemie äußerst rigide Strafen vor. In diesen Fällen soll auch das religiöse »Prozessrecht« gelten, das auf einer Ungleichbehandlung von männlichen und weiblichen Zeugen basiert. Auch wenn viele Hudood-Vorschriften praktisch nicht oder nur selten angewendet werden, stellt deren Eingliederung in das staatliche Recht wichtige Eckpfeiler der politischen Verfassung Pakistans infrage.

Zia ul-Haqs Politik sorgte dafür, dass der Islam in der Öffentlichkeit heute ungleich stärker präsent ist als vor seiner Herrschaft. So wurde der Bildungssektor unter islamischen Vorzeichen privatisiert und an nicht-staatliche Akteure delegiert. Die Folge war eine explosionsartige Ausbreitung der Medresen in den achtziger Jahren. Seitdem drängen jedes Jahr Tausende junger Theologen auf den Arbeitsmarkt, die nur geringe Aussicht auf Beschäftigung im religiösen Bereich haben und andernorts praktisch ohne Chance sind.

Diese Politik hat jene religiösen Kräfte hervorgebracht, die den Umgang mit Pakistan heute so schwierig gestalten: konfessionell-sektiererische Gruppen mit einem Hang zur Militanz, religiöse »Söldner« (*Dschihadis*) mit Verbindungen zum internationalen Terrorismus sowie radikalisierte Islamisten, die fest in einer theologischen »Parallelgesellschaft« verwurzelt sind und den konsequenten Umbau von Politik und Gesellschaft anstreben. Im Ergebnis stieg Pakistan zum zentralen Schulungs- und Ausbildungsort islamistischer Gewaltspezialisten auf. Diese neu entstandene kollektive Identität wurde in einem angelagerten Netzwerk von Medresen, Moscheen und Wohlfahrtseinrichtungen gefestigt.

In organisatorischer Hinsicht manifestiert sich diese Kriegsmobilisierung der pakistanischen Gesellschaft in drei Akteursgruppen: erstens den Dschihadis, die im Kaschmirkrieg (seit 1990) und teilweise auch im Afghanistankrieg (seit Ende 1978) aktiv sind, zweitens den konfessionell-sektiererischen Extremisten *(»Sectarians«)*, deren Gewaltakte sich auch gegen die eigene Bevölkerung und die Regierung richten, sowie drittens radikalisierte Islamisten, die treu in den Diensten des Establishments stehen.

Dschihadismus

Der Dschihadismus überführt das religiöse Konzept des Dschihads aus dem Bedeutungsfeld des inneren und äußeren Glau-

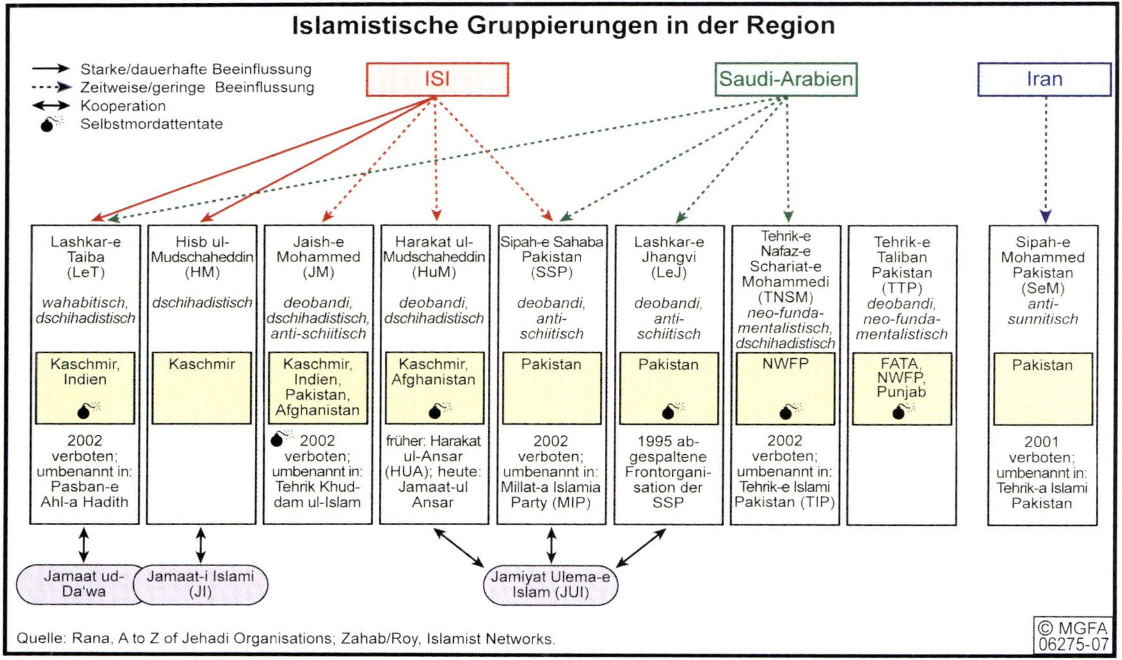
Islamistische Gruppierungen in der Region
Starke/dauerhafte Beeinflussung
Zeitweise/geringe Beeinflussung
Kooperation
Selbstmordattentate
ISI
Saudi-Arabien
Iran
Lashkar-e Taiba (LeT)
wahabitisch, dschihadistisch
Kaschmir, Indien
2002 verboten; umbenannt in: Pasban-e Ahl-a Hadith
Hisb ul-Mudschaheddin (HM)
dschihadistisch
Kaschmir
Jaish-e Mohammed (JM)
deobandi, dschihadistisch, anti-schiitisch
Kaschmir, Indien, Pakistan, Afghanistan
2002 verboten; umbenannt in: Tehrik Khud-dam ul-Islam
Harakat ul-Mudschaheddin (HuM)
deobandi, dschihadistisch
Kaschmir, Afghanistan
früher: Harakat ul-Ansar (HUA); heute: Jamaat-ul Ansar
Sipah-e Sahaba Pakistan (SSP)
deobandi, anti-schiitisch
Pakistan
2002 verboten; umbenannt in: Millat-a Islamia Party (MIP)
Lashkar-e Jhangvi (LeJ)
deobandi, anti-schiitisch
Pakistan
1995 ab-gespaltene Frontorgani-sation der SSP
Tehrik-e Nafaz-e Schariat-e Mohammedi (TNSM)
neo-funda-mentalistisch, dschihadistisch
NWFP
2002 verboten; umbenannt in: Tehrik-e Islami Pakistan (TIP)
Tehrik-e Taliban Pakistan (TTP)
deobandi, neo-funda-mentalistisch
FATA, NWFP, Punjab
Sipah-e Mohammed Pakistan (SeM)
anti-sunnitisch
Pakistan
2001 verboten; umbenannt in: Tehrik-a Islami Pakistan
Jamaat ud-Da'wa
Jamaat-i Islami (JI)
Jamiyat Ulema-e Islam (JUI)
Quelle: Rana, A to Z of Jehadi Organisations; Zahab/Roy, Islamist Networks.
© MGFA 06275-07

benskampfes in das des Totalen Krieges, der auch Zivilisten und Glaubensbrüder nicht verschont. Auf diese Weise wird der Dschihad aus seiner ursprünglichen Doppelbedeutung der individuellen moralischen Vervollkommnung und des kämpferischen Strebens nach gesellschaftlicher Vervollkommnung herausgelöst und zur reinen Kriegerideologie verfremdet. Die Dschihad-Gruppen bestanden ursprünglich aus Freiwilligen des Afghanistan- und Kaschmirkrieges, die von der pakistanischen Armee und dem Nachrichtendienst Inter-Services Intelligence (ISI) finanziert, ausgebildet und eingesetzt wurden.

Zunächst wurden kaschmirische Gruppen unterstützt, wie die säkulare Jammu and Kashmir Liberation Front (JKLF) und die fundamentalistische Hisb ul-Mudschaheddin (Partei der Heiligen Krieger, HM). Im Verlauf der neunziger Jahre gewannen dann die Gruppen »arbeitsloser« Afghanistanfreiwilliger an Bedeutung, deren Ausbildungslager, Transportlogistik und Finanzdienstleistungsindustrie totes Kapital zu werden drohten. Gemeinsam ist der Harakat ul-Mudschaheddin (Bewegung der Heiligen Krieger, HuM) und der Lashkar-e Taiba (Armee der Reinen, LeT) eine neo-fundamentalistische Lesart des Islams, wie sie sich in Aufstandsorganisationen und islamistischen Wohlfahrtseinrichtungen in den achtziger Jahren entwickelt hat. Später sind auch einzelne »Gewaltunternehmer« auf den Plan getreten, wie das ehemalige HuM-Mitglied Maulana Massud Azhar mit seiner Privatarmee Jaish-e Mohammed (Armee Mohammeds, JM), die neben der LeT zur schlagkräftigsten Dschihad-Gruppe wurde.

Sectarians

Der konfessionell-sektiererische Extremismus bildete sich bereits seit den 1980er-Jahren im Konfessionskonflikt zwischen militanten sunnitischen und schiitischen Organisationen. Die politische Sprengkraft dieses »Bruderkrieges« ist ein offenes Geheimnis. Aus diesem Grunde werden Daten über den Anteil der Glaubenszugehörigkeit der Bevölkerung oder der Armeeangehörigen unter Verschluss gehalten und das Thema insgesamt tabuisiert.

Seine Initialzündung verdankt der Konflikt der Iranischen Revolution und dem nachfolgenden Ersten Golfkrieg. Wie in anderen Ländern formierte sich damals in Pakistan eine von der schiitischen Minderheit getragene Solidaritätsbewegung, die zahlreiche persönliche und institutionelle Kontakte in den Iran knüpfte. Es wäre jedoch eine Verkürzung, den schiitischen Aktivismus ausschließlich auf die Iranische Revolution zurückzuführen. Organisationen wie die TIP agierten in einem politischen, sozialen und religiösen Umfeld, das sich unter Zia ul-Haq gleichfalls islamisierte – nur unter sunnitischen Vorzeichen. Zu einem zentralen Agitationspunkt wurde deshalb der Widerstand gegen die Politik des Präsidenten, der die Schiiten diskriminierte und diese Konfession entgegen ihrer religiösen Überlieferung (*zakat*-) steuerpflichtig machen wollte. Auch wenn die schiitische Seite mit der Sepah-e Mohammed (Soldaten Mohammeds, SeM) schon früh über eine bewaffnete Frontorganisation verfügte, die sich ebenso wie ihre sunnitischen Widerparts aus aktiven und ehemaligen Afghanistankämpfern rekrutierte, ging die Militanz doch stärker vom sektiererischen Sunnismus aus.

Dabei war der militante Sunnismus, wie ihn etwa die Sepah-e Sahaba Pakistan (Soldaten der Gefährten des Propheten in Pakistan, SSP) vertritt, zunächst ein lokales Phänomen des südlichen Punjabs. Verbindungen zu den afghanischen Taliban, dokumentiert durch ihre Beteiligung an der Ermordung von elf iranischen Diplomaten bei der Erstürmung Masar-e Scharifs, machten die SSP dann zu einer transnationalen Gruppierung. Deren Frontorganisation Lashkar-e Jhangvi (Armee Jhangvis, LeJ) wurde sogar zum Prototyp einer sunnitischen terroristischen Struktur, wie er heute durch eine Vielzahl von Anschlägen bekannt geworden ist: Die LeJ operiert in kleinen Zellen, unterhält enge Verbindungen zu Dschihadis und verübt Attentate nicht nur auf Schiiten und im engeren Sinne Andersgläubige, sondern auch auf abweichlerische Sunniten und politische Führer.

Schon aufgrund ihrer feindlichen Haltung gegenüber der schiitischen Minderheit stellen SSP und LeJ eine Gefahr für das pakistanische Establishment dar. Mit dem Angriff auf französische Techniker in Karatschi, die für die pakistanische Marine tätig waren, hat der militante Sunnismus im Mai 2002 den ersten Bruch mit seinen ehemaligen Förderern aus dem Staatsapparat vollzogen. Die Tehrik-e Taliban Pakistan (TTP) und andere, heute als pakistanische Taliban bezeichnete militante deobandische

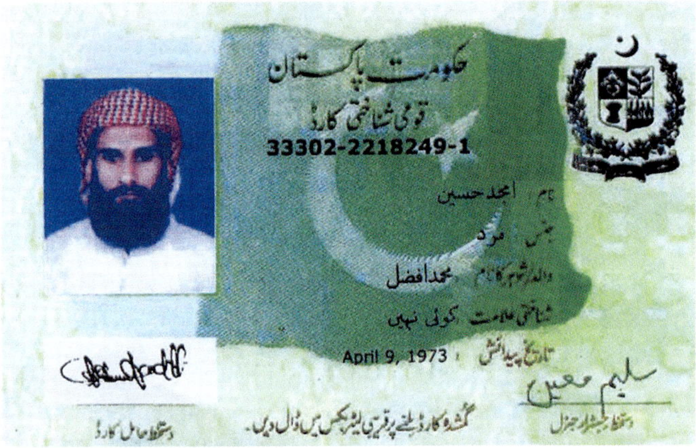

picture-alliance/dpa/Press Information Department

Am 26. September 2004 veröffentlichten die pakistanischen Medien das Foto eines Personalausweises, der dem Al-Qaida-Terroristen Amjad Farooqi gehört. Dieser wurde beschuldigt, ein Attentat auf den damaligen Präsidenten Pervez Musharraf geplant zu haben. Farooqi war aktiver Kämpfer der LeJ und wurde von den Behörden auch im Zusammenhang mit der Ermordung des amerikanischen Journalisten Daniel Pearl im Jahr 2002 gesucht.

Organisationen, sind ihnen inzwischen gefolgt und bekämpfen offen und relativ erfolgreich den pakistanischen Staat – bis hin zur Erringung territorialer Gebietsherrschaft in den FATA (Wasiristan) und Teilen der NWFP (Swat) in den letzten Jahren. Diese Regionen waren schon Mitte der 1990er-Jahre zu Hochburgen des militanten Islamismus vom Schlage der Tehrik-e Nafaz-e Schariat-e Mohammedi (Bewegung zur Einführung der mohammedanischen Scharia, TNSM) geworden, in denen die Errichtung eines »Gottesstaates« keine ferne Utopie mehr ist (vgl. die Beiträge von Bernhard Chiari und Thomas Ruttig).

Radikalisierte Islamisten

Jenseits des Konfessionalismus haben sich zwei islamistische Großorganisationen zugleich radikalisiert und konsolidiert: die Jamaat-e Islami (JI), die sich am klassischen politischen Islam der ägyptischen Muslimbrüder ausrichtet, und die Jamaat ud-Da'wa (Partei des Predigens, JD), die wie die Jamiyat Ahl-e Hadith (JAH) der puristischen wahabitischen Strömung zuzuordnen ist, sich aber inzwischen an einem Neo-Fundamentalismus orientiert. Während sich die Agitation und die Gewalt der deobandischen Konfessionalisten auch gegen andere Muslime und den Staat richten, agiert der Islamismus der JI und JD gegenüber der eigenen Religionsgemeinschaft inklusiv und gegenüber den Staatsorganen relativ zurückhaltend. Zu den Gründern der Jamaat ud-Da'wa gehörte neben Professoren wie den jetzigen Leitern Hafiz Saeed und Zafar Iqbal auch Abdullah Azzam, der als einer der Urväter von Al Qaida gilt. Im Unterschied zu den Deobandis, die ausschließlich religiös geblieben sind, funktioniert die JD wie eine soziale Bewegung. Religiöse Unterweisung bildet nur einen Mosaikstein in der umfassenden Ausbildung eines eigenen Typs von »mündigem Staatsbürger«. Die Modellstadt der JD in Muridke umfasst nicht nur Schulen und Moscheen, sondern auch andere soziale und politische Einrichtungen, sogar Gewerbebetriebe. Daneben unterhält die JD weiterhin ihre bewaffnete Frontorganisation LeT, die u.a. für die Terroranschläge in Mumbai (Bombay) im November 2008 verantwortlich gemacht wird. Auch die JI ist mittlerweile zu einer Massenorganisation geworden, deren Mitglieder ganz offenbar Verbindungen zum internationalen Terrorismus unterhalten.

Inwieweit es das politisch-militärische Establishment in Pakistan Ernst mit dem Vorgehen gegen militante Islamisten und transnationale Terroristen meint, kann nur am Verhalten gegenüber diesen Organisationen beurteilt werden. Bisher ist hier auch nach dem Machtwechsel keine Neuerung zu erkennen.

Boris Wilke

picture-alliance/dpa/Rashid Iqbal

Als im Mai 1994 ein gewisser Sufi Mohammed, Führer einer Gruppierung namens Bewegung zur Einführung der mohammedanischen Scharia (Tehrik-e Nafaz-e Schariat-e Mohammedi, TNSM), auf einer Stammesversammlung in Temergara die Einführung einer islamischen Rechtsordnung verlangte, rief das zunächst bestenfalls lokales Interesse hervor. Nur ein paar Monate später jedoch schlug das Ereignis in Pakistan hohe Wellen: Denn Sufi Mohammeds islamische Milizen forderten erstmals die pakistanische Armee – die mit Abstand stärkste Institution des Landes – heraus.

15 Jahre später sah sich die TNSM zumindest örtlich begrenzt am Ziel. Das Foto vom 18. April 2009 zeigt ihre Flaggen im Distrikt Swat. Einen Tag später fand hier eine große Feier zur Einführung der Scharia statt: Mit einem entsprechenden Gesetz (Sharia Nizam-e Adl Regulation, SNAR) hatte die pakistanische Regierung in Teilen der früheren Malakand Division die Macht faktisch an islamische Hardliner abgetreten.

Die so genannte Malakand Division zählte zu den Provincially Administrated Tribal Agencies (PATA) und war Teil der pakistanischen Nordwestgrenzprovinz. 2002 wurde sie aufgelöst und u.a. in die Distrikte Malakand, Swat, Upper Dir, Lower Dir und Chitral aufgeteilt.

Militanter Islamismus – Strukturen und Ziele der Taliban

Bereits im November 1994 kontrollierte die TNSM zehn Tage lang einen Teil pakistanischen Staatsgebiets, besetzte öffentliche Einrichtungen sowie den örtlichen Flughafen und blockierte den Karakorum-Highway. Die Regierung zeigte sich gesprächsbereit und kündigte an, die *Scharia* (islam. Rechtsordnung) für Malakand einzuführen. Die Umsetzung der Vereinbarung verzögerte sie in der Hoffnung, die Bewegung werde in sich zusammenbrechen. Das Gegenteil war jedoch der Fall: Galt Malakand bereits vorher als konservatives Gebiet, schlug der Extremismus dort nun tiefe Wurzeln.

Ein aufmerksamer Blick über die Westgrenze hätte zeigen können, dass es sich bei den radikalen Islamisten um ein transnationales Phänomen handelte: Im selben Jahr machte in Afghanistan erstmals eine neue Bewegung von sich reden, die sich Taliban nannte. Unter Führung eines Dorfmullahs aus der Umgebung, Mohammed Omar, nahm sie im August 1994 Kandahar ein und begann von dort aus eine Offensive gegen die demoralisierten und untereinander zerstrittenen Mudschaheddin. Der Siegeszug endete im September 1996 mit der Eroberung Kabuls. Die Taliban riefen ein Islamisches Emirat mit Mullah Omar als dem »Führer aller Gläubigen« (*Emir ul-Momenin*) aus, das sich ausschließlich auf die Scharia stützte. Die Mudschaheddin wurden bezichtigt, den Islam verraten zu haben, weil sie nach dem Abzug der Sowjets 1989 und dem Fall des kommunistischen Nadschibullah-Regimes 2002 den Bürgerkrieg untereinander fortgeführt hatten.

Bereits während des ersten Auftretens der TNSM sollen erfahrene afghanische Kämpfer deren bewaffnete Formationen verstärkt haben. Die pakistanischen Krieger entstammten dem selben soziokulturellen Milieu wie Mullah Omars afghanische Taliban: den konservativen Koranschulen der Deobandi-Bewegung, in denen schon viele Mudschaheddin für den »Heiligen Krieg« (*Dschihad*) gegen die sowjetische Besatzung Afghanistans rekrutiert worden waren.

Die TNSM machte nach den Anschlägen vom 11. September 2001 wieder von sich reden, als die von den USA geführte Intervention im benachbarten Afghanistan begann. Sufi Mohammed schickte zwischen 7000 und 8000 Anhänger zur Verteidigung des Taliban-Regimes über die Grenze. Sie waren allerdings so schlecht ausgebildet, dass viele von ihnen getötet oder gefangengenommen wurden. Eine große Zahl starb Ende 2001 beim Aufstand in der Festung Qala-ye Jangi bei Masar-e Scharif und einem anschließenden Massaker in der Wüste Dasht-e Laili – begangen von Einheiten des nordafghanischen Warlords General Raschid Dostum, die von der CIA unterstützt worden waren.

Die TNSM war geschwächt, aber nicht zerschlagen. Nach dem großen Erdbeben im Oktober 2005 (vgl. den Info-Kasten auf S. 209) und besonders ab 2007 weitete sie ihren Einfluss erneut aus, vor allem im Distrikt Swat. Im Januar 2009 versuchte die neue pakistanische Zivilregierung unter Präsident Asif Zardari, die Situation erneut durch ein Abkommen zu entschärfen, das im Gegenzug zu einem Waffenstillstand die Umsetzung der 1994 und nochmals fünf Jahre später versprochenen Einführung der Scharia vorsah (vgl. den Beitrag von Bernhard Chiari). Als die Taliban dann weiter in den benachbarten Distrikt Buner vorrückten, schrillten alle Alarmglocken: Die Hauptstadt Islamabad und viele pakistanische Nukleareinrichtungen lagen kaum 100 Kilometer vom Ort des Geschehens entfernt. US-Außenministerin Hillary Clinton sprach von einer »existenziellen Bedrohung« Pakistans. Das Weiße Haus verlangte von Islamabad ultimativ, militärisch einzugreifen. Die TNSM wurde zurückgedrängt. Ihre neue, radikalere Führung unter Sufi Mohammeds Schwiegersohn Maulana Fazlullah ging nun zum Guerillakampf über. Sufi Mohammed selbst war zu diesem Zeitpunkt in Haft und hatte von dort aus das Kompromiss-Abkommen mit den pakistanischen Behörden ausgehandelt. Am 17. November 2009 erklärte Fazlullah, er sei seinen Verfolgern entkommen und halte sich nun in Afghanistan auf.

Neben der TNSM traten in weiteren Gebieten Pakistans frühzeitig Gruppen auf, die sich an den afghanischen Taliban orientierten. So veranstaltete bereits im April 2000 eine Bewegung zur Förderung der Tugend und zur Verhinderung des Lasters unter Maulawi Abduljabbar in einem von afghanischen Paschtunen bewohnten, armen Stadtteil Karatschis öffentliche Verbrennungen »satanischer« Fernsehgeräte und Videorecorder. Gleichzeitig

Pakistanische Taliban mit gefangenen Angehörigen des Grenzschutzes (Frontier Constabulary) im Distrikt Buner, 30. April 2009.

entwickelte sich aus der Infrastruktur zur Unterstützung der Mudschaheddin, die Pakistans Regierungen während der sowjetischen Besatzung Afghanistans mit westlicher Hilfe aufgebaut hatten, ein logistisches Netzwerk, das nun den afghanischen Taliban diente. Schon in den 1980er-Jahren hatte sich die Zahl der *Medresen* (Koranschulen) in Pakistan auf fast 4000 verdoppelt. Unter den nachfolgenden Zivilregierungen sowie während der Regentschaft Pervez Musharrafs kamen noch jeweils über 3000 dieser Einrichtungen hinzu.

Ende 2001 brach das Taliban-Regime zusammen. Stammesangehörige der Wasir und Massud (auch Mehsut oder Mehsud geschrieben) in Wasiristan halfen unter anderem den Taliban-Kämpfern Jalaluddin Haqqanis sowie Mitgliedern von Al Qaida, aus ihren ausgebombten afghanischen Verstecken nach Pakistan zu entkommen. Haqqani gehört zum Stamm der Jadran, der auf beiden Seiten der Grenze siedelt. Er zählt zu den (afghanischen) Islamisten der ersten Stunde und integrierte als Mudschaheddin-Kommandeur frühzeitig arabische Freiwillige in seine Kampfverbände. Analysten beschrieben ihn damals als einen der »CIA-Favoriten« im Zentrum der miteinander verwobenen Netzwerke aus pakistanischen Geheimdienstoffizieren, arabischen Freiwilligen und wahabitischen Koranschulen.

Mitte der 1990er-Jahre trat Haqqani zu den Taliban über, wurde Minister und blieb auch nach dem Ende ihres Regimes 2001 auf ihrer Seite. Seine bis in die 1980er-Jahre zurückreichenden Kontakte zu Geldgebern auf der Arabischen Halbinsel und zu Al Qaida sichern ihm eine autonome Position in der gegenwärtigen von den Taliban angeführten Aufstandsbewegung in

picture-alliance/dpa/Rashid Iqbal

Am 9. Juni 2009 verübten die Taliban einen Sprengstoffanschlag auf das Pearl Continental Hotel in Peschawar, der Hauptstadt der NWFP. Mindestens 15 Menschen starben in den Trümmern, Dutzende weitere wurden verletzt. Die pakistanischen Behörden vermuteten hinter dem Attentat einen Racheakt für eine Militäroperation in Malakand.

Afghanistan. Gleichzeitig bildet die Verbindung zwischen dem Haqqani-Netzwerk und den pakistanischen Taliban in Wasiristan die stärkste grenzüberschreitende Brücke zwischen beiden nationalen Talibanbewegungen.

Kampf in Pakistan

Die Operation »Enduring Freedom« erzeugte Ende 2001 vor allem unter den Stämmen im pakistanischen Wasiristan Unmut. Nach der erzwungenen Kehrtwende Musharrafs hin zu einer Zusammenarbeit mit den USA im »Krieg gegen den Terror« führte die Regierung in Islamabad seit 2002 Militäraktionen in den Federally Administrated Tribal Areas (FATA) sowie seit dem Frühjahr 2004 massive Truppenstationierungen in Wasiristan durch. Lokale Formationen, die sich zunehmend »talibanisierten«, gingen zum bewaffneten Kampf gegen die eigene Regierung über. Bald griff diese Bewegung auf Kurram und Bajaur und schließlich auf alle anderen Stammesgebiete über. Die pakistanischen Taliban orientierten sich ideologisch zunächst an ihren afghanischen Glaubensbrüdern und erkannten Mullah Omar als ihren geistlichen Führer an.

Im September 2006 wurde der Druck dieser Gruppen so groß, dass Präsident Musharraf mit den Taliban Nordwasiristans ein Friedensabkommen schließen musste – sehr zum Entsetzen Washingtons. Ähnliche Vereinbarungen in Bajaur und Südwasiristan konnten die USA nur mittels Drohnenangriffen auf *Medresen* (Koranschulen) verhindern, die Dutzende Zivilisten das Leben kosteten und die Taliban alle Verhandlungen aufkündigen ließen.

Eine weitere Zäsur bildete die Besetzung der Lal Masjid (»Rote Moschee«) in Islamabad. Diese liegt nicht einmal einen Kilometer von der Constitution Avenue entfernt, an der sich die Büros des Präsidenten und des Premierministers, das Parlament, das Oberste Gericht sowie das hermetisch abgeschottete Diplomatenviertel befinden. Die Aktion radikalisierter Koran-Studenten im Juli 2007 eskalierte durch das brutale Eingreifen des pakistanischen Militärs. Die Besetzer wiederum erhielten Verstärkung aus den autonomen paschtunischen Stammesgebieten an der Grenze zu Afghanistan (vgl. den Beitrag von Conrad Schetter).

Diese Vorgänge bedingten, dass die unterschiedlichen lokalen Fraktionen der Taliban näher zusammenrückten. Am 14. September 2007 traten die meisten Taliban-Gruppen unter Führung Baitullah Massuds der Dachorganisation Bewegung der Taliban Pakistans (Tehrik-e Taliban Pakistan, TTP) bei. Darin sind die Taliban-Gruppierungen aller sieben Stammesgebiete (FATA) sowie der Nordwestgrenzprovinz (NWFP) vertreten: Die TNSM bildet seither den lokalen TTP-Zweig im Süden der ehemaligen Malakand Division. Am 22. Februar 2009 fusionierte die TTP mit zwei weiteren Gruppen, die zuvor noch – zum Teil unter Einfluss des Geheimdienstes – andere pakistanische Taliban bekämpft hatten. Es handelte sich erstens um das Netzwerk des Taliban-Emirs von Nordwasiristan, Hafiz Gul Bahadur. Die zweite Gruppe war die Dschihadisten-Schura von Wana, dem Verwaltungszentrum Südwasiristans, unter dem aus Afghanistan stammenden Maulawi Nazir, der in Konkurrenz zum Haqqani-Netzwerk agiert. Zusammen bilden die genannten Organisationen den Einheitsrat der Heiligen Krieger (Schura Ittihad ul-Mudschaheddin, SIM).

Dieser Rat ist allerdings bislang nicht in der Lage, die pakistanischen Taliban unter einheitlicher Führung zusammenzufassen. Eine Ursache dafür dürfte in den nach wie vor starken Stammesgegensätzen liegen. Innerhalb der Wasiristan-Taliban operieren die Massud- und die Wasir/Dawar-Gruppen deutlich voneinander getrennt und zuweilen gegeneinander. Die einzelnen Gruppen blieben praktisch autonom; TTP und SIM stellen in der Praxis eher lockere Föderationen dar; anders als bei den afghanischen Taliban gibt es weit aus weniger Ansätze für eine zentrale Koordination. Eine integrierte Kommandostruktur fehlt bislang.

Zumindest erkennen die unterschiedlichen Gruppen ein Oberhaupt (*Emir*) an. Dies war bis zu seinem Tod durch einen Drohnenangriff am 5. August 2009 in Südwasiristan Baitullah Massud. Ihm folgte auf Beschluss der *Schura* (islam. Ratsversammlung) der TTP einer seiner bisherigen Stellvertreter nach, Hakimullah Massud. Schon vor Gründung der TTP verloren die pakistanischen Taliban mehrere namhafte Anführer. Dies hat ihre Aktivitäten bisher aber nicht erheblich schwächen können.

Mitte 2008 rief die TTP in Dara Adam Khel, einem für seinen riesigen Waffenbasar berühmtem Städtchen in der Orakzai Agency, eine Gegenregierung aus. Diese schickt Patrouillen bis nach Peschawar, die auf den Märkten unter anderem dafür sorgen, dass keine »sündigen« Artikel wie CDs oder DVDs verkauft werden. Die Männer setzen staatliche Richter unter Druck und ermorden Stammesälteste, die mit der Regierung kooperieren. Zudem greifen die Taliban LKW-Konvois an, die vom pakistanischen Hafen Karatschi Nachschub für die ISAF-Basen in Afghanistan über den Khaiber-Pass befördern. Dies hat die NATO bereits bewogen, alternative Routen über Russland und die zentralasiatischen Republiken zu erschließen.

Ähnlich wie die afghanischen Taliban legten auch deren pakistanische Glaubensbrüder bisher kein detailliertes politisches Programm vor. Ein solches erschließt sich nur aus ihren Handlungen. Im Mittelpunkt steht die Einführung der islamischen Rechtssprechung in ganz Pakistan. Die Regierung soll gezwungen werden, ihre Kooperation mit dem Westen zu beenden und amerikanische Ausbilder sowie Spezialkräfte aus dem Land zu weisen. Die Angriffsziele ergeben kein einheitliches Bild und reichen von der Ermordung traditioneller Stammesführer und etablierter Politiker über Attacken gegen Nicht-Regierungs-Organisationen (NGOs) bis hin zu Anschlägen gegen staatliche und militärische Einrichtungen. In der Praxis werden in den von ihnen kontrollierten Gebieten, in denen der Staat oftmals kaum verlässliche Strukturen aufgebaut hat, Scharia-Gerichte eingerichtet.

Die pakistanischen Taliban kontrollieren mittlerweile weite Teile der FATA und weiten ihr Operationsgebiet auch darüber hinaus aus. In 15 der 25 Verwaltungseinheiten der NWFP, einschließlich Peschawars, verfügten sie Anfang 2009 über moderaten bis ernsthaften Einfluss. Punktuell treten sie außerdem im Punjab auf und verüben dort immer wieder Anschläge. Zudem existieren Enklaven in Karatschi, der Stadt mit der weltweit größten paschtunischen Bevölkerung – noch vor Kandahar und Kabul –, sowie wohl auch in anderen Großstädten Pakistans.

Das FATA-Dreieck: Al Qaida, afghanische und pakistanische Taliban

Der Koordinator des Al-Qaeda/Taleban Monitoring Teams des UN-Sicherheitsrates bezeichnete 2008 die FATA als jene geografische Region, in der Al Qaida Einfluss zurückgewonnen und sich konsolidiert habe. Deren Infrastruktur dort beschrieb er als »robust«, mit zwei voneinander unabhängigen Operationsstrukturen, einer in Wasiristan und einer in der Bajaur Agency, in den Stammesgebieten der Wasir und Dawar bzw. der Momand.

Sowohl in Pakistan als auch in Afghanistan nutzt Al Qaida lokale Gegebenheiten für eigene Zwecke, bedient sich örtlicher militanter Gruppen mit Kampferfahrung und sattelt so auf die wieder erstarkte Taliban-Bewegung auf. So schwor Osama bin Laden Mullah Omar als »Führer aller Gläubigen« Gefolgschaft – und nicht etwa umgekehrt. Während Afghanistans Taliban bislang Abstand zu den ungeliebten arabischen Verbündeten und ihrer internationalistisch-dschihadistischen Agenda hielten, verfestigt sich die Allianz zwischen Al Qaida und den pakistanischen Taliban. Al Qaida transferiert technisches Know-how und Ausrüstung für improvisierte Sprengkörper (Improvised Explosive Devices, IED) nach Pakistan und trainiert örtliche Kämpfer bei Herstellung und Einsatz von Auto- und Selbstmordbomben, was manche Beobachter beschönigend als »strategisches Funding« bezeichnen.

Pakistans Taliban bilden den Beweis für die viel debattierte These, dass Al Qaida sich in einen reinen Markennamen bzw. in ein ideologisches Franchise-Unternehmen verwandelt hat. Autonome lokale Gruppen betrachten Al Qaida auf der Suche nach

Verwaltungsgebiete mit unterschiedlichem Rechtsstatus in Pakistan
Khundscherab-Pass
VR CHINA
GILGIT-
BALTISTAN
Gilgit
Chitral
PATA
Saidu
AFGHANISTAN
Dschalalabad
KABUL
Khaiber-Pass
Peschawar
Muzaffarabad
Jammu and
Kashmir
Srinagar
AJK
1
ISLAMABAD
NWFP
Rawalpindi
Jammu
FATA
Gujranwala
INDIEN
PUNJAB
Lahore
Amritsar
Faisalabad
Zhob
BELUTSCHISTAN
0
100
200
300 km
Ludhiana
Provinzen
NWFP
(North-West Frontier Province)
FATA
(Federally Administrated Tribal Areas)
– Stammesgebiete
– unter Bundesverwaltung
PATA
(Provincially Administrated Tribal Areas)
– Stammesgebiete
– unter Provinzverwaltung
GILGIT-BALTISTAN
– Provinzstatus verweigert
– unter Bundesverwaltung
– von Indien beansprucht
Azad Jammu and Kashmir (AJK)
– eigene Verfassung innerhalb Pakistans
– von Indien beansprucht
1 Hauptstadtterritorium Islamabad
– unter Bundesverwaltung
Jammu and Kashmir
(unter indischer Verwaltung)
– von Pakistan beansprucht
Staatsgrenzen
»Line of Control«
Provinzgrenzen
Grenze Stammesgebiete
Grenzen umstrittener Territorien
Die Distrikte Swat und Buner
TJK
AFGHANISTAN
1
Mingora
2
Khaiber-Pass
Peschawar
ISLAMABAD
PAKISTAN
NWFP
FATA
Distrikt-Grenzen
1 Distrikt Swat
2 Distrikt Buner
0
100 km
© MGFA
06278-04

Inspiration, »kaufen« sich in deren Ideen ein und werden so Teil eines weltweiten Netzwerkes. In Pakistan spielen dabei die so genannten Punjabi-Taliban die Rolle eines Transmissionsriemens. Es handelt sich um ein loses Konglomerat militanter nicht-paschtunischer Gruppen aus dem pakistanischen Kernland, oft mit religiös-sektiererischem, also anti-schiitischem Charakter, die teilweise von Basen in den FATA aus operieren und mittlerweile gute Verbindungen zur TTP unterhalten. Dazu gehören die Armee Jhangvis (Lashkar-e Jhangvi, LeJ), benannt nach einem 1990 durch schiitische Extremisten ermordeten Geistlichen, die Armee Mohammeds (Jaish-e Mohammed, JM), die Armee der Gefährten des Propheten in Pakistan (Sepah-e Sahaba Pakistan, SeM) sowie kaschmirische Gruppen wie die Bewegung der Heiligen Krieger (Harkat ul-Mudschaheddin, HuM). Sie alle genossen in den 1990er-Jahren bis mindestens 2001 direkte staatliche Patronage seitens des pakistanischen Geheimdienstes Inter-Services Intelligence (ISI). Vor allem für die Taliban außerhalb Wasiristans bedeutete der Kontakt zum ISI und zu Al Qaida über die Punjabi-Taliban eine strategische Chance, da sie wegen des kriminellen Hintergrunds vieler ihrer Führer kaum über eine Verankerung in den örtlichen Stämmen verfügten.

Die Entwicklungen in Pakistan stellen die afghanischen Taliban vor ein Dilemma. Einerseits sind sie vom pakistanischen Hinterland abhängig und daran interessiert, von dort Unterstützung für ihren Kampf gegen die westlichen »Kreuzzügler« zu erhalten. Andererseits können sie nicht auf die Gegenforderungen ihrer Mitstreiter auf der anderen Seite der Grenze eingehen, sich am Vorgehen gegen die pakistanische Armee zu beteiligen. Für die afghanische Aufstandsbewegung hieße dies, jene Hand zu beißen, die sie bisher gefüttert hat. Im März 2009 appellierte Mullah Omar gar an die Taliban in Pakistan, dass der wirkliche Dschihad in Afghanistan geführt werde. Schon zuvor hatten Afghanistans »Gotteskrieger« in Kämpfen zwischen pakistanischen Taliban, usbekischen Islamisten, die sich nach der Intervention in Afghanistan 2001 in die FATA zurückgezogen hatten, sowie dem pakistanischen Militär auf der anderen Seite interveniert und zwischen 2006 und 2008 einige der Friedensabkommen in den FATA vermittelt. Dahinter darf man den Einfluss des ISI vermuten.

Thomas Ruttig

picture-alliance/ dpa/Pakistani Government/HO

Gravierende Gegensätze prägen Pakistans Verhältnis zu den Vereinigten Staaten. Einerseits zählte das Land seit seiner Gründung 1947 zu den engsten Verbündeten der USA. Andererseits ist der Anti-Amerikanismus vor allem in der einfachen Bevölkerung, aber auch in großen Teilen der pakistanischen Elite strukturell tief verwurzelt.

Pakistan kann auf eine lange Zeit von Bündnis- oder bündnisähnlichen Beziehungen mit den USA und anderen westlichen Staaten zurückblicken. Mit Washington schloss es 1954 ein gemeinsames Bündnis zur Verteidigungshilfe und fünf Jahre später ein bilaterales Sicherheitsabkommen. Von 1954 bis 1972 war Pakistan Mitglied der South East Asia Treaty Organisation (SEATO), von 1955 bis 1979 des Bagdad-Paktes bzw. der Central Treaty Organisation (CENTO). Der islamistische Militärdiktator General Mohammed Zia ul-Haq vereinbarte 1981 mit dem Weißen Haus Militär- und Wirtschaftshilfe im Werte von 3,2 Mrd. US-Dollar. 1986 kam eine Anschlussvereinbarung über 4 Mrd. US-Dollar zustande. Pakistan sollte nach dem Einmarsch der Sowjetunion in Afghanistan 1979 als neuer »Frontstaat« im Kalten Krieg gestärkt werden. Die USA sahen die Möglichkeit, den Sowjets dort eine verlustreiche Niederlage zu bereiten.

Das Foto zeigt die amerikanische Außenministerin Hillary Clinton während eines Rundgangs durch die historische Badshahi-Moschee am 29. Oktober 2009 in Lahore. Sie wurde begleitet von ihrem pakistanischen Amtskollegen Schah Mehmood Qureshi (3.v.r.) und dem US-Sonderbeauftragten für Pakistan und Afghanistan, Richard Holbrooke (2.v.r.).

Anti-Amerikanismus als Triebfeder pakistanischer Politik?

Im Golfkrieg zur Befreiung Kuwaits war Pakistan 1991 mit eigenen Streitkräften an der Anti-Irak-Koalition beteiligt. Pervez Musharraf führte das Land auch in die Anti-Terror-Koalition von 2001 und ermöglichte von seinem Territorium aus den Krieg zum Sturz der Taliban in Afghanistan und zur Verfolgung von Al Qaida bis in die pakistanischen Grenzgebiete. Die USA erklärten Pakistan 2004 zu einem der wichtigsten verbündeten Staaten außerhalb der NATO.

Dafür erhielt Islamabad umfangreiche Finanzmittel, die nach Kongressangaben für die Haushaltsjahre 2002 bis 2008 insgesamt 8,8 Mrd. US-Dollar Militär- und 3,1 Mrd. US-Dollar Wirtschaftshilfe ausmachten. Der Großteil der Militärhilfe diente dazu, Pakistan die Kosten für das militärische Engagement im Kampf gegen den Terror zu erstatten. Dennoch gilt vielen Entscheidungsträgern in den USA das Engagement in Islamabad als gescheitert. Manche Angehörige der Bush- und Obama-Administration bezeichnen Pakistan als den »gefährlichsten Staat der Welt«.

Zu den spezifischen Gründen des Anti-Amerikanismus in Pakistan gehören die Interessenkonflikte und Missverständnisse über den Charakter und Umfang der Bündnis- oder Partnerbeziehungen mit den USA. Pakistan versuchte, diese immer wieder für seine Auseinandersetzung mit Indien, und in bestimmtem Maße auch gegenüber Afghanistan, zu instrumentalisieren. Die USA ordneten ihr Verhältnis zu Pakistan demgegenüber einem streng global-strategischen Kalkül unter. Dort, wo Pakistan US-Interessen verletzte, wurde es wiederholt mit Sanktionen belegt. So führte Pakistans Nuklearprogramm zur Unterbrechung der engen Zusammenarbeit.

In der pakistanischen Bevölkerung bestehen ohnehin bis heute nachwirkende Ressentiments. So ist die Meinung weit verbreitet, die USA hätten Pakistan mit den Folgen des Afghanistankrieges gegen die Sowjetunion allein gelassen, obgleich sie für die Ereignisse die politische und materielle Verantwortung trügen. Hinzu kommen noch nationalistische und religiöse Motive. Islamabad strebte besonders nach Abgrenzung zu Indien und verfolgte lange Zeit einen gewissen Führungsanspruch unter den Muslimen bzw. den islamisch geprägten Ländern der Region. Weitere spezifische Ursachen liegen zudem erstens in der Geschichte und Dynamik der Re-Islamisierung, besonders seit der Amtszeit von Mohammed Zia ul-Haq, sowie zweitens in den unbewältigten Folgen des afghanischen Bürgerkrieges und des laufenden Anti-Terror-Kampfes. Drittens tritt die Kritik an der zunehmenden Marginalisierung Pakistans in der Weltwirtschaft hinzu, wofür vornehmlich die Vereinigten Staaten verantwortlich gemacht werden.

Amerika-Gegner in Pakistan

Entsprechend den Ursachen lassen sich die Träger des Anti-Amerikanismus grob in drei Strömungen unterteilen: nationalistische und anti-indische Kräfte, islamistische Gruppen und eher linksorientierte Bewegungen bzw. lokale und ethnische Milizen.

Die nationalistischen, anti-indischen Kräfte sind in der militär- und zivilbürokratischen Elite zu finden, die im Land den Ton angibt. Sie wissen um die Abhängigkeit Pakistans vom Wohlwollen der USA, vor allem in wirtschaftlichen, aber auch militärisch-strategischen Fragen. Gleichzeitig richten sie sich nach den Eckpunkten der so genannten Zwei-Nationen-Theorie. Diese geht implizit davon aus, dass Pakistan einen Führungs- und Vertretungsanspruch für alle Muslime Südasiens inne hat, darunter auch für die in Indien lebenden, welche ebenso zahlreich sind wie Pakistans Bevölkerung. Viele Angehörige der nationalen Elite leben in der Überzeugung, dass die konfessionelle Teilung Britisch-Indiens nicht abgeschlossen und damit der ideologische Gründungsauftrag Pakistans nicht erfüllt ist, solange die Kaschmir-Frage nicht zugunsten Islamabads entschieden werden kann. Innerhalb der großen politischen Parteien finden sich Vertreter dieser Haltung sowohl in den verschiedenen Fraktionen der Muslim-Liga als auch in der Pakistan Peoples Party (PPP). Dabei ist zu beobachten, dass jene Politiker, die gerade an der Regierung sind, sich aus pragmatischen Gründen meist für geregelte Beziehungen mit den USA aussprechen. Anti-amerikanische Positionen vertreten sie vor allem anhand von Sachfragen und argumentieren meist im Sinne einer Benachteiligung oder Ungleichbehandlung Pakistans durch die USA etwa im Verhältnis zu Indien.

Auch in ideologischer Hinsicht stehen meist die eigenen Versorgungsinteressen der militärischen Führungskaste und der eng mit dem Großgrundbesitz verbundenen Familienklans im Vordergrund (vgl. den Beitrag von Katja Mielke). So ließ es selbst der konservative und pro-amerikanische General Zia ul-Haq zu, dass 1979 der Mob die US-Botschaft in Islamabad überfiel und anzündete, um den Vereinigten Staaten einen »Denkzettel« zu verpassen. Washington sollte damals bewegt werden, Pakistan für seine Bündnisrolle gegenüber Afghanistan wesentlich mehr materielle und politische Gegenleistungen anzubieten.

Die Militär- und Geheimdienstführung des Landes duldete offenbar auch lange Zeit, dass immer wieder Informationen über US-Operationen gegen Taliban- und Al Qaida weitergegeben wurden. Dies gefährdete direkt amerikanisches Militärpersonal. Der pakistanische Militärgeheimdienst Inter-Services Intelligence (ISI) gilt als »Staat im Staate«, der sich selbst der Kontrolle der Militärführung entzieht. Seit Jahrzehnten verlaufen enge Verbindungen zum islamistischen Widerstand in Afghanistan und Kaschmir. Auch wenn der ISI im Sinne der Anti-Terror-Operationen gegenwärtig eine »Reinigung« durchläuft, zählen doch viele ehemalige Mitarbeiter sowie Teile des bestehenden Apparates zum potenziellen anti-amerikanischen Lager.

Die Kalkulation der nationalen Interessen Pakistans ging traditionell mit einem erheblichen Realitätsverlust vonstatten. Der politischen Klasse fällt es schwer zu akzeptieren, dass sich eine Haltung, bei der die USA massiv attackiert sowie bestimmte radikale und militante Aktivitäten gegen deren Interessen zugelassen werden, auf Dauer nicht mit dem Werben um finanzielle, ökonomische, politische und militärische Unterstützung seitens der westlichen Führungsmacht vereinbaren lassen.

An zweiter Stelle sind die radikalen islamistischen Gruppen zu nennen. Dazu gehören die religiösen Milizen ehemaliger Mudschaheddin, die in Afghanistan oder in Kaschmir kämpften bzw. in die gewalttätigen sunnitisch-schiitischen Sektenauseinandersetzungen verwickelt sind. Obwohl die bekannten militanten Gruppen wie Lashkar-e Taiba (Armee der Reinen, LeT) und Jaish-e

picture-alliance/dpa/Arshad Arbab

Anhänger der Jamaat-e Islami (JI) demonstrieren am 9. August 2009 in Peschawar gegen die USA.

Mohammed (Armee Mohammeds, JM) nach 2001 verboten wurden, agieren sie unter anderem Namen weiter. Pakistans Militärführung will sie erhalten, um weiter in Kaschmir und Afghanistan Einfluss nehmen zu können. Bekämpft wurden nur jene Kräfte, die offen auf interreligiöse Gewalt setzten, v.a. wenn sie sich gegen die eigenen Landsleute richtete. Tatsächlich sind jedoch beide Netzwerke eng miteinander verwoben. Die Extremisten eint u.a. die Ablehnung, ja der Hass auf die USA. Angriffe gegen die Vereinigten Staaten und andere westliche Länder sehen sie als gerechtfertigt an. Andere islamische Gruppen, die sich vor allem der religiösen Wiedergeburt und der Verbreitung einer religiösen Lebensführung verschrieben haben, kritisierten die USA oft als Verkörperung westlicher Lebensweise schlechthin. Dieser Flügel umfasst verschiedene konservative Gruppen, die in der Deoband-Tradition stehen – so benannt nach dem 1866 in Deoband in Nordindien gegründeten Religionsseminar –, oder auch die innere Missionsbewegung der Tablighi Jama'at (TJ). Dennoch legen führende Vertreter radikaler islamistischer Ideologien durchaus Wert darauf, ihren Kindern eine Ausbildung in den USA zu ermöglichen. Viele amerikakritische Politiker lebten oft für eine gewisse Zeit selbst in den USA, Großbritannien oder anderen westlichen Ländern.

Aber auch unter eher linksgerichteten und lokalen bzw. ethnischen Milizen, die häufig in Studentenorganisationen oder innerhalb der großen Parteien organisiert sind, herrscht Anti-Amerikanismus vor. Vor allem radikale Gruppen in den Provinzen Belutschistan oder Sindh verbinden ihre Haltung mit der Forderung nach Autonomie oder sogar nach der staatlichen Unabhängigkeit ihrer Provinzen. Extremisten verübten Anschläge auf Erdgas- und Erdölanlagen, die bislang vor allem staatlichen pakistanischen Interessen dienten. Angriffe könnten potenziell aber auch westliche Akteure treffen, die sich in diesen Wirtschaftsbereichen oder in den betroffenen Landesteilen engagieren. Aber auch von der militant organisierten Partei der Urdu-sprachigen Immigranten (*Muhadschirin/Mohajir*), der Mohajir Qaumi Movement (MQM), die sich in Karatschi mit rivalisierenden Fraktionen einen langjährigen Bandenkrieg lieferte, könnte eine Gefahr ausgehen.

Gesichter des Anti-Amerikanismus

In Pakistan kommen alle denkbaren Formen des Anti-Amerikanismus vor. Es gibt diesbezüglich eine sehr prononcierte öffentliche Debatte, aber die Übergänge zwischen unterschiedlichen Artikulationsarten verlaufen fließend. Direkte politische Aktionen seitens der Regierung, die sich gegen die Interessen der USA und anderer westlicher Staaten richten, sind meist Ergebnis einer nationalistischen und anti-indischen Politik. Dies betrifft das Abstimmungsverhalten in der UN, die Haltung zur Nichtweiterverbreitung von Nuklearwaffen, zum Teststoppvertrag, die Position zu Fragen der Menschenrechte, des Umweltschutzes oder eines liberalen Welthandels. Um seine Positionen zu stärken, bemüht sich Pakistan um enge Beziehungen zu Staaten, welche die USA als radikal, feindlich gesinnt oder anti-amerikanisch betrachten, etwa Iran oder Nordkorea. Dabei spielen auch die Bestrebungen des pakistanischen Militärs, die Streitkräfte gegenüber Indien aufzurüsten, eine wichtige Rolle.

Öffentliche politische Aktionen mit anti-amerikanischer Stoßrichtung organisieren vor allem die islamistischen Parteien. Das zeigte sich besonders bei den Massendemonstrationen gegen den Anti-Terror-Krieg in Afghanistan im Oktober 2001. Die politische Symbolik lässt dabei an Deutlichkeit nichts zu wünschen übrig. In den Umzügen wurden Särge für die Amerikaner getragen. Die Parteien kündigten Blockaden gegen die militärischen Einrichtungen an, in denen Amerikaner stationiert sein würden, darunter die Flughäfen Jacobabad und Pasni im Sindh.

Terroranschläge gegen die Vereinigten Staaten wurden fast ausschließlich islamistischen Milizen zugeschrieben. Diese überfielen in den vergangenen Jahren wiederholt amerikanische Einrichtungen, wobei teils schwere Waffen zum Einsatz kamen.

Wiederholt wurden Diplomaten getötet. Ein besonders prominenter Fall war im Januar 2002 die Entführung und grausame Enthauptung des US-Korrespondenten des »Wallstreet Journals«, Daniel Pearl, vor laufender Videokamera. Nachdem der Schutz ausländischer Infrastruktur verstärkt wurde, nahmen Überfälle auf »Ersatz«-Ziele wie christliche Einrichtungen zu, denen Nähe zum Westen unterstellt wird. Auch internationale Hotels sind immer wieder betroffen. Die verstärkten Sicherheitsmaßnahmen konnten bislang den Bewegungsspielraum der militanten Kräfte, darunter außer Kontrolle geratene, bandenmäßig operierende »Renegatenmilizen«, kaum einschränken (vgl. den Beitrag von Bernhard Chiari).

Anti-amerikanische und -westliche Kräfte verfügen in Pakistan auch über Rückhalt in den Streitkräften. Darauf deutete schon 1995 die Existenz einer islamistischen Verschwörung im pakistanischen Offizierkorps hin, die rechtzeitig aufgedeckt wurde. Ein weiteres Indiz ist die Umbesetzung militärischer Führungspositionen nach dem 11. September 2001 auf ausdrückliches Verlangen der USA. Zwei Stunden, bevor die Amerikaner begannen, Afghanistan zu bombardieren, wurden Generale mit bekannten pro-islamistischen Neigungen abgesetzt, obwohl sie Musharraf einst an die Macht geholfen hatten. Dies löste in der Armee Unzufriedenheit aus.

Militanten anti-amerikanischen Kräften in Pakistan gelingt es immer wieder, sich Zugang zu schweren und modernen Waffen zu verschaffen. Zum Arsenal zählen Stinger-Raketen und selbst geschmuggeltes Nuklearmaterial aus dem postsowjetischen Raum, möglicherweise auch chemische und biologische Kampfstoffe. Im Anti-Terror-Krieg verläuft die Front militärischer Auseinandersetzungen mitten durch die pakistanischen Stammesgebiete. Hier können sich Taliban-Anhänger und Al-Qaida-Kämpfer zurückziehen, umgruppieren und auf neue Angriffe gegen amerikanische und westliche Interessen vorbereiten (vgl. den Beitrag von Thomas Ruttig). Die anhaltenden Angriffe auf deren Truppen in Afghanistan sowie auf ISAF-Versorgungskonvois in Pakistan sind ohne eine logistische Basis im pakistanischen Grenzgürtel undenkbar.

Gleichermaßen problematisch für die USA wie für die internationale Gemeinschaft insgesamt bleibt der mögliche Zugang

picture-alliance/dpa/Matthew Cavanaugh

US-Präsident Barack Obama, sein afghanischer Amtskollege Hamid Karsai (l.) und Pakistans Präsident Asif Ali Zardari nach einem trilateralen Treffen in Washington am 6. Mai 2009.

islamistischer Kräfte zum pakistanischen Atomwaffenarsenal. Pakistans islamische Rechte gefällt sich in der Rolle, die Nuklearkapazitäten als »islamische Bombe« anzupreisen. Sie warnt das Militär vor möglichen Absichten des Weißen Hauses, Pakistans nukleares Potenzial zu eliminieren. Darin deutete sich auch eine mögliche Schnittmenge von Interessen zwischen islamistischer Rechter und den Militärs an.

Der 11. September 2001

Das Mobilisierungspotenzial für anti-amerikanische Haltungen und Aktionen in Pakistan weitete sich nach dem 11. September 2001 deutlich aus. Dies ist vor allem auf den abrupten Beitritt Pakistans zur Anti-Terror-Koalition unter Musharrafs Militärherrschaft zurückzuführen. Sowohl oppositionelle islamistische wie säkulare politische Kräfte sprachen diesem Schritt jede Legitimation ab. Obwohl sich Pakistan unter der Zardari-Administration zu einer militärischen Bekämpfung der pakistanischen Taliban entschloss, befindet sich die Regierung in Bezug auf die Kooperation mit den USA und die gemeinsamen Anti-Terror-Maßnahmen innenpolitisch unverändert in der Defensive. Sie muss Details ihrer Sicherheitskooperation mit den USA geheim halten, um nicht öffentlichen Widerstand zu provozieren. Kritiker argumentieren, dass Pakistan Verpflichtungen eingegangen ist, welche die Grundrechte seiner Bürger verletzen. Das betrifft die stillschweigende Verhaftung verdächtiger Personen und deren Überstellung in die USA oder die Billigung amerikanischer Raketenschläge gegen Ziele in den Stammesgebieten, denen neben Islamisten oft auch unbeteiligte Zivilisten zum Opfer fallen.

Die USA unter Obama wiederum möchten das militärische Engagement in Afghanistan begrenzen, sodass der Stärkung der Kapazitäten Pakistans und Afghanistans für die Stabilisierung der Lage eine entscheidende Bedeutung zukommt. Pakistan fordert ein größeres Mitspracherecht bei der Formulierung der US-Politik für die Region, um nicht nur Objekt, sondern auch Akteur zu sein.

Die Parlamentswahlen von 2008 bestätigten noch einmal, auf welch schmaler Basis die Kooperation mit den Vereinigten Staaten gegenwärtig fußt. Die regierende PPP ist in dieser Frage gespalten. Die oppositionelle Fraktion der Muslim-Liga von Nawaz Sharif, früherer Ministerpräsident, steht zwar zu einer begrenzten Kooperation mit den USA, verteidigt jedoch energisch nationalistische Interessen v.a. in der Haltung gegenüber Indien. Das islamistische Parteienbündnis Mutahida Majlis-e Amal (Vereinigte Aktionsfront, MMA) hat nach seinem relativen Erfolg von 2002 bei den Wahlen sechs Jahre später an politischer Bedeutung eingebüßt. Seine Mitgliedsparteien stehen jedoch weiterhin an der Spitze der Bemühungen, die Öffentlichkeit gegen eine Zusammenarbeit mit Washington zu mobilisieren.

Auch innerhalb des pakistanischen Militärs und Geheimdienstes ist das Potenzial für anti-amerikanisches Verhalten und Vorgehen gegenwärtig. Vertreter der mittleren Ebene, die jahrelang die enge logistische militärische Kooperation mit den islamistischen Freischärlern in Afghanistan und Kaschmir betrieben, sträuben sich dagegen, nun ihre alten Kameraden ans

Messer zu liefern. Die Amerikaner sind daher besorgt, aus dem Militär heraus könnte ein Coup mit anti-amerikanischer und pro-islamistischer Stoßrichtung erfolgen. Da sich wahrscheinlich ein großer Teil der Führungskräfte der Taliban und von Al Qaida auf pakistanisch-afghanischem Territorium befindet, erscheint die Kooperation mit Pakistan aus US-Perspektive als unverzichtbar. Die Zusammenarbeit war z.T. auch sehr erfolgreich, wie die Verhaftung wichtiger Al-Qaida-Funktionäre in Pakistan immer wieder demonstriert hat.

Die USA sind gegenwärtig bereit, weitere umfangreiche Mittel einzusetzen, um Pakistan zu stabilisieren und das gegenseitige Verhältnis zu verbessern. Dabei geht es v.a. darum, die zivile Hilfe aufzustocken und Militär und Geheimdienst den Einfluss auf die Politik zu entziehen. Insbesondere streben die USA die Modernisierung der Federally Administrated Tribal Areas (FATA) an der Grenze zu Afghanistan an, um radikalen Elementen den Boden zu entziehen. Dieses Vorhaben führt jedoch zu erneuten Irritationen vor Ort, da die pakistanischen Eliten die Prioritäten und Interessen der USA nicht teilen und sich instrumentalisiert fühlen. Das Weiße Haus lässt sich auf einen schwierigen Dialog ein, weil seine Führung die Überzeugung vertritt, dass die Alternativen nur eine Verschlechterung des augenblicklichen Zustands nach sich ziehen könnten. Vor allem fürchten die USA, die Islamisten könnten Zugriff auf das militärische und besonders auch das nukleare Potenzial Pakistans erlangen: Dies könnte sogar auf legalem Wege geschehen, etwa in Kooperation mit Verbündeten im Parlament oder im Senat, dessen Vorsitzender auch den Präsidenten vertreten kann.

Wenn sich die pakistanische Führung in dieser Frage nicht entschlossen genug zeigt, könnte das in Washington die Diskussion wieder beleben, ob Pakistan ein Verbündeter oder eher ein weiteres Ziel für eine Intervention ist. Mit dieser Warnung traten in der Vergangenheit wiederholt amerikanische Abgeordnete auf. Das Ausmaß des möglichen Widerstandes in Pakistan wäre angesichts einer Zahl von 170 Millionen Einwohnern sowie einer Fülle konventioneller und nulearer Waffen jedoch so groß, dass solche Vorstellungen eher unrealistisch erscheinen.

Ausblick

Der Anti-Amerikanismus wurzelt tief im politischen System Pakistans. Das Land war lange und wiederholt ein Verbündeter der USA, vor allem, weil seine Elite hoffte, damit Konflikte mit Indien und zum Teil auch Afghanistan lösen zu können. Da jedoch hinter den Bündnisbeziehungen immer wieder Militärregime standen, die von diesen Verbindungen profitierten, fehlte dem Zusammengehen mit den USA weitgehend die politische Legitimation. Die liberale wie auch die islamistisch ausgerichtete Opposition verknüpfte deshalb ihren Kampf nachhaltig mit anti-amerikanischen Haltungen. Einer weit verbreiteten Bewunderung innerhalb der Elite für amerikanische Lebensart und Kultur, für das Wirtschafts- und Technikpotenzial oder für die Aufstiegschancen in Amerika tat dies jedoch kaum Abbruch. Große Gruppen innerhalb der Bevölkerung teilen diese Bewunderung.

Die Pakistaner unterscheiden in der Regel deutlich zwischen den USA und den europäischen Mächten. Die politische Klasse hält Europa jedoch für schwach und zu unkoordiniert, um der Dominanz der Vereinigten Staaten entschiedenen Widerstand entgegensetzten zu können. Sie sieht sich daher veranlasst, nach Kompromissen mit den USA zu suchen, um ihre eigenen Interessen zu wahren. Islamistische Kräfte differenzieren bedeutend stärker. Sie heben in Gesprächen oft die vermittelnde Rolle Deutschlands und dessen kultursensible Fähigkeiten hervor. Demgegenüber erregt die rücksichtlose und uninformierte Art mancher amerikanischer Vertreter kulturell motivierten Protest. In dem Maße, wie sich europäische Mächte inklusive Deutschlands stärker und offensiver in der Anti-Terror-Koalition engagieren, können auch Angriffe auf deutsche Interessen und Vertreter in Pakistan nicht ausgeschlossen werden, da eine Umorientierung erfahrungsgemäß relativ schnell erfolgen kann.

Aus Sicht der pakistanischen Regierung beeinflussen vor allem Veränderungen im Verhältnis zu Indien die Beziehungen mit den USA. Pakistans Führung sieht in der besonderen Verbindung nach Amerika eine Versicherung gegen einen möglichen Angriff Indiens. Neu-Delhi hatte mehrfach gedroht, in Anlehnung an das Vorgehen der USA und Israels einen vorbeugenden

Schlag gegen Ausbildungslager kaschmirischer Freischärler auf pakistanischem Gebiet zu führen. Das verhinderte Washington bisher mit Hinweis auf die Sicherheit seiner Einsatzkräfte in Pakistan und Afghanistan. Umgekehrt würde aber auch ein Abbau der Konfrontation mit Indien, etwa durch eine mögliche Verhandlungslösung bezüglich Kaschmir, die anti-amerikanischen Kräfte vor allem im religösen Lager schwächen. Es handelt sich überwiegend um dieselben militant islamistischen Gruppen, welche die Kaschmir-Frage zu ihrem zentralen Anliegen machen und die sich durch anti-amerikanische Aktionen und Terrorakte hervortun. In diesem Sinne tragen verstärkte und konzertierte Aktivitäten der westlichen Mächte zur Konfliktbeilegung in der Region, sowohl gegenüber Indien als auch gegenüber Afghanistan und Iran, direkt zur Schwächung des anti-amerikanischen Potenzials in Pakistan bei.

Dietrich Reetz

picture-alliance/dpa/Wolfgang Langenstrassen

Die Bandbreite der Vertreterinnen pakistanischer Frauen-Welten reicht von herausragenden Politikerinnen wie Fatima Jinnah, Schwester des Staatsgründers Mohammed Ali Jinnah, oder Benazir Bhutto über die Menschenrechtsanwältinnen Asma Jahangir und Hina Jilani bis hin zu den unzähligen weiblichen Opfern von Ehrenmorden, Kinderheiraten und alltäglicher Diskriminierung.

Mit Ausnahme von Angehörigen der wohlhabenden und gebildeten städtischen Oberschichten unterliegen pakistanische Mädchen und Frauen – das Foto zeigt die Bewohnerin eines Flüchtlingslagers in der Nähe der Stadt Muzaffarabad – strikten Regeln, die das Geschlechterverhältnis ordnen. Deutlich wird dies bereits bei der Geburt. Pakistan gehört mit Indien, Bangladesch und China zu den vier Ländern, in denen das Geschlechterverhältnis deutlich ungünstig für Frauen ausfällt. Die Volkszählung von 1998 geht von 925 Frauen auf 1000 Männer aus, die Zahl der »fehlenden Frauen« schätzt man auf knapp fünf Millionen. Basierend auf gesellschaftlichen Wertvorstellungen und tief verankerten traditionellen Normen, insbesondere in den Stammesgesellschaften, gelten Mädchen und Frauen als Belastung. Als zukünftige Ehefrauen benötigen sie eine Mitgift, ihre Ausstattung treibt viele Familien in die Verschuldung.

Frauen-Welten in Pakistan

Während man die Freude über einen männlichen Nachkommen durch Schlachtung eines Schafs oder einer Ziege mit anderen Verwandten teilt, wird die Geburt eines Mädchens in der Regel nicht mit einem Fest gefeiert. In der Kindheit setzt sich die geringere Wertschätzung von Mädchen fort. Eltern vernachlässigen ihre Töchter, konsultieren bei Krankheiten oftmals zu spät einen Arzt und legen weniger Wert auf eine gute Bildung als bei ihren Söhnen. Die Tatsache, dass Mädchen bei ihrer Heirat zur Schwiegerfamilie ziehen und nicht als Altersversorgung für ihre Eltern gelten, lässt diese Investitionen unnötig erscheinen.

Das durchschnittliche Heiratsalter von Frauen stieg von 18 (1951) auf knapp 21 Jahre (1988), doch noch immer werden viele Mädchen bereits nach Einsetzen der Pubertät von ihren Eltern mit einem Cousin ersten oder zweiten Grades verheiratet. Oftmals kennen Mädchen ihre zukünftigen, häufig älteren, Ehemänner nicht und haben kein Mitspracherecht bei der Wahl des Partners. Insbesondere ärmere Familien versuchen ihre Töchter möglichst jung zu verheiraten, weil sie dann keine weitere Belastung für den Haushalt darstellen. Entsprechend früh gebären pakistanische Frauen ihre ersten Kinder und bekommen in ihrem Leben durchschnittlich 5,4 Mal Nachwuchs. Nur 20 Prozent aller Frauen erhalten bei ihren Entbindungen Unterstützung von ausgebildeten Hebammen; die Müttersterblichkeit – 500 Fälle bei 100 000 Entbindungen (2000) – gehört auch deshalb zu den höchsten weltweit. Rund 40 Prozent leiden aufgrund unzureichender postnataler Versorgung und den rasch aufeinander folgenden Geburten unter Eisenmangel und Blutarmut. Die geringere gesellschaftliche Wertschätzung von Mädchen drückt sich selbst in der Kindersterblichkeit aus: von 1000 Lebendgeborenen sterben 85 Mädchen im Vergleich zu 82 Jungen.

Der schlechte Gesundheitszustand von Mädchen und Frauen lässt sich auf die regionalspezifischen kulturellen Normen und tradierten Werte sowie auf die allgemein im ländlichen Raum unzureichende medizinische Versorgung zurückführen. Mangel- und Fehlernährung von Mädchen in der Adoleszenz, frühe Schwangerschaften und die eingeschränkte Mobilität von Frauen – begründet in der Geschlechtertrennung – bedingen die hohe Kinder- und Müttersterblichkeit.

Geschlechtertrennung als gesellschaftliches Ordnungsprinzip

Das soziale Ordnungsprinzip zwischen Männern und Frauen stellt die Geschlechtertrennung (*Purdah*) dar, die abhängig von Bildungsstand, sozialer Schicht sowie regionaler und ethnischer Zugehörigkeit unterschiedlich stark ausgeprägt ist. Purdah (wörtlich für Vorhang) teilt die öffentliche und private Sphäre zwischen Männern und Frauen und weist beiden Geschlechtern bestimmte Rollen, Räume sowie die damit verbundenen Arbeiten zu. In Pakistan lassen sich verallgemeinernd zwei Dimensionen von Purdah beobachten.

Erstens bleiben Frauen und Mädchen nach Eintritt in die Pubertät komplett auf die häusliche Sphäre beschränkt. Sie tragen Verantwortung für Aufgaben wie Kindererziehung, Kochen, Waschen etc., die in der privaten Sphäre, hinter den Hofmauern und in den Wohnhäusern stattfinden. In Gebieten mit paschtunischer Bevölkerungsmehrheit, in Belutschistan und großen Teilen des Sindhs verlassen Frauen ihre Häuser nur in Begleitung männlicher Verwandter und in der Regel tief verschleiert. Bei Zeremonien wie Hochzeiten feiern Männer und Frauen getrennt voneinander; Gespräche zwischen den Geschlechtern sind gewöhnlich nur zwischen Verwandten gestattet. In einigen nördlichen Regionen des Landes mit schiitischer und ismailitischer Bevölkerung verfügen Frauen über größere Handlungs- und Entscheidungsspielräume und unterliegen weniger strikten Regeln der Geschlechtertrennung. Zweitens gilt eine räumliche Trennung der Geschlechter in der Öffentlichkeit. Diese manifestiert sich in separaten Zugabteilen, Sitzreihen in Bussen oder getrennten Bereichen in Restaurants und Bildungseinrichtungen.

Eine strikte Geschlechtertrennung ist nur Frauen wohlhabenderer Schichten möglich, die auf Dienstpersonal zurückgreifen können. Tatsächlich arbeiten viele Frauen auf dem Dorf in der Landwirtschaft, als Haushaltshilfen bei Grundbesitzern und in

Mädchen in traditioneller Bekleidung auf dem World Social Forum in Karatschi im März 2006.

den Städten im informellen Sektor. Dennoch müssen sie ihr Verhalten an vorherrschende Normen anpassen und befinden sich im öffentlichen Raum stets unter Beobachtung durch Verwandte männlichen Geschlechts und/oder Dorfbewohner. In ländlichen Regionen gilt die Einhaltung der Geschlechtertrennung als Statussymbol, denn man sieht diese als Indikator für Reichtum. Familien können es sich »leisten«, ihre Frauen im Haus zu behalten, wohingegen Frauen ärmerer Haushalte gezwungen sind, Erwerbstätigkeiten außerhalb der schützenden Hofmauern nachzugehen.

Das Konzept von Ehre und Schande

Die Geschlechtertrennung, die klar definierten Regeln des Umgangs zwischen Männern und Frauen und die Sanktionen im Falle der Verletzung dieser Normen begründen sich im Konzept der Ehre (*Izzat*) und Schande. Dabei tragen Frauen die Verantwortung für die Einhaltung der Ehre, die sie durch ihr Verhalten und ihr Aussehen beschädigen können. Männern hingegen obliegt die Kontrolle des Verhaltens weiblicher Familienangehöriger und ggf. die Verteidigung oder Wiederherstellung der Familienehre. Hinter diesem Konzept steht die Überzeugung, dass die Sexualität von Frauen kontrolliert werden muss. Frauen verhüllen z.B. ihre weiblichen Reize – die bereits mit den Haaren beginnen – unter einer *Burka* (Schleier), wenn sie den öffentlichen Raum betreten. In den Stammesgesellschaften der Belutschen und Paschtunen gilt bereits der Augenkontakt zwischen nicht verwandten Frauen und Männern oder ein Gespräch als

Ehrverletzung. In sehr konservativen Familien bringen Mädchen beispielsweise Schande über ihre Familie, wenn sie auf dem Schulweg mit Jungen sprechen: Deshalb nimmt man(n) Mädchen entweder nach Eintritt in die Pubertät aus der Schule oder lässt sie – sofern vorhanden – nach Geschlechtern getrennte Ausbildungseinrichtungen besuchen.

Um die Ehre der Familie und den verletzten Stolz der Männer wieder herzustellen, greifen männliche Verwandte teilweise zu drakonischen Mitteln, die von Verbrennungen – herbeigeführt durch »Unfälle« beim Kochen – bis zu Mord reichen. Pakistan zählt zu den Ländern mit den meisten Ehrenmorden weltweit. Dies liegt neben dem Einfluss radikal islamischer Parteien auch an der nationalen Gesetzgebung seit Staatsgründung, die Frauen jahrzehntelang zu Bürgern zweiter Klasse degradierte.

Nationale Gesetzgebung und ihre Bedeutung

Die gesellschaftliche Position von Mädchen und Frauen im Vergleich zu der von Jungen und Männern steht in engem Zusammenhang mit den jeweiligen Regierungen. Auf nationalstaatlicher Ebene garantierte die erste Verfassung unter Ayub Khan (1958–1969) Frauen und Männern gleiche Grundrechte. Die 1961 modifizierte Familiengesetzgebung gestand Frauen mehr Rechte bei Fragen der Eheschließung, Scheidung und dem Sorgerecht für Kinder zu. Der politische Modernisierer Zulfikar Ali Bhutto (1970–1977) ermöglichte Frauen durch Bildungs- und Gesundheitsprogramme die Teilhabe an gesellschaftlichen Entwicklungen und verbot in der Verfassung von 1973 Geschlechterdiskriminierung. In seiner Regierungszeit begannen heute noch tätige Frauenorganisationen ihre Arbeit. Frauen schrieben sich an den Universitäten ein und übernahmen öffentliche Ämter. Diese Zeit des Aufbruchs nahm 1977 mit der Machtübernahme von Mohammed Zia ul-Haq und seiner Islamisierungspolitik ein jähes Ende. Die Militärregierung forderte das Tragen einer Kopfbedeckung und des *Shalwar Kameez* (Pluderhose mit mindestens knielangem und langärmeligem Oberteil) für Frauen im Staatsdienst und Schülerinnen ein. Ab 1982 mussten Lehrerinnen und Schülerinnen in höheren Bildungseinrichtungen einen *Tschador* (Schleier)

Die gebürtige Pakistanerin Sabatina James (Aufnahme vom 3. Dezember 2004) lebt unter diesem Decknamen in Österreich. Sie war vom Islam zum Christentum konvertiert und hatte sich gegen die Zwangsheirat in Pakistan gewehrt. Ihre Lebensgeschichte schrieb sie in dem Buch »Sterben sollst du für dein Glück« nieder.

anlegen. Die Gründung einer Frauenuniversität sollte 1978 die angeblich nicht-islamische Koedukation beenden.

Das Inkrafttreten des Hudood-Strafrechts 1979 schrieb die staatliche Diskriminierung von Frauen endgültig fest. Strafrechtlich nach islamischem Recht verfolgt werden Vergehen wie Ehebruch, Unzucht, Vergewaltigung und Prostitution (vgl. den Beitrag von Boris Wilke). Frauen müssen bei einer Vergewaltigung vier Männer muslimischen Glaubens als Zeugen benennen, die ihre Aussage bestätigen. Ist ihnen das nicht möglich, laufen sie Gefahr, des Ehebruchs und/oder der Prostitution angezeigt zu werden. Das festgeschriebene Strafmaß variiert von Tod durch Steinigung bei Ehebruch über Auspeitschung und Gefängnisstrafen bei Prostitution. (In den vergangenen Jahren wurden alle Todesurteile entweder in Gefängnisstrafen umgewandelt oder die vermeintlichen Täterinnen aufgrund internationaler Proteste begnadigt.)

Durch diese Art des Strafrechts werden Opfer von Gewaltverbrechen zu Täterinnen gemacht. Ihre Minderwertigkeit betont noch der Umstand, dass die Zeugenaussagen von Frauen nur halb so viel gelten wie die von Männern muslimischen Glaubens. Allein 2004 wurden offiziellen Angaben zufolge 1250 Frauen umgebracht, weil sie angeblich Schande über ihre Familie gebracht hatten. Alle vier Stunden wird nach Schätzungen eine pakistanische Frau vergewaltigt, die Dunkelziffer liegt wohl noch erheblich höher. Betroffen sind Frauen aus allen gesellschaftlichen Schichten, in ländlichen Regionen ebenso wie in Städten. Die Täter bleiben in der Regel straffrei. Die nicht-staatliche Menschenrechtskommission geht davon aus, dass es nur in jedem fünften Fall überhaupt zu einer Anzeige kommt.

In der Regierungszeit von Nawaz Sharif verabschiedete das Parlament zwei Gesetze zu Vergeltung (*Quisas*) und Blutgeld (*Diyat*), welche die Minderwertigkeit von Frauen festschrieben. Im Fall von Konflikten zwischen zwei Familien kann die geschädigte Familie das so genannte Blutgeld verlangen: Eine finanzielle Kompensation befreit die Täter davon, sich für eine Straftat wie Vergewaltigung, Körperverletzung oder sogar Mord gerichtlich verantworten zu müssen. Eine besonders perfide Form der Vergeltung besteht in der Möglichkeit, für eine begangene Straftat eine Tochter an die geschädigte Familie abzutreten.

Diese traditionelle Form der Beilegung von Familienfehden ist keine Ausnahme, sondern in den ländlichen Gebieten verbreitet. Aufsehen erregte 2005 der Fall einer jungen Frau, deren Vergewaltigung als Strafe für ein von ihrem Bruder verübtes vermeintliches Verbrechen vom Ältestenrat des Dorfes beschlossen und von vier jungen Männern durchgeführt wurde.

Versuche, die Hudood-Gesetze abzuschaffen, scheiterten bislang. Politiker beiderlei Geschlechts, die eine Aufhebung der entsprechenden Bestimmungen fordern, erhalten Morddrohungen. Auch die erste weibliche Staatschefin, Benazir Bhutto, unternahm diesbezüglich keine Anstrengungen, denn alle demokratisch gewählten Machthaber in Pakistan benötigten die Unterstützung konservativer islamischer Parteien.

Unter der Regierung von General Pervez Musharraf gab es erste politische Zugeständnisse bezüglich der politischen Teilhabe von Frauen. So erhielten bei den Kommunalwahlen im Jahr 2000 immerhin 40 000 weibliche (33 Prozent) Gemeinderäte ein Mandat. Bei den Parlamentswahlen gestand man Frauen reservierte Sitze zu, für die sie jedoch nicht kandidieren durften, sondern für die sie sich von männlichen Parteimitgliedern vorschlagen lassen mussten. Mit 17 Prozent stellen Frauen knapp ein Fünftel der Mitglieder der Nationalversammlung.

Erste Reformen des umstrittenen Strafrechts leitete Musharraf 2005 mit der Unterzeichnung einer Gesetzesvorlage ein, die Ehrenmorde als reguläre Morde definierte. Allerdings weist dieses Gesetz einen von Frauenorganisationen heftig kritisierten Schwachpunkt auf. Die beteiligten Familien können sich weiter-

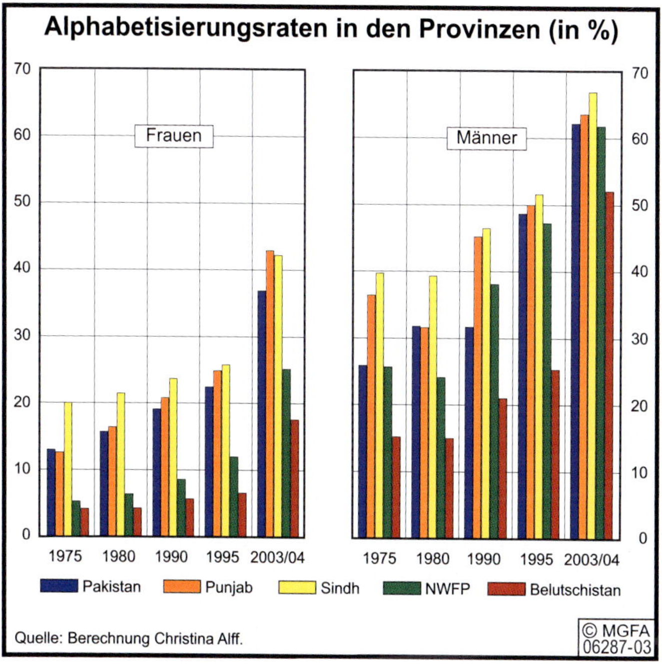

hin über die Zahlung von Blutgeld oder andere Vereinbarungen wie die schon thematisierte Gruppenvergewaltigung außergerichtlich einigen. Als zweites Gesetz sorgte das Frauenschutzgesetz bei den konservativen islamischen Parteien für Empörung. Dieses ahndet Vergewaltigung nicht mehr nach der *Scharia*, sondern nach dem pakistanischen Strafgesetz. Das befreit Frauen von dem Zwang, vier männliche Augenzeugen des Verbrechens zu präsentieren. Für die seit den 1970er-Jahren entstandenen Frauen- und Menschenrechtsorganisationen reichen diese Reformen allerdings bei weitem nicht aus. Sie setzen sich weiter für die komplette Abschaffung der Hudood-Gesetze ein.

Die internationale Frauenbewegung beeinflusste die Organisierung von Frauen und der mit ihnen verbündeten Männer in Pakistan maßgeblich. Zivilgesellschaftliche Gruppen und Menschenrechtsorganisationen wie die Stiftung AURAT oder Shirkat

Gah kämpfen für mehr Gleichberechtigung und gegen diskriminierende Gesetze sowie für die uneingeschränkte politische Teilhabe von Frauen. Seit dem 11. September 2001 scheinen ihre Handlungsspielräume jedoch durch die Islamisierungswelle und den Einfluss radikal islamistischer Gruppierungen eingeschränkt.

Schulbildung und berufliche Aktivitäten

Im Zugang zu Grundbildung für Mädchen und Jungen lassen sich große Stadt-Land- sowie regionalspezifische Unterschiede konstatieren. Die niedrigsten Alphabetisierungsraten mit weniger als 25 Prozent weisen Mädchen in den Stammesgesellschaften der North-West Frontier Province (NWFP) und Belutschistans auf. Erschreckend sind hier vor allem die minimalen Fortschritte, die zwischen 1975 und 1995 trotz positiver Wirtschaftsentwicklung gelangen. Die Zahlen belegen die Wirksamkeit religiöser, stammesspezifischer und kultureller Überzeugungen. Diese lassen Bildung für Mädchen weniger relevant erscheinen als für Jungen, die als zukünftige Ernährer ihrer Familien gelten. Der Anstieg der Alphabetisierungsraten bis 2003/04 lässt sich auf die Anstrengungen im Rahmen der Verabschiedung der Millenniums-Entwicklungsziele zurückführen. Dennoch klafft nach wir vor eine große Lücke zwischen Stadt und Land: So konnten in den ländlichen Gebieten der Provinz Sindh 2004 nur 15,7 Prozent, in Belutschistan sogar nur 9,2 Prozent der Mädchen lesen und schreiben!

In ländlichen Regionen Pakistans besuchen nur drei Prozent der zwölfjährigen Mädchen eine Sekundarschule, im Gegensatz zu 18 Prozent der gleichaltrigen Jungen. 1997 waren an den Universitäten des Landes lediglich 29 Prozent aller Studierenden Frauen. Von 172 Fachhochschulen stehen lediglich zehn ausschließlich Mädchen offen. Von heranwachsenden Frauen wird erwartet, dass sie sich auf ihre Rolle als Ehefrau und Mutter vorbereiten und nicht, dass sie ihren Intellekt weiter entwickeln.

Der niedrige Bildungsstand zeigt direkte Auswirkungen auf die Erwerbsmöglichkeiten von Frauen, die in Pakistan mehrheitlich im informellen Sektor und als niedrig entlohnte landwirtschaftliche Kräfte arbeiten. Allerdings erhöhen sich die Chancen auf eine Beschäftigung im formellen Sektor immens, sobald Frauen

Am 30. März 2006 schlossen die ersten vier weiblichen Jetpiloten der pakistanischen Luftwaffe ihre Ausbildung ab.

picture-alliance/dpa/T. Mughal

eine höhere Schulbildung absolviert haben. So waren 2004 im öffentlichen Dienst knapp 35 Prozent Frauen als Lehrerinnen, Ärztinnen, Staatsangestellte und Bürokräfte beschäftigt.

Gleichberechtigung – ein ferner Punkt am Horizont

Nach wie vor gehört Pakistan zu den Ländern, in denen Geschlechterdiskriminierung, Gewalt gegen Mädchen und Frauen sowie die festgeschriebene Ungleichheit vor dem Gesetz den weiblichen Alltag bestimmen. Frauen insbesondere in ländlichen Regionen und aus armen Familien enthält man eine Reihe von bürgerlichen, sozialen und politischen Rechten vor. Davon ausgenommen sind Angehörige der bürgerlichen intellektuellen urbanen Mittel- und Oberschichten, denen politische Teilhabe, Berufstätigkeit und größere Selbstbestimmtheit zugestanden werden.

Vertreterinnen pakistanischer Frauen- und Menschenrechtsorganisationen konnten in den letzten Jahrzehnten kleine Erfolge bei wichtigen Reformvorhaben wie Gesetzesänderungen und politischen Beteiligungsformen erreichen. Die schwierigen politischen Rahmenbedingungen, beeinflusst durch die Weltwirtschaftskrise und den im Land stattfindenden Kampf gegen fundamentalistische Kräfte, schwächen derzeit die zivilgesellschaftlichen Organisationen in ihren Aktivitäten. Das Engagement für mehr Gleichberechtigung und soziale Gerechtigkeit wird dem Kampf gegen den Terrorismus untergeordnet.

Christina Alff

picture-alliance/dpa/Akhter Soomro

Im Falle Pakistans spielen die Umgestaltung der natürlichen Gegebenheiten, die Nutzbarmachung der lebenswichtigen Ressource Wasser und die damit verbundenen Konfliktkonstellationen eine wesentliche Rolle. Die Gletscherwasserspeicher, mächtige Flusssysteme als verbindende Leiter und die Ebenen der saisonal während des Monsun beregneten Trockengebiete bilden den ökologischen Rahmen für das weltweit größte zusammenhängende Bewässerungsgebiet. Obwohl Pakistan mit großen Wasserressourcen gesegnet ist – ungefähr 1300 m^3 jährlich pro Person – ist die Verteilung problematisch.

Knappe Ressourcen – Bewässerung und Energiegewinnung

Die pakistanische Aufsichts- und Steuerungsbehörde Water and Power Development Authority (WAPDA) koordiniert unter ihrem Dach die Energie-Erzeugung und Bewässerung. Von der Gesamtmenge des zur Verfügung stehenden Wassers beansprucht alleine die Landwirtschaft vier Fünftel. Deren Ertrag beläuft sich bei einer Bewässerungsfläche von fast 18 Mio. Hektar (ha) – die gesamte deutsche Anbaufläche beträgt 12 Mio. ha – jedoch nur auf ein Fünftel des pakistanischen Bruttoinlandsproduktes (BIP). Konflikte zwischen privat bewässertem Ackerbau und Ansprüchen der staatlich monopolisierten Energie-Erzeugung sind deshalb an der Tagesordnung.

Das Kanalbewässerungssystem ist als ein Ableitungsnetzwerk ausgelegt, das prinzipiell auf eine kontinuierliche Wasserführung und gerechte Verteilung baut. Die Realität weicht jedoch in jeglicher Hinsicht vom Regelwerk ab. Der Zugang zur Ressource Wasser ist vielmehr Ergebnis historischer Prozesse, modifizierter Nutzungsregeln und politischer Macht. Generell bedingen die Jahreszeiten hohe Schwankungen der Wasserzufuhr aus den Hochgebirgen. Dort wird im Winter (*Rabi*) das Wasser in Schnee gebunden, weshalb es in diesem Zeitraum zu Wasserengpässen im pakistanischen Tiefland kommt. Dagegen lässt die Frühjahrs- und Sommerschmelze reichlich Wasser aus den Gebirgen abfließen, von dem in den Sommermonaten (*Kharif*) nur etwa ein Drittel für die Bewässerungslandwirtschaft genutzt wird.

Zwei Drittel des abgezweigten Flusswassers wird durch Kanalbewässerung abgeleitet. Die verbleibenden 101 Million Acre Feet (MAF; 1 MAF = 1,234 Mrd. m^3) werden durch Grundwasser und Niederschläge im Bewässerungsgebiet vor allem während des Monsuns ergänzt. Nach Abzug aller Leitungs- und Anwendungsverluste stehen damit auf den Ackerfluren noch 56 MAF zur Verfügung.

Konflikte um ein knapper werdendes Gut bei gleichzeitig realisierten hohen Verlusten von Wassermengen bzw. fehlender Inwertsetzung zeigen deutlich vorhandene Optimierungsmöglichkeiten auf, ebenso wie existierende Interessenkonfrontationen. Partikulare Interessen einzelner Beteiligter, die der Gesamtheit der Systembeteiligten zuwiderlaufen, lassen sich auf unterschiedlichen Ebenen beobachten:

- International: Gegensätzliche Ansprüche souveräner Staaten, welche sich derselben Ressourcen bedienen, können bei deren Verknappung zu krisenhaften Konfrontationen führen.
- Regional: Innerhalb von Nationalstaaten können Interessengegensätze zwischen Provinzen, Ober- und Unterliegern sowie zwischen Nutzergruppen auftreten.
- Sektoral: Bedürfnisse und Ansprüche von Bewässerungslandwirtschaft und Energieverbrauchern weisen mengenmäßige und saisonale Ungleichmäßigkeiten auf.
- Ökologisch: Massive technische Eingriffe in die Natur verändern den Bodenwasserhaushalt, bewirken Versalzung, Übersäuerung und Vernässung und können zu nachhaltigen Umweltschädigungen führen.

Alle vier Aspekte sind für die Vorlandgebiete des innerasiatischen Hochgebirgsgürtels zu belegen. Im südasiatischen Fünfstromland treten Verteilungskonflikte mit gravierenden Folgewirkungen zutage.

Konflikte mit Indien um die Ressource Wasser

Schon während der Herrschaft der Großmoguln (16.–19. Jh.) versuchte man, die Wasserressourcen der südasiatischen Hochgebirgsumrahmung für eine Erweiterung der Nahrungsbasis im Norden des Subkontinents in größerem Umfang zu nutzen. Während der britischen Kolonialherrschaft und auf der technologischen Höhe des Victorianischen Zeitalters erfolgte der Ausbau des Bewässerungssystems im Fünfstromland. Seit 1850 wurden konkrete Pläne zur Inwertsetzung zuvor vorwiegend weidewirtschaftlich genutzter Flächen mittels einer Intensiv-Bewässerungswirtschaft geschmiedet. Es dauerte jedoch weitere 40 Jahre, bis der Ausbau des Kanalbewässerungssystems tatsächlich Gestalt annahm. In der Folge entstand das ausgedehnte, geschlossene und interdependente Bewässerungsgebiet, das 1947 zwischen den nun souveränen Staaten Indien und Pakistan geteilt werden musste.

Schon unmittelbar nach der Unabhängigkeit kam es zwischen beiden Ländern zu Streitigkeiten über die Nutzung der aus Hoch-

picture-alliance/dpa/Nadeem Khawer

Der Indus bei Niedrigwasser.

asien in das Indus-Becken fließenden Gewässer. Das als Einheit geschaffene System konnte nur schwer getrennt werden: Erstens bedient es sich aus Gletscherreservoirs im Himalayagürtel, dessen Schmelzwasser zunächst indisches Territorium durchfließt, bevor es Pakistan erreicht. Zweitens waren aus ingenieurtechnischen und agrarkolonisatorischen Überlegungen mehrere Flüsse über Kanalsysteme miteinander vernetzt worden, um Abflussspitzen auszugleichen und ein ausreichendes Wasserangebot in den »Kanalkolonien« zu gewährleisten. Der Konflikt eskalierte Anfang der 1950er-Jahre und drohte sich zu einer militärischen Auseinandersetzung auszuweiten. Erst nach neunjährigen Verhandlungen konnten die Auffassungsunterschiede durch die Weltbank geschlichtet werden. Neben den USA und Großbritannien beteiligten sich auch Kanada, die Bundesrepublik Deutschland und Neuseeland finanziell an der Verhinderung eines »Wasser-Krieges«. Die Konfliktparteien einigten sich im Induswasser-Vertrag von 1960 auf die eindeutige Formel: Die östlichen drei Flüsse – Sutlej, Beas und Ravi – sollten fortan ausschließlich Indien zur Verfügung stehen, während das Wasser aus Chenab, Jhelum und Indus vollständig von Pakistan genutzt werden kann. Die Klarheit des Verhandlungsergebnisses wird darauf zurückgeführt, dass die Lösungsfindung Wasserbauingenieuren übertragen worden war, welche die Verteilung als ein rein technisches Problem begriffen. Gleichwohl resultierten hieraus doch vielfältige Probleme mit Auswirkungen bis in die Gegenwart.

Pakistan erhielt aus dem Induswasser-Vertrag den überwiegenden Anteil der zu verteilenden Wassermenge in der Größenordnung von 133 MAF jährlich zugesprochen. Die drei westlichen Flüsse verfügen über 80, während die drei östlichen Flüsse mit 33 MAF lediglich 20 Prozent der Wasserkapazität beisteuern. Vergleicht man die in Pakistan und Indien bedienten Bewässerungsflächen vor Abschluss des Abkommens, dann lagen die pakistanischen Anteile mit 94 Prozent des kanalbewässerten Landes zuvor sogar noch höher. Wichtige Flussläufe wie beispielsweise der durch Lahore fließende Ravi wurden dem Abkommen gemäß ebenso trockengelegt bzw. von der Wasserzufuhr abgeschnitten wie auch das auf pakistanischem Territorium befindliche Flussbett des Sutlej. Das Zwischenstromland (*Doab*) dieser beiden Flüsse wäre im Unterlauf zumindest ohne Versorgung verblieben, da Indien berechtigt war, die gesamte im Oberlauf anfallende Wassermenge für sich abzuleiten. Nur die Neustrukturierung der Bewässerungssysteme in beiden souveränen Staaten bot daher die Chance, die zukünftige Funktionsfähigkeit von Flussbetten und Kanalnetzen zu garantieren. Zur Implementierung entstand in Pakistan die WAPDA als nationale Koordinierungsbehörde, heute übrigens der größte Arbeitgeber nach der pakistanischen Armee.

Der vereinbarte und international geförderte Maßnahmenkatalog war vielfältig. Die damit verbundenen umfangreichen Bauten und Modifikationen konnten erst im Verlauf von zehn Jahren realisiert werden. Trockengefallene Fluss- und Kanalläufe sollten über acht neu zu errichtende Verbindungskanäle von mehr als 620 km Länge an andere Versorger angebunden werden. Fünf zusätzliche Stauwehre und ein Kanaltunnel mit einer Gesamtkronenlänge von 5,2 km unterstützten die Lenkung von fast 3000 m^3 Wasser pro Sekunde zu neuen Fließwegen. Große Speicherreservoirs entstanden an Jhelum (Mangla-Damm, 1967) und Indus (Tarbela-Damm, 1975). Damit sollte in Umfang und zeitlicher Abfolge eine gleichmäßigere Verteilung der zur Verfügung stehenden Menge im gesamten Netz gesichert werden.

Die hydro-elektrische Energie-Erzeugung war zudem ein zentrales Anliegen der Staudammbauten. 1993 konnte in Tarbela die Gesamtkapazität des dort erzeugten Stroms auf 3478 Megawatt (MW) gesteigert werden, nachdem sie nach der Fertigstellung des Dammes mit 700 MW zunächst noch hinter Mangla (1000 MW) zurückgeblieben war. Mit diesen kostenintensiven Maßnahmen gelang die Erhaltung des vorwiegend auf Kanalbewässerung ausgelegten landwirtschaftlichen Produktionsgebietes im pakistanischen Fünfstromland. Eine internationale Krise konnte durch den Ausbau zweier voneinander entkoppelter, separat integrierter Netzwerke in Pakistan und Indien abgewendet werden. Somit gaben Wasserstreitigkeiten in der Folgezeit keinesfalls den hauptsächlichen Ausschlag für Konflikte zwischen den beiden rivalisierenden Nachbarn Pakistan und Indien (vgl. den Beitrag von Christian Wagner).

Wasserkonflikte zwischen den Provinzen

Innenpolitisch erbte Pakistan Konflikte, die schon zur Kolonialzeit für Turbulenzen gesorgt hatten (vgl. den Beitrag von Bernd Lemke und Martin Rink). Mit der Koppelung der Wasserverteilung an Ausbau und Erweiterung des Systems sowie der Modifizierung im Rahmen des Induswasser-Vertrages wurde das 1945 geschlossene Sindh-Punjab Draft Agreement – in dem noch unter britischer Vermittlung die Wassernutzung für beide Gebiete geregelt worden war – obsolet.

Während die WAPDA für die Bewirtschaftung der Stauseen und die saisonale Bereitstellung deren Ressourcen verantwortlich zeichnet, führen die Bewässerungsministerien der Provinzen und deren nachgeordnete Dienststellen die Distribution (*Warabandi*) des nach dem nationalen Verteilungsschlüssel dargebotenen Wassers bis hin in sekundäre und tertiäre Kanalsysteme aus. Neben dem Betrieb der Bewässerungsanlagen fällt auch die Instandhaltung der Zuleitersysteme in ihren Zuständigkeitsbereich. Auf unterer Ebene obliegt den Wassernutzern, die sich idealtypisch zu je 100–200 Landwirten in 89 000 Bewässerungsblöcken (*Chak*) zu jeweils 80–160 ha organisieren, die Verteilung nach entsprechender Rotation. Diese Dreiteilung der Zuständigkeiten basiert auf dem Prinzip der Wasservergabe nach vereinbarten Mengen. Hierbei werden in keiner Weise Pflanzenwasseransprüche oder das Vorhandensein von Grundwasserressourcen und deren Einsatz als flankierende Bewässerungstechniken berücksichtigt. Konflikte sind deshalb vorprogrammiert.

Die Einigung auf eine adäquate Wasserverteilung zwischen den Provinzen war schon während der Kolonialzeit umstritten. Die Provinz Sindh empfindet sich demzufolge sowohl in quantitativer als auch in qualitativer Hinsicht gegenüber der mächtigen Oberliegerprovinz Punjab benachteiligt. Seit der Unabhängigkeit Pakistans blieb das vertragsmäßig vereinbarte Wasserquantum Sindhs stabil, während sich die im Punjab verfügbare Menge erhöhte. Die tatsächlich realisierten Mengen weichen in Extremjahren freilich von den Regelvorgaben ab. Die bezüglich des Wasserverbrauchs sekundären Provinzen Belutschistan und North-West Frontier Province (NWFP) scheinen bei Unterschreiten der Verteilungsgrenze signifikant unterversorgt zu werden.

Prinzipiell zeigt die Bewässerungspraxis, dass Oberlieger im Durchschnitt bis zu 15 Prozent mehr Wasser erhalten als Unterlieger. Der im System angelegte Nachteil scheint auch auf Provinzverteilungsebene realistisch zu sein und führt in Zeiten des Mangels regelmäßig zu gegenseitigen Anschuldigungen. Der Streit um weitere zu bauende Reservoire schließt diese Kritik ein, da man von neuen Staudämmen, wie beispielsweise in Kalabagh geplant, eher Vorteile für den Punjab erwartet als eine allgemein verbesserte Wasserversorgung der kleineren Provinzen. In die für die Einhaltung des Abkommens 1993 geschaffene Behörde, die Indus River System Authority mit Sitz in Lahore, entsenden alle vier Provinzen Personal. Die Arbeit der Organisation ist um Ausgleich bemüht, wird jedoch erschwert, weil die kleineren Provinzen Ausbauvorhaben blockieren. Der Verteilungskonflikt scheint bezüglich der Unterlieger-Oberlieger-Frage zugunsten des Punjab auszugehen, der neben einem günstigeren Ressourcenzugang von sämtlichen Ausbauten sowie auch von einer besseren Wasserqualität profitiert.

Zudem ist der Anteil der aus Pumpbewässerung (Brunnen) geschöpften Wassermenge gerade hier wesentlich erhöht worden. Der Induswasser-Vertrag maß dieser Bewässerungstechnik zentrale Bedeutung für die Erhöhung der Wasserverfügbarkeit und für die Kontrolle von vernässten und versalzten Anbauflächen durch Absenkung des Grundwasserspiegels bei. Fast die

Bewässerungssystem im Indus-Becken

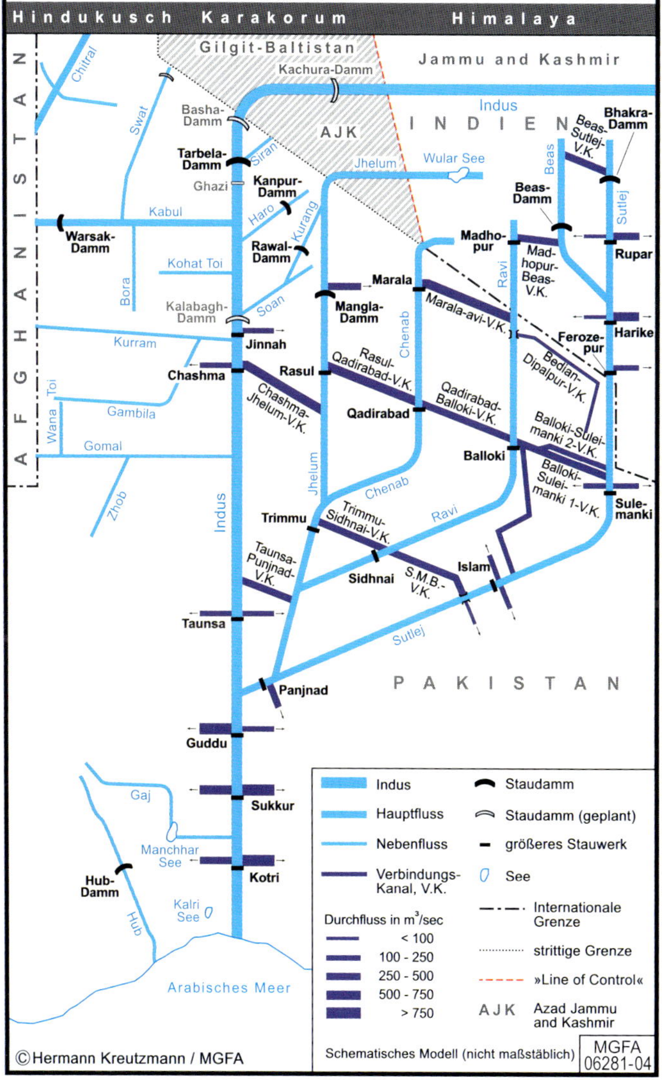

picture-alliance/dpa/Mark Renders

Reisernte im Swat-Tal.

Hälfte der Feldbewässerung im Fünfstromland stammt heute aus Pumpbewässerung. Allein im Punjab fördern 430 000 Pumpen genau so viel Wasser an die Oberfläche, wie das gesamte Kanalsystem im Indus-Becken durch Oberflächenabfluss zur Pflanzenproduktion beiträgt. Zwei Drittel so geförderten Wassers ermöglichen im Punjab drei Viertel des Weizenanbaus, 82,5 Prozent der Baumwoll- und 98 Prozent der Reisernte.

Die genannten Maßnahmen streben eine effizientere Nutzung vorhandener Ressourcen sowie einen saisonalen Ausgleich in der Wasserverfügbarkeit an, ohne den quantitativen Engpass hinsichtlich Boden und Wasser beheben zu können. Das System hat seine Grenzen erreicht, was den Verteilungskonflikt zwischen den Provinzen verschärft.

Umstrittene Ressource zwischen Land- und Energiewirtschaft

Die Attraktivität der Ressource Wasser liegt in ihren vielfältigen Einsatzmöglichkeiten. Dabei treten strukturelle Probleme hinsichtlich der doppelten Wassernutzung auf. Bedürfnisse und Bedarfsanmeldung der Landwirtschaft einerseits, deren Nachfrage durch saisonale Anbauzyklen bestimmt wird, und andererseits der Energiewirtschaft, die ein möglichst gleichmäßiges Wasserangebot erwartet, das noch dazu tägliche Verbrauchsspitzen auffangen soll, scheinen kaum in Einklang zu bringen zu sein. Der politische Primat liegt weiterhin auf der Bewässerungslandwirtschaft, obwohl mit der Einführung von Pumpbewässerung ein gewisser Ausgleich zugunsten der Energieversorgung geschaffen werden konnte.

Die maximale Energie-Erzeugung in WAPDA-Einrichtungen erreichte 1997 die Marke von 11 114 MW. Damit versorgt die WAPDA ganz Pakistan mit Ausnahme von Karatschi, das ein eigenes Netz betreibt. In das nationale Stromnetz fließen auch Beiträge aus dem Privatsektor, die mittlerweile einen Anteil von über zehn Prozent ausmachen. Das Verhältnis zwischen hydroelektrischer (4826 MW) und thermischer Energie-Erzeugung (6288 MW) hat sich in den letzten Jahren weiter zulasten der Wassernutzung verschoben. Dies spiegelt sich in dem Umstand wider, dass sich zum einen der Ausbau geplanter Staudammprojekte verzögert hat, zum anderen die Wasserenergie nicht in angemessener Weise ihre Aufgabe der Grundversorgung erfüllen konnte.

»Load-shedding« ist in diesem Zusammenhang das allseits gefürchtete Schlagwort: Es umschreibt die Verteilung des Mangels, was bedeutet, dass gerade in den Wintermonaten bei geringer Füllung der Stauseen und trotz geringer landwirtschaftlicher Ansprüche Wasser zur Energie-Erzeugung fehlt. Das resultierende Energieproduktionsdefizit wird dann auf die Verbraucher umverteilt mit der Konsequenz, dass je nach Umfang des Mangels einzelne Regionen im Turnus von mehreren Stunden vom nationalen Stromversorgungsnetz getrennt werden. Das hat gravierende Konsequenzen für bestimmte Schlüsselindustrien, aber auch für private Verbraucher, die auf eine kontinuierliche Stromversorgung bauen. Diese Rahmenkonstellation bedeutet nicht nur ein Ärgernis für Stromkunden, sondern auch ein Entwicklungshemmnis im Industrie- und Dienstleistungssektor, die häufig auf kostspielige eigenbetriebene Stromerzeugungsaggregate ausweichen müssen.

Terrassenanbau bei Karimabad in der Region Hunza.

Ökologische Konsequenzen

Ein massiver Eingriff in den natürlichen Wasserhaushalt, wie es das Bewässerungssystem im Fünfstromland darstellt, zieht vielfältige Konsequenzen und ökologische Probleme nach sich. Allein schon die in den Kanälen abgelagerte Sedimentfracht der Flüsse erfordert regelmäßige Reinigungs- und Instandhaltungsarbeiten. Dem technischen Standard der jeweiligen Ausbauphase entsprechend besteht das Bewässerungsnetzwerk weitgehend aus unabgedichteten Kanälen. Bedeutende Wassermengen versickern auf ihrem kilometerlangen Transport und tragen zu einer signifikanten Anhebung des Grundwasserspiegels bei. Dort wo das Grundwasser an die Oberfläche trat, gingen Anbauflächen durch Versumpfung verloren. An anderen Stellen verursachte ein niedriger Grundwasserpegel eine Anreicherung von Salzen, die den Ackerbau beeinträchtigten oder unmöglich machten. Der volle Umfang dieser Problematik wurde schon während der Kolonialzeit deutlich. Kurz nach der Unabhängigkeit erreichte er dramatische Ausmaße, als im Punjab 28 und im Sindh sogar 74 Prozent der Bewässerungsfläche als versalzen klassifiziert wurden.

Mit der Schaffung der WAPDA gingen ab 1959 Land-Rückgewinnungsprogramme für mehr als sechs Mio. ha betroffener

Das Erdbeben von 2005

Am Morgen des 8. Oktober 2005 erschütterte ein Erdbeben der Stärke 7,6 den Nordosten Pakistans. Das Epizentrum lag an der Grenze zwischen der North-West Frontier Province (NWFP) und Azad Jammu and Kashmir (AJK). Da es sich um eine geologisch labile Gebirgsregion handelt, erreichten die Verwüstungen ein erhebliches Ausmaß. In der NWFP war die Kleinstadt Balakot am stärksten betroffen und wurde fast vollständig zerstört. In AJK erlitt vor allem die Hauptstadt Muzaffarabad große Schäden. In beiden Provinzen waren aber auch ländliche Regionen massiv betroffen. Das Beben ließ Hänge abrutschen, und ganze Dörfer wurden dem Erdboden gleich gemacht. Über 87 000 Menschen starben, weitere 70 000 wurden zum Teil schwer verletzt und nahezu 3,3 Mio. obdachlos. Unter den Opfern befanden sich besonders viele Kinder. Sie hatten sich in Schulen aufgehalten, die dem Beben nicht standhielten.

Die pakistanische Regierung war auf eine solche Katastrophe nicht vorbereitet. Es gab keinen Notfallplan, keine entsprechende Schutzbehörde. Die einzige Institution, die in der Lage gewesen wäre, schnell zu den Betroffenen zu kommen, war die Armee, die gerade in AJK aufgrund der Nähe der »Line of Control«, die den pakistanisch kontrollierten Teil Kaschmirs vom indisch kontrollierten Gebiet trennt, sehr präsent ist. Doch die Streitkräfte waren zunächst mit sich selbst beschäftigt; denn auch ihre Einrichtungen waren massiv beschädigt worden.

Das Erdbeben ereignete sich im Fastenmonat Ramadan und löste bei der einheimischen Bevölkerung sowie den Auslandspakistanern eine beispiellose Welle der Hilfsbereitschaft aus. Überall wurden Geld, Decken, Kleidung und Nahrung gespendet. Auch reisten viele Menschen spontan in die Krisenregion, um zu helfen. Da diese Hilfe völlig unkoordiniert war, ging sie jedoch meist an den Bedürftigen vorbei. Auch ausländische Rettungsteams gelangten kaum zu ihren Einsatzorten, da Transporthubschrauber fehlten. Erschwerend kam hinzu, dass AJK für Ausländer ohnehin gesperrt ist.

Erst nach einigen Tagen hatte sich die Armee so weit konsolidiert, dass sie mit Rettungs- und Hilfsmaßnahmen für zivile Opfer beginnen konnte. Aber auch ihre Transportmöglichkeiten reichten nicht aus, um alle abgeschnittenen Gebiete zu erreichen. Manche Dörfer blieben für Wochen von der Außenwelt abgeschnitten. Zudem wurden Vorwürfe laut, Militärs würden Hilfsgüter unterschlagen. Schneller vor Ort als die Streitkräfte waren vor allem militante islamistische Gruppierungen wie Al Rasheed Trust oder Jamaat ud-Da'wa, die von hier aus ihren Guerillakrieg im indischen Teil Kaschmirs organisierten (vgl. den Beitrag von Dieter Rothermund).

Im April 2006 gründete die pakistanische Regierung die Earthquake Reconstruction and Rehabilitation Authority (ERRA), die unter dem Slogan »Build back better« bis heute die Wiederaufbaumaßnahmen koordiniert und kontrolliert. Sie war die Nachfolgeorganisation der gleich nach dem Beben gebildeten Federal Relief Commission und sollte den Übergang von humanitärer Hilfe zum Wiederaufbau sicherstellen. Angesichts der gigantischen Aufgabe ist es nicht verwunderlich, dass ihre Arbeit oft kritisiert wird: Unklare oder widersprüchliche Richtlinien, bürokratische und schleppende Genehmigungen von Projekten und zu geringe Entschädigung der Opfer sind die häufigsten Vorwürfe. Symptomatisch für die damalige Präsidentschaft General Pervez Musharrafs war zudem, dass Schlüsselpositionen der Behörde mit Militärs besetzt wurden.

Ein zentrales Problem für die betroffenen Familien bildete vor allem der von der Regierung vorgesehene Wiederaufbauplan für Wohnhäuser. Aus Gründen der Erdbebensicherheit sollten nur noch kleine Zwei-Raum-Gebäude erstellt werden. In diesen fand jedoch die landesübliche Großfamilie keinen Platz. Zudem durfte anfangs lediglich eisenverstärkter Beton für den Bau verwendet werden; erst später wurde auch eine billigere Fachwerkbauweise zugelassen. Schließlich kam es innerhalb vieler Familien zu erheblichen Konflikten darüber, wie die Entschädigungsgelder verwendet werden sollten. Der Besitzer eines komplett zerstörten Hauses erhielt von der pakistanischen Regierung 175 000 Rupien (ca. 2300 Euro).

Vier Jahre nach dem Erdbeben ist der Wiederaufbau keineswegs abgeschlossen. Viele internationale Organisationen haben dennoch mittlerweile die Region verlassen, da ihre Finanzen aufgebraucht sind. Dies führte dazu, dass viele Projekte verwaisen. Den Gemeinden fehlen häufig die notwendigen Mittel, um die Vorhaben weiterzuführen. Auch sind viele Menschen noch immer traumatisiert und weit von einem Leben in Normalität entfernt. *(msö)*

Schläuche auf einer Müllkippe in Karatschi, die der Trinkwasserversorgung dienen. Der größte Teil der Stadtbevölkerung hat keinen Anschluss an sauberes Wasser.

Ackerfläche einher. Die Maßnahmen umfassten eine Ausweitung der Pumpbewässerung, verbesserte Drainagebauten (Entwässerung) zur Tieferlegung des Grundwasserspiegels sowie die Anlage von Verdunstungsbecken für Salzwasser. Später kamen auch Ausbesserungsarbeiten im Bereich der Kanalbettabdichtung hinzu. 1997 lief zudem die erste Phase eines National Drainage Programmes (NDP) an, das bis zum Jahre 2020 eine ökologisch nachhaltige Bewässerungswirtschaft im Fünfstromland ermöglichen soll. Bislang hat man erreicht, dass im Landesdurchschnitt Bodenvernässung und Versalzung auf 13 Prozent der landwirtschaftlichen Nutzfläche in der Vormonsunzeit und 30 Prozent in der Nachmonsunzeit reduziert werden konnten.

In Gebieten mit exzessiver Pumpbewässerung versäuern jedoch zunehmend Böden durch den Austrag von Calcium-Salzen. Die 430 000 von Bauern betriebenen Wasserpumpen fördern jährlich bis zu 53 Mio. Tonnen (t) Salz an die Oberfläche. Das Pumpwasser enthält durchschnittlich mit 600 parts per million (ppm) doppelt bis viermal so viel Salz wie Kanalwasser, das jedoch ebenfalls 15 Mio. t auf die Felder bringt. Weitere 20 Mio. t tragen allein die 2274 Hebe-Einrichtungen bei, die – zum Absenken des Grundwasserspiegels eingesetzt – Wasser mit 5000 bis 10 000 ppm Salzgehalt an die Oberfläche pumpen. Die Summe von insgesamt 88 Mio. t Salz beeinträchtigt den Anbau und die Bodenfruchtbarkeit nachhaltig. Der geschätzte Ernteverlust – Ertragseinbußen von bis zu 25 Prozent – bewegt sich in einer Größenordnung von 2,5 Mrd. US-Dollar jährlich.

Die Saisonalität der Monsun-Niederschläge und der Schmelzwasserabflüsse steuert die Schwankungen des Grundwasserspiegels. Nach wie vor ist die Provinz Sindh am stärksten von Anbauflächen- und Produktivitäts-Verlusten betroffen. Dies liegt zum einen an der minderwertigen Wasserqualität im Unterliegerbereich durch hohen Salzgehalt sowie industrie- und agrochemikalische Verunreinigung. Andererseits birgt die unzureichende Drainage der Anbauflächen ein erhöhtes Gefahrenpotenzial. Mit aufwendigen Maßnahmen hat man in den letzten Jahren versucht, einen Kanal parallel zum Indus zu führen, der in seinem östlichen Einzugsbereich Drainagewasser sammeln und ein schnelleres Abfließen zum Arabischen Meer gewährleisten soll. Dem Projekt liegt die Idee zugrunde, dass mit einer ingenieurtechnischen Lösung die langfristige Rettung des Bewässerungsgebietes in der Provinz Sindh gewährleistet werden könnte. Dabei war die Einschränkung von Versalzung und Vernässung ein vorrangiges Ziel. Zudem sollte dieses Projekt eine grundsätzliche Neuausrichtung des Bewässerungssystems befördern und das Wassermanagement verbessern. Neben einzelnen Teilerfolgen und einer enormen Kostenexplosion stehen in der Bilanz jedoch gravierende Umweltprobleme.

Analog verfolgt ein weiteres Projekt die Rettung von 660 000 ha Bewässerungsland auf dem westlichen Indus-Ufer. Die Oberflächengegebenheiten erfordern hier Lösungen, die darauf ausgerichtet sind, ein Drittel des Drainagewassers abzuleiten, während der Rest erneut in das Kanalsystem und in den Indus eingespeist werden soll. Mit derart schwer wiegenden Eingriffen zur Rettung wertvoller Bewässerungsflächen sind vielfältige Probleme hinsichtlich der Bewässerung für Unterlieger, der Trinkwasserversorgung der Metropolen und der Überlebensfähigkeit der Mangrovenwälder im Indus-Delta verbunden. Bei der Bewertung des Nutzens solcher Anlagen müssen nicht nur die Baukosten, sondern auch ökologische oder gesundheitliche Folgen berücksichtigt werden.

Das naheliegende und vielversprechende Experiment der Nutzbarmachung von Wasserressourcen aus der nördlichen Hochgebirgskette für das wüstenhafte südasiatische Tiefland stieß in den letzten Jahren an mannigfaltige Grenzen. Zum einen sind Ausweitungsmöglichkeiten hinsichtlich Fläche und Wasserangebot nahezu erschöpft, zum anderen bleibt die mengenmäßige Verteilung zwischen den verschiedenen Wassernutzern umstritten. Diese Konfliktkonstellationen erfordern Lösungen, die so kostspielig sind, dass sie durch die finanzschwache pakistanische Volkswirtschaft kaum realisiert werden können. Das koloniale Erbe birgt eine kostenträchtige Hypothek, die weitergehende und gewichtige Investitionen nicht nur zur regulären Wartung, sondern auch zur Abwehr abträglicher Umweltschädigungen erfordert. Der Erhalt der bestehenden, überlebenswichtigen Produktionsgrundlage für die pakistanische Volkswirtschaft wird daher als nationale Aufgabe wahrgenommen.

Hermann Kreutzmann

picture-alliance/dpa

Als 1947 die Kolonialherrschaft der Briten endete, verlief die Gründung eines neuen Gemeinwesens in Pakistan unter erheblichen Schwierigkeiten, da dieses Land in seiner langen Geschichte noch nie als eigenständige Einheit existiert hatte. Schon bei der Aufteilung des kolonialen Verwaltungssystems befand sich Pakistan Indien gegenüber offenkundig im Nachteil, da die meisten wichtigen Einrichtungen Britisch-Indiens ihren Hauptsitz auf dem Gebiet des neuen indischen Staates hatten.

Die Staatsgründung Pakistans begann somit bei Null. Es fehlte an Infrastruktur wie an erforderlichem Verwaltungspersonal gleichermaßen. Letzteren Mangel glichen bald die nach der Unabhängigkeit aus Indien ins Land strömenden Immigranten (*Muhadschirin/Mohajir*) aus, zu denen auch erfahrene Beamte zählten. Den neu entstehenden pakistanischen Staat trug ein informelles Bündnis einer neuen Bürokratie mit den traditionellen Großgrundbesitzern – insbesondere des Punjabs – und dem erstarkenden Militär. Die überwältigende Mehrheit der pakistanischen Bevölkerung hingegen blieb von einer Teilnahme an staatlichen Angelegenheiten ausgeschlossen.

Das Foto zeigt General Pervez Musharraf (Bildmitte) beim Abschreiten der Ehrenfront, nachdem er am 18. August 2008 in Islamabad seinen Rücktritt vom Präsidentenamt erklärt hatte.

Pakistan – Ein gescheiterter Staat?

Das erste Jahrzehnt des neuen Staates brachte eine Periode politischer Instabilität, bei der sich schwache Regierungen in schneller Folge ablösten. Dies änderte sich 1958, als General Ayub Khan putschte und die Macht an sich riss, die das Militär erst 1971 nach dem Bürgerkrieg und der Unabhängigkeit des früheren Ostpakistans (nun Bangladesch) wieder verlor. Damit hatte der ständige Wechsel zwischen zivilen und militärisch geführten Regierungen begonnen, der von nun an bestimmend werden sollte.

Weitere Perioden der Militärherrschaft gab es von 1977 bis 1988 unter General Mohammed Zia ul-Haq, der eine islamistische Ideologie vertrat, und zwischen 1999 und 2008 unter General Pervez Musharraf, der sich dem US-geführten »Kampf gegen den Terrorismus« anschloss. In der Zwischenzeit wechselten sich frei gewählte, zivile Regierungen der Pakistan Peoples Party (PPP), geführt von Benazir Bhutto, und der Pakistanischen Muslim-Liga (PML), geführt von Nawaz Sharif, ab. Seit 2008 regiert eine vom Präsidenten Asif Ali Zardari (PPP) geführte Koalition.

Ein chronisches Problem Pakistans besteht in der Deformation und Schwäche großer Teile des Staatsapparates. Schulen, Gesundheitsversorgung, Polizei, Justizwesen und allgemeine staatliche Verwaltung befinden sich – zum Teil aufgrund der allgemeinen Korruption – in einem beklagenswerten Zustand. Auch wenn Präsident Musharraf in einigen Bereichen wie etwa bei den Universitäten Fortschritte erzielte, blieben andere von Förderung und Entwicklung ausgeschlossen. Selbst der zivile Geheimdienst, das Intelligence Bureau (IB), scheint gegenwärtig eine schwere Krise zu durchlaufen. Demgegenüber weisen das pakistanische Heer sowie andere bewaffnete Kräfte, deren Personalstärke sich einschließlich paramilitärischer Einheiten auf insgesamt 920 000 Mann beläuft, professionelle Führungsstrukturen und eine gute Ausstattung auf.

Der Staat in Pakistan ist insgesamt weder »stark« noch »schwach«, sondern beides zugleich. Er zeigt Züge der Deformation und befindet sich in einer strukturellen Schieflage. Während viele seiner zivilen Teile ihre Funktion nur mit Mühe und großen Einschränkungen bewältigen können, ist das Militär stark genug, um als entscheidender Machtfaktor weiterhin die Gesellschaft direkt oder indirekt zu dominieren.

Eliten in Staat und Politik

Ein zentraler Schwachpunkt im pakistanischen Regierungssystem besteht an der Schnittstelle zwischen Staat und Gesellschaft, nämlich im Charakter seiner zivilen politischen Führungsschicht. Deren Kern bilden traditionell die ländlichen Eliten der Großgrundbesitzer, oft verknüpft mit den Spitzen der Bürokratie und des Militärs (vgl. den Beitrag von Katja Mielke). Langsam dringen mittlerweile Teile der städtischen, modernen Wirtschaftseliten in die Zentren der Macht vor, etwa einzelne Industrielle oder Bankiers. Allerdings ist oft erkennbar, dass diese Repräsentanten moderner Wirtschaftssektoren ebenfalls den Familien »feudaler« Großgrundbesitzer entstammen, so dass offene Gegensätze zum Establishment kaum zutage treten. Ein Aufstieg von Repräsentanten der Mittelschichten – und erst Recht der armen Bevölkerungsmehrheit – in die politische Machtelite erfolgt hingegen ausgesprochen selten, sieht man von der großstädtischen, säkularen Regionalpartei der Immigranten (Mohajir Qaumi Movement, MQM) und Teilen der islamistischen Partei Jamaat-e Islami (JI) einmal ab.

Die Homogenität der politisch-gesellschaftlichen Elite bedingt starke Rückwirkungen auf die Organisation politischer Machtverhältnisse und auf den Charakter von Staatlichkeit insgesamt. Dabei spielen insbesondere die politischen Parteien eine Schlüsselrolle. Sie sind nicht demokratisch verfasst und tragen auch keine Impulse aus der Gesellschaft in den Staatsapparat hinein. Vielmehr stellen sie eine Verbindung zwischen der autoritären Herrschaft weniger Führungspersönlichkeiten (oft um eine Familie gruppiert) einerseits sowie flexiblen, neo-patrimonialen Netzwerken aus lokal oder regional einflussreichen Personen und Cliquen andererseits dar. Aufgrund dieser Struktur weisen die überwiegend schlecht organisierten Parteien – mit partieller Ausnahme der religiösen Gruppierungen – lediglich rudimentäre Programme auf. Es handelt sich vielmehr eher um die symbi-

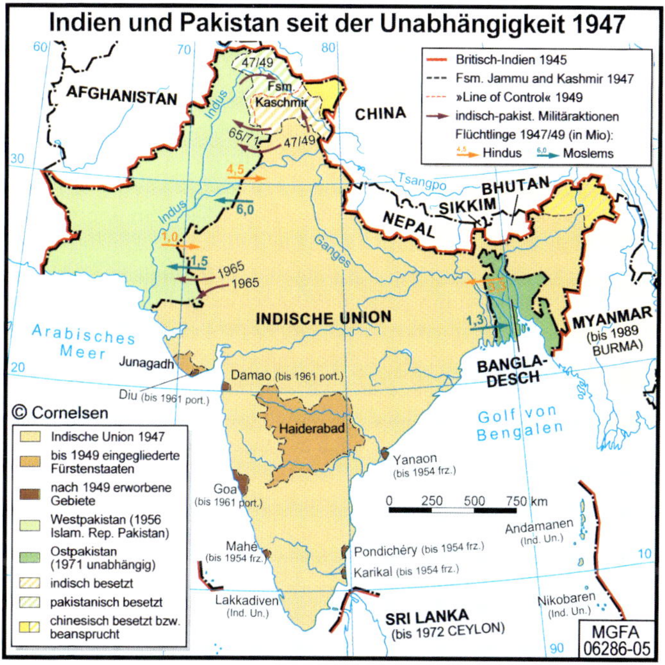

otische Vernetzung regionaler Honoratioren und ihrer Klienten auf der Ebene der Provinzen oder des ganzen Landes. Politische Absichten, das Streben nach Einfluss oder Posten, nach Begünstigung oder Bereicherungsmöglichkeiten gehen beim Führungspersonal häufig eine unauflösliche Verbindung ein.

Parteihierarchien weisen Ansätze überregionaler Strukturen auf, aber sie stellen keine Organisationsform dar, die der organisatorischen und finanziellen Macht der Streitkräfte gewachsen wäre. Zugleich bringt es der undemokratische Charakter der Parteien – innerparteiliche Wahlen gibt es fast nicht – mit sich, dass diese nur sehr bedingt als Mittel der Demokratisierung von Staat und Gesellschaft taugen. Insgesamt stellt das verzerrte und oligarchisch geprägte Regierungssystem Pakistans eine ständige Quelle der Instabilität dar. Zur Lösung der gesellschaftlichen Probleme im Land erscheint es nur wenig geeignet.

Die aus den geschilderten Strukturen resultierende Auswahl des Führungspersonals bildet eine ständige Quelle politischer Unzufriedenheit. Die Amtsübernahme des gegenwärtigen Präsidenten Asif Ali Zardari, die aufgrund seiner familiären Bindung an die Bhuttos – er ist der Witwer von Benazir Bhutto – möglich war, bildet hierfür ein gutes Beispiel. Zardari war bereits während der beiden Amtszeiten seiner Frau als Ministerpräsidentin von dieser begünstigt worden. Obwohl politisch ein unbeschriebenes Blatt, erhielt er ein Abgeordnetenmandat und später sogar ein Ministeramt. Zardari trug damals Spitznamen wie »Mister 10 Percent«, eine wenig schmeichelhafte Anspielung auf die ihm unterstellte Bestechlichkeit und die Höhe des bei Regierungsgeschäften in die eigene Tasche gewirtschafteten »Anteils«. Zardari machte sich insgesamt vor allem durch Hinterzimmer-Politik und kriminelle Machenschaften einen Namen. Als glaubwürdiger politischer Führer blieb er hingegen den Beweis seiner Fähigkeiten schuldig. Seinem Aufstieg an die Staatsspitze tat dies – trotz der öffentlich geäußerten Skepsis eines großen Teils der Bevölkerung – dennoch keinen Abbruch.

Nach den im Wesentlichen demokratischen Wahlen im Februar 2008, aufgrund derer der zum Ende seiner Amtszeit allgemein verhasste General und Präsident Musharraf die Macht verlor, herrschte in Pakistan für einige Wochen große Euphorie. Der Sieg über die Militärherrschaft ließ eine Aufbruchsstimmung entstehen, welche die säkularen mit den meisten religiösen Kräften verband. Die Forderung nach der Respektierung der Verfassung und Demokratie schien erfüllt, die Wahlsieger von der PPP und PML würden gemeinsam mit ihren kleineren Verbündeten ein neues Kapitel der pakistanischen Geschichte aufschlagen.

Diese Hoffnung schwand jedoch schnell. Asif Zardari trieb die PML durch die Nicht-Einhaltung von Abkommen und Zusagen aus der Koalitionsregierung und erwies sich dann als unfähig, die wirtschaftliche und bald auch politische Krise in den Griff zu bekommen. Sehr schnell machte sich in der Bevölkerung Katerstimmung breit, und schon im Oktober 2008 meinten 88 Prozent der Bürgerinnen und Bürger, dass sich Pakistan in die falsche Richtung entwickele. Insgesamt 73 Prozent der Einwohner Pakistans gaben an, dass sich ihre wirtschaftliche Situation im letzten Jahr verschlechtert habe, 59 Prozent erwarteten für 2009

Die Bhuttos – die »Kennedys Pakistans«

Was die Kennedys für die USA und der Nehru-Gandhi-Klan für Indien, das sind die Bhuttos für Pakistan: eine Politiker-Dynastie, die im ständigen Spagat zwischen Glanz und Grauen in geradezu mythischer Weise über Generationen hinweg mit den Geschicken ihres Landes verflochten scheint. So vollständig ist im Falle der Bhuttos diese Verschmelzung, dass man deren Schicksal fast für eine symbolhafte Verdichtung der pakistanischen Geschichte halten könnte. Die Faszination der Familien-Saga speist sich vor allem aus dem dramatischen Dreiklang von Macht, Gewalt und Tod, der die Bhutto-Biografien wie ein roter Faden durchzieht und die Protagonisten wie moderne Wiedergänger griechisch-antiker Heroen wirken lässt.

Und so liest sich in Kurzform die Bilanz der Bhuttos auf ihrem turbulenten Kurs zwischen Triumph und Katastrophe: Ahnherr Zulfikar

picture-alliance/dpa/Jason Szenes

Präsident Asif Ali Zardari spricht am 25. September 2009 vor der Vollversammlung der Vereinten Nationen in New York. Neben ihm ein Foto seiner ermordeten Frau Benazir Bhutto, auf dem links oben auch das Gesicht des »Vaters der Nation« Zulfikar Ali Bhutto zu erkennen ist.

Ali Bhutto, Spross einer adligen, zum Islam konvertierten Rajputen-Familie, vielfacher Minister (1958 bis 1966), Präsident (1971 bis 1973), Premierminister (1973 bis 1977) und einer der prominentesten Politikerpersönlichkeiten seiner Zeit, wurde 1979 zwei Jahre nach seiner Entmachtung durch die Militärs gehenkt. Sein ältester Sohn, Shahnawaz Bhutto, starb 1985 an einer rätselhaften Vergiftung im französischen Cannes. Sein zweiter Sohn, Murtaza Bhutto, in den 1980er-Jahren mit internationalem Haftbefehl gesuchter Kopf einer gegen das in diesen Jahren herrschende Militärregime kämpfenden Terror-Organisation, wurde 1996 in Karatschi durch die Kugeln eines Polizeikommandos getötet – während der Regierungszeit seiner eigenen Schwester. Und Zulfikar Bhuttos älteste Tochter schließlich, die zweifache und jeweils vorzeitig gestürzte Premierministerin Benazir Bhutto (1988 bis 1990 und 1993 bis 1996), fiel im Dezember 2007 nach einer Wahlkampfveranstaltung in Rawalpindi bei Islamabad einem Selbstmordattentat zum Opfer, nur wenige Schritte von der Hinrichtungsstätte ihres Vaters entfernt. Sie stand zu diesem Zeitpunkt kurz vor ihrem Ziel, zum dritten Mal in das Palais des Premierministers einzuziehen.

Gewissermaßen stellvertretend für sie gelang dann ihrem Witwer Asif Ali Zardari im September 2008 als eine Art Statthalter des Bhutto-Erbes nach Korruptionsskandalen, Gefängnishaft und Exil der Griff an die Schalthebel der Macht. Aber auch er steht im Kampf um sein Amt längst wieder mit dem Rücken zur Wand und muss zumindest um sein politisches Überleben fürchten. Doch ein weiterer Hoffnungsträger steht schon bereit: Den einzigen Zulfikar-Enkel, den 21-jährigen Bilawal Bhutto Zardari, bestimmte seine Mutter per Testament zum Vorsitzenden der PPP, der größten pakistanischen Partei. Er soll eines Tages das politische Erbe von Großvater und Eltern antreten und an der Staatsspitze die Tradition der Bhuttos fortführen. *(js)*

noch eine weitere Verschlechterung, und 67 Prozent waren der Meinung, dass die Demokratie ihre Lebenssituation nicht verbessert habe. Darüber hinaus war das Gefühl einer Bedrohung der eigenen Sicherheit von Juni bis Oktober 2008 von nur 15 auf 78 Prozent gestiegen – was die dramatische Verschlechterung der Sicherheitslage im Land widerspiegelt. Vor diesem Hintergrund nimmt es nicht Wunder, dass nur etwa 20 Prozent der Regierung

Ergebnis der Parlamentswahlen von 2008

Partei*	PPP	PML-N	PML-Q	MQM	ANP	MMA	Sonstige	Unabhängige
Sitze	121	91	54	25	13	6	8	18
Sitze in %	36,0	27,1	16,1	7,4	3,9	1,8	2,4	5,4

Quelle: Hippler, Das gefährlichste Land der Welt?, Köln 2008, S. 110

* Auflösung der Abkürzungen im Register

oder ihrem Präsidenten ein gutes Zeugnis ausstellten. Gerade den Westen dürfte hingegen überraschen, dass – glaubt man den Umfragen – das Bündnis der religiösen Parteien Mutahida Majlis-e Amal (MMA) trotz der Krise insgesamt bei Neuwahlen nur knapp zwei Prozent der Parlamentssitze erhalten hätte.

Kennzeichen pakistanischer Staatlichkeit

Pakistan verfügt, solange nicht das Militär die Macht an sich reißt, über formell demokratische Strukturen. Trotzdem zeigt sich auch in Phasen, in denen die Armee offiziell in den Hintergrund des politischen Geschehens tritt, dass der Staatsapparat sich oft höchst autoritär verhält. Dies äußert sich vor allem auf vier Arten:

Erstens neigen die pakistanischen Regierungen dazu, die kleineren Provinzen und die Minderheiten zu ignorieren oder zu benachteiligen, wobei auch die föderalen Bestimmungen der Verfassung missachtet oder gebeugt werden. Dies lässt sich in massiver Form in Belutschistan (vgl. Info-Kasten auf S. 92), aber auch bezüglich des Sindhs und der North-West Frontier Province (NWFP) feststellen. Seit der Staatsgründung fassten zivile wie militärische Regierungen nationale Integration vor allem als straffe Zentralisierung auf und erzwangen sie mit oft rabiaten Mitteln. Wiederholt wurden beispielsweise Provinzregierungen einfach abgesetzt, selbst wenn sie über parlamentarische Mehrheiten verfügten. Die politischen Eliten setzten ihre Macht – auch die des Führungspersonals – mit der Stärke der Zentral-

In Kostümen des PML-N-Symbols (»Cheetah«) feiern Anhänger der Partei am 26. Mai 2009 in Lahore ein Urteil des Obersten Gerichts Pakistans. Dieses hatte eine Entscheidung vom 25. Februar aufgehoben, welche Nawaz Sharif das Recht der politischen Betätigung absprach.

regierung auf Kosten der Provinzen und Minderheiten durch. Dies führte und führt immer wieder zu Widerstand, der letztlich die nationale Integration schwächt und gelegentlich auch gewaltsames Aufbegehren herausfordert. Die Verrechtlichung sozialer Beziehungen, gesellschaftliche Mitbestimmung und föderale Strukturen standen meist in diametralem Gegensatz zum persönlichen Interesse der Machthaber. Einer hochgradig pluralistischen und heterogenen Gesellschaft wurde so ein zentralistischer Staat übergestülpt, der sich föderal maskiert und in vielen Bereichen seine Funktionen den eigenen Bürgern gegenüber nur unzureichend wahrnehmen kann.

Eine zweite Schwäche des politischen Systems in Pakistan bildet der Mangel an Mitbestimmung. Nach der Unabhängigkeit blieb der koloniale Charakter des Staatsapparates im Kern erhalten. Dieser erhielt nur neue nationale Eliten, etwa in Form der bereits angesprochenen »feudalen« Großgrundbesitzer, des Offizierkorps oder hoher Bürokraten. Die politische Teilhabe der Mittelschichten – lange Zeit schloss diese selbst moderne Unternehmer mit ein – und der ärmeren Bevölkerung galt als unüblich und unerwünscht. In den letzten Jahren erweist sich dies in einigen Landesteilen – etwa in Karatschi – als unhaltbar und destabilisierend. Eine inzwischen heranwachsende moderne – teils säkulare, teils islamistische – Mittelschicht fordert nicht allein Rechtsstaatlichkeit, sondern auch Partizipation. Dies erschüttert die autoritäre Grundstruktur pakistanischer Staatlichkeit

Nawaz Sharif – die punjabische Sphinx

Unter den derzeit aktiven pakistanischen Politikern kann der 1949 in Lahore geborene Unternehmersohn und Vorsitzende der Pakistan Muslim League-Nawaz (PML-N) als die schillerndste Persönlichkeit mit der zweifellos bewegtesten Karriere gelten. Keiner hat in so extremer Art und Weise wie Nawaz Sharif die Höhen und Tiefen einer politischen Laufbahn kennen gelernt – und dies gleich mehrfach. Denn der aktuelle Oppositionsführer, den viele Beobachter bei einem möglichen Sturz der um ihr politisches Überleben kämpfenden Regierung unter Präsident Asif Ali Zardari und Premierminister Yusuf Raza Gilani für den aussichtsreichsten Anwärter auf den Posten des Regierungschefs halten, hatte dieses Amt bereits zweimal inne (1990–1993; 1997–1999). Er scheiterte jedoch aus ganz unterschiedlichen Gründen jeweils vorzeitig, zuletzt als Opfer eines Staatsstreichs des von ihm selbst ernannten Armeechefs und späteren Intimfeindes Pervez Musharraf.

Sharifs Absetzung folgte ein Schauprozess vor einem Militärtribunal. Dieses verurteilte Sharif wegen versuchten Mordes und gefährlichem Eingriff in den Luftverkehr – unmittelbar vor dem Putsch war einer Passagiermaschine, in der Musharraf saß, auf Weisung Sharifs keine Landeerlaubnis erteilt worden – sowie wegen Korruption und Steuerhinterziehung zu 14 Jahren Gefängnis. Die Haftstrafe wurde später in eine Verbannung nach Saudi-Arabien umgewandelt. Außerdem verbot das Gericht dem PML-N-Führer für 21 Jahre jegliche politische Betätigung. Aus dem Exil musste Sharif dann in den Jahren der Militärregierung hilflos mitansehen, wie Pervez Musharraf zur Stabilisierung seiner eigenen Herrschaft die Schwächung der PML-N betrieb, indem er die Partei zunächst spaltete und dann eine konkurrierende Pro-Musharraf-Partei namens PML-Q aufbaute. Das »Q« steht für *Qaid-e Azam* (»Großer Führer«) – ein Ehrenname des Staatsgründers Ali Jinnah.

Die Götterdämmerung seines Nachfolgers nutzte Sharif und kehrte im November 2007 zurück, um noch in die Endphase des bereits tobenden Wahlkampfes einzugreifen. Seine ebenso schlichte wie überzeugende Zwei-Punkte-Agenda – Sturz des Musharraf-Regimes und Wiedereinsetzung der entlassenen Verfassungsrichter – wurde beim Urnengang im Februar 2008 mit dem zweitbesten Ergebnis für seine Partei belohnt. Diese musste sich lediglich der Pakistan Peoples Party (PPP) geschlagen geben, die vom Sympathiebonus für die ermordete

Benazir Bhutto profitieren konnte. Seit dem Ende der Musharraf-Ära verfolgt die PML-N – jeweils als Koalitionspartner der regierenden PPP oder von der Oppositionsbank aus – nun mit aller Beharrlichkeit auch ihr zweites Ziel, die Rehabilitierung der entlassenen Richter. Der Lohn dieser vom Wähler zugleich als konstruktiv und konsequent honorierten Strategie: Nawaz Sharif ist derzeit laut Umfragen der mit Abstand populärste Politiker Pakistans.

Das sich somit bereits am Horizont abzeichnende Comeback und die breite öffentliche Unterstützung für dieses Projekt signalisiert den dritten Frühling des erfahrenen Politikers. Darüber hinaus bahnt sich jedoch auch ein sozio-ökonomischer Paradigmenwechsel an. Sharifs Vater stieg in den fünfziger und sechziger Jahren aus eigener Kraft zu einem der führenden Industriekapitäne des Landes auf. In einer politischen Kultur, die traditionell von Großgrundbesitzern und Stammesführern geprägt wird, verkörpert auch der Sohn den Gestaltungswillen wirtschaftlicher Aufsteiger und neuer urbaner Eliten. Die konsequente Privatisierungs- und Liberalisierungspolitik, die vor allem seine erste Amtszeit prägte, speiste sich aus diesem Reservoir. Zugleich aber – und auch in diesem Punkt gleicht er vielen Angehörigen der wirtschaftlich erfolgreichen urbanen Mittelschichten – wurzelt Sharif ideologisch in den Glaubensvorstellungen eines konservativ-orthodoxen Islams. So trug er als politischer Ziehsohn, Minister und punjabischer Ministerpräsident des früheren Militärdiktators Zia ul-Haq in den achtziger Jahren dessen forcierten Islamisierungskurs von Staat und Gesellschaft mit und startete in beiden Amtszeiten als Premierminister Gesetzesinitiativen zur Verankerung der Scharia. Im Oktober 1999 unternahm Sharif den Versuch, per Verfassungsänderung das Zivilrecht durch islamisches Recht zu ersetzen. Dies hätte dem Regierungschef als Nebeneffekt den mit absoluter Machtfülle ausgestatteten Kalifen-Titel eines »Befehlshabers der Gläubigen« beschert. Sharif scheiterte damals nur knapp am Einspruch des Senats – und wenige Tage später am Militärputsch Musharrafs. *(js)*

und zieht zum Teil – wie bei der Verhängung des Notstandes durch Präsident Musharraf Ende 2007 – panische Reaktionen der Eliten und politische Verwerfungen nach sich. Ein Mangel an Mitbestimmung gilt übrigens auch für die säkularen Oppositionsparteien: Sowohl PPP als auch PML stellen in Wahrheit

General Mohammed Zia ul-Haq.

wenig mehr als klientelistische Netzwerke dar, die sich um Familiendynastien gruppieren. Deshalb kann selbst ein Wahlerfolg der Opposition die autoritären Grundstrukturen nicht durchbrechen.

In Pakistan hat der autoritäre Staat drittens immer wieder soziale Konflikte und das Parteiensystem zum eigenen taktischen Vorteil manipuliert. So verschärften staatliche Stellen – einschließlich des Militärgeheimdienstes Inter-Services Intelligence (ISI) ethnische oder konfessionelle Spannungen punktuell, wenn ihnen dies kurzfristig nützlich erschien. Dies trug allerdings nicht selten dazu bei, dass Auseinandersetzungen aus dem Ruder liefen und über das taktisch gewollte Maß hinaus eskalierten. Die Behörden versuchten wiederholt, Parteien zu behindern, zu spalten oder zu zerschlagen. Andere Gruppierungen ließen sie selbst gründen, förderten sie oder fügten Parteienbündnisse zusammen, die es sonst nicht gegeben hätte. Beispiele hierfür bilden die Hilfe für Nawaz Sharif und seine Partei PML seitens der Diktatur Zia ul-Haqs, die Unterstützung der Parteienbündnisse Islami Jamhoori Ittehad (IJI) in den späten 1980er-Jahren sowie der Mutahida Majlis-e Amal (Vereinigte Aktionsfront, MMA) 2002 durch den militärischen Geheimdienst, die Spaltung der PML in zwei Fraktionen durch die Regierung Musharraf oder die taktische Förderung der MQM zur Bekämpfung der PPP (1980er-Jahre). Auch diese autoritären Manipulationen neigten dazu, gesellschaftliche und politische Konflikte zuzuspitzen oder erst zu schaffen. Als besonders dramatisch erwies sich in diesem Zusammenhang die taktische Förderung religiöser Extremisten. Nicht allein das Militär trug hierfür die Verantwortung, sondern immer wieder auch die PPP der Familie Bhutto, die beispielsweise die afghanischen Taliban protegierte. Schachzüge wie die hier kursorisch aufgeführten zogen vielfach ungewollte und unkontrollierbare Folgen nach sich und erzeugten schließlich einen dschihadistischen Untergrund, der für einen großen Teil der aktuellen Gewalt verantwortlich ist.

Ein besonderes Problem besteht schließlich viertens in der Schwäche der pakistanischen Justiz und im Mangel an Rechtsstaatlichkeit. Unterhalb des Verfassungsgerichts sind die Gerichte oft korrupt und arbeiten langsam und unzuverlässig. Für die Polizei gilt dies sogar in noch größerem Maße. Selbst demokratisch gewählte Regierungen, erst Recht aber durch Putsch an die Macht gekommene, neigen dazu, Recht zu beugen oder zu brechen. Bis vor einigen Jahren nahm dies die Bevölkerung mit Resignation hin. Unter Präsident Musharraf bildete sich dann in der Gesellschaft eine breite Bewegung, die durch Demonstrationen hartnäckig auf Rechtsstaatlichkeit drängt und die Verfassung gegen die Regierung verteidigen möchte.

Wirkung des autoritären Staates

Staatlicher Autoritarismus begünstigt häufig die Entstehung von Gewalt oder verschärft sie. Diese Wirkung wird vor allem dann entfaltet, wenn weitere Faktoren hinzu treten: Dazu gehören in Pakistan wirtschaftliche Probleme wie die gegenwärtig beträchtliche Unzufriedenheit mit der Preissteigerung und Güterverknappung sowie den ständigen Stromausfällen, vor allem aber auch außenpolitische Aspekte wie der »Krieg gegen den Terror«, die Entwicklung in Afghanistan und das Verhältnis zu den USA. Eine Überwindung der Gewaltursachen müsste also gleichzeitig auf vielen Ebenen ansetzen.

Ein Grund der Schwäche und Deformation des pakistanischen Staates liegt im ständigen Pendeln zwischen schwachen zivilen und illegalen – wenn auch oft durch juristische Tricks nachträglich »legitimierten« – militärischen Regierungen. Eine Überwindung der strukturellen Probleme wird hierdurch erheblich erschwert. Die periodischen Machtergreifungen der Armee können nichts dazu beitragen, die grundlegende Schwäche der zivilen Eliten zu überwinden. Der unreife, klientelistische und undemokratische Charakter des Parteisystems bleibt bestehen. Die immer wieder erfolgende Entmachtung von Parteien führt dazu, dass die Bevölkerung sich hinter benachteiligte politische Gruppierungen stellt, diese angesichts ihres »Märtyrerstatus« jedoch nicht gezwungen sind, grundlegende Reformen einzuleiten.

Inkompetenz und Korruption ziviler Eliten und Regierungen laden das Militär geradezu zur Übernahme der Macht ein, wodurch der zivilgesellschaftliche Lernzyklus jäh abbricht. Und die Armee ihrerseits versucht nicht einmal, die grundlegenden Probleme des pakistanischen Staates zu beheben: Etwa seinen Autoritarismus, den manipulativen Charakter gegenüber der eigenen Gesellschaft, den taktischen Umgang mit Recht und Verfassung oder die Benachteiligung kleinerer Provinzen und Minderheiten. Hat ein Militär-Regime abgewirtschaftet – und wird damit selbst zu einer Art Partei – beginnt eine neue Runde des Pendelns zwischen ziviler und militärischer Herrschaft. Erst wenn dieser Zyklus dauerhaft unterbrochen wird, kann eine Chance entstehen, die Defekte des pakistanischen Staates dauerhaft zu überwinden.

Jochen Hippler

Ein Zeitstrahl, der bis in die Anfänge der Geschichte der Region zurück reicht, würde vom Umfang her diesen Band sprengen. Die folgende Übersicht fasst darum wichtige politische, kulturelle und religiöse Ereignisse erst ab der Zeit der islamischen Herrschaft zu Beginn des 8. Jahrhunderts zusammen.

seit Entstehung des Islams (ab 711)	
711	Der arabische Feldherr Mohammed bin-Qassim erobert für das expandierende Islamische Reich das untere Indus-Tal bis Multan. Zögernder Beginn der Islamisierung.
ca. 900	Von ismailitischen Herrschern regiert, erleben Sindh und Südpunjab eine wirtschaftliche und kulturelle Blüte. Enge Bindung an die arabische Welt.
998–1030	Der ghaznavidische Herrscher Mahmud fällt in seiner Regierungszeit 17 mal in Indien ein und erobert den Punjab. Beginn der dauerhaften Islamisierung des heutigen Nordpakistans. Unter seinen Nachfolgern steigt Lahore zum Verwaltungs- und Kulturzentrum auf.
1186	Afghanische Ghoriden erobern Lahore und vertreiben die Dynastie der Ghaznaviden.
1206–1526	Zeit der Delhi-Sultanate: Von den Ghoriden als Statthalter eingesetzte turkstämmige Heerführer – ehemalige Sklaven – gründen ein nordindisches muslimisches Reich. Periode politischer Unruhen: Häufige Machtwechsel und kriegerische Auseinandersetzungen um die Thronfolge. Die neue Hauptstadt Delhi steigt zum Mittelpunkt muslimischen Lebens, Regierens und Repräsentierens auf dem indischen Subkontinent auf.
1397	Mongolen-Invasion unter Timur Lenk (Tamerlan).
1526–1707	Blütezeit der Mogul-Dynastie, die fast den gesamten Subkontinent, Afghanistan und Bengalen ihrem Großreich einverleibt. Errichtung einer funktionsfähigen, zentralistischen Verwaltung. Gefördert durch die Herrscher verschmelzen in Architektur, Gartenbaukunst, Literatur, Malerei, Tanz und Musik zentralasiatisches, persisches und indisches Erbe zu einer islamischen Hochkultur.
1739	Nadir Schah von Persien greift mit seiner Armee das zerfallende Mogul-Reich an und plündert den Punjab.
1747–61	Ahmed Schah Durrani von Afghanistan überfällt das Gebiet des heutigen Pakistans und setzt in wichtigen Städten Statthalter ein.

1757 Die britische East India Company (gegr. 1600) kontrolliert Bengalen und etabliert sich damit auf dem Subkontinent als wichtiger Machtfaktor.

1789 Lahore wird Hauptstadt des 1757 im Punjab errichteten Sikh-Reiches. Bedeutendster Herrscher: Ranjit Singh (1780-1839).

1838–42 Erster Anglo-Afghanischer Krieg.

1843 Briten annektieren Sindh.

1845–49 Sikh-Kriege; Briten annektieren Punjab und verkaufen Kaschmir, Gilgit und Ladakh an einen Hindu-Fürsten.

1857 Anti-britischer Aufstand, Mutiny genannt, wird blutig niedergeschlagen. Die Muslime verlieren mit der Entmachtung des letzten Mogul-Kaisers in Delhi endgültig die Vorherrschaft über Indien und werden von den Briten zu einer politischen Minderheit degradiert.

1858 Auflösung der East India Company. Die britische Krone übernimmt die Kolonialgebiete in Indien. Im folgenden Jahrhundert kommt es unter der Herrschaft der Briten zu großen sozialen, kulturellen, politischen, administrativen und wirtschaftlichen Veränderungen.

1878–80 Zweiter Anglo-Afghanischer Krieg.

1885 Gründung des Indian National Congress.

1893 Die Durand-Linie, benannt nach dem »Außenminister« der indischen Verwaltung, Sir Henry Mortimer Durand, wird als Grenze zwischen Afghanistan und Britisch-Indien festgelegt. Die Briten annektieren die heutige North-West Frontier Province (NWFP).

1906 Gründung der All India Muslim League in Dhaka.

1930 Der Dichter Mohammed Iqbal spricht sich auf einem Kongress der Muslim League für einen eigenständigen Staat der Muslime im Nordwesten Indiens aus.

1932 In London findet die letzte von drei Round-Table-Konferenzen statt. Erstmals wird offiziell über ein unabhängiges Indien verhandelt.

1935 Government of India Act wird verabschiedet; diente bis 1956 als pakistanische Verfassung.

1940 23. März: Die All India Muslim League verabschiedet in Lahore die Pakistan-Resolution, welche die Gründung eines unabhängigen muslimischen Staates im Nordwesten und Osten Indiens fordert (heute Nationalfeiertag).

Unabhängigkeit und erste demokratische Periode (1947–1958)

1947 14. August: Pakistan wird als einer der beiden Nachfolgestaaten Britisch-Indiens unabhängig. Mohammed Ali Jinnah, der Führer der All India Muslim League, wird Generalgouverneur und Liaqat Ali Khan Premierminister. Der britische König bleibt formal Staatsoberhaupt (bis 1956). 7 Mio. Urdu-sprachige Muslime (*Muhadschirin/Mohajir*) fliehen aus Indien nach Pakistan. Ebenso viele Hindus und Sikhs verlassen Pakistan. Massaker an den Flüchtlingen im Punjab mit etwa 1 Mio. Toten.

Oktober: Erster Indisch-Pakistanischer Krieg um Kaschmir.

1948 Kaschmir-Konflikt vor der UNO. Verabschiedung von zwei UN-Resolutionen.

11. September: Tod von Jinnah (heute Nationalfeiertag). Nachfolger: Khawja Nazimuddin.

1949 1. Januar: Waffenstillstand und Ziehung einer Kontrolllinie (»Line of Control«) in Kaschmir.

1951 Liaqat Ali Khan wird ermordet. Nachfolger: Ghulam Mohammed.

1953 Unruhen im Punjab. Pogrome gegen die muslimische Ahmadiya-Glaubensgemeinschaft werden von der Armee niedergeschlagen.

1954 Beitritt zum pro-amerikanischen Bagdad-Pakt – später CENTO (Central Treaty Organization) – und zum südostasiatischen Militärbündnis SEATO.

1955 August: Ghulam Mohammed stirbt. Nachfolger: Iskander Mirza.

Oktober: One Unit Act. Die vier westpakistanischen Provinzen Punjab, Sindh, Belutschistan und NWFP sowie alle Fürstenstaaten mit Ausnahme von Chitral, Dir, Swat, Nagar und Hunza werden zu einer Einheitsprovinz zusammengeschlossen. Erster Fünf-Jahres-Plan.

1956 23. März: Erste Verfassung verabschiedet (heute Nationalfeiertag; vgl. zu 1940). Offizieller Staatsname: Islamische Republik Pakistan. Iskander Mirza wird in das neu geschaffene Amt des Präsidenten gewählt.

Erste Militärdiktatur unter Ayub Khan (1958–1971)

1958 7. Oktober: Präsident Iskander Mirza setzt Verfassung außer Kraft, verhängt Kriegsrecht, entlässt die National- und Provinzregierungen und verbietet alle Parteien.

27. Oktober: Militärputsch durch General Ayub Khan, der das Präsidentenamt übernimmt. Iskander Mirza muss das Land verlassen. Die unmittelbare Demokratie und das allgemeine Wahlrecht werden durch eine mittelbare, »gelenkte« Demokratie mit einem indirekten Wahlsystem ersetzt.

1959 Islamabad soll Hauptstadt werden (bisher Karatschi). Während des Baus wird Rawalpindi provisorische Hauptstadt. 1965 zieht die Regierung an ihren neuen Sitz um.

1960 Indus-Wasservertrag mit Indien.

1962 März: Ayub Khan setzt eine neue Verfassung in Kraft, die ein autokratisches Präsidialsystem etabliert und auf erheblichen politischen Widerstand stößt. In den ehemaligen Provinzen organisieren sich autonomistische Bewegungen wie die Red Shirts, Vror Pakhtun und Frontier Awami League.

August: Grenzabkommen mit China.

1963 Januar: Zulfikar Ali Bhutto wird Außenminister.

1964 RCD-Pakt (Regional Cooperation for Development) zwischen Türkei, Iran und Pakistan

1965 Januar: Ayub Khan wird bei Präsidentschaftswahlen im Amt bestätigt.

September: Zweiter Indisch-Pakistanischer Krieg um Kaschmir.

1966 Deklaration von Taschkent zur Beilegung des Kaschmir-Konflikts. Vereinbarung eines beiderseitigen Truppenabzugs hinter die international anerkannten Grenzen und die kaschmirische Waffenstillstandslinie von 1949.

Juni: Bhutto überwirft sich mit Ayub Khan und tritt zurück.

1967 Dezember: Bhutto gründet die Pakistan Peoples Party (PPP) und mobilisiert eine außerparlamentarische Massenbewegung gegen die Militärregierung.

1969 März: Die Armee zwingt Ayub Khan nach anhaltenden Unruhen zum Rücktritt; General Jahya Khan übernimmt die Macht, verhängt das Kriegsrecht und setzt die Verfassung außer Kraft.

1970 Juli: Aufhebung des One Unit Act: Die vier Provinzen in Westpakistan werden wieder etabliert und die Fürstenstaaten Swat und Dir aufgelöst; fünfte Provinz ist Ostpakistan.

November: Schwerste Sturmflutkatastrophe der Geschichte in Ostpakistan fordert eine Mio. Tote. Die von westpakistanischen Punjabis dominierte Verwaltung und Armee versagen, was zu einem Volksaufstand führt.

Dezember: Erste allgemeine und direkte Wahlen: Die für Autonomie Ostpakistans kämpfende Awami League (Volksliga) von Mujibur Rahman gewinnt fast alle Sitze in Ostpakistan und damit die absolute Mehrheit in der Nationalversammlung (160 von 300 Sitzen). Die PPP wird mit 81 Sitzen zweitstärkste Kraft. Das Recht auf Bildung der Zentralregierung wird der Awami League verweigert.

Zweite demokratische Periode (1971–1977)

1971 März: Die Awami League proklamiert die Unabhängigkeit Bangladeschs, was einen blutigen Bürgerkrieg auslöst. Westpakistanische Armeeeinheiten begehen Massaker an der Zivilbevölkerung.

Dezember: Die indische Armee greift zugunsten Bangladeschs in die Kämpfe ein und löst den Dritten Indisch-Pakistanischen Krieg aus. Nach der pakistanischen Kapitulation Teilung des Landes: Pakistan existiert nur noch auf dem Gebiet des bisherigen Westpakistans weiter. Jahya Khan tritt nach wütenden Protesten der Öffentlichkeit zurück und setzt Bhutto ohne Konsultation der Nationalversammlung zum Präsidenten mit Kriegsrecht-Vollmacht ein.

1972 Januar: Austritt aus dem Commonwealth und der SEATO aus Protest gegen die Politik der westlichen und asiatischen Verbündeten während der Ostpakistan-Krise. Bhutto beginnt mit der Verstaatlichung von Banken, Versicherungen und Großindustrie. Das Wirtschaftswachstum verlangsamt sich.

April: Aufhebung des Kriegsrechts. Es tritt eine provisorische Verfassung in Kraft, der Ausnahmezustand bleibt aber bestehen.

Juli: Unterzeichnung des Simla-Abkommens mit Indien zur Entschärfung des Kaschmir-Konflikts. Die Waffenstillstandslinie von 1949 wird als Line of Actual Control die De-facto-Grenze in dem umstrittenen Gebiet. Indien räumt 13 000 km^2 besetztes Territorium.

November: Atomkraftwerk bei Karatschi geht ans Netz.

1973 14. August: Verabschiedung der heute geltenden Verfassung. Pakistan wird Bundesstaat: Die Provinzen erhalten eigene gewählte Parlamente und Regierungen. Neuer Präsident: Fazal Elahi; Bhutto übernimmt die Ämter des Premier-, Außen- und Finanzministers. Der Ausnahmezustand bleibt bestehen. Tausende politische Gegner Bhuttos verbringen die Jahre bis zum Machtwechsel im Gefängnis. Die Bundesregierung setzt die oppositionellen Provinzregierungen in der NWFP und in Belutschistan ab und übernimmt deren Verwaltung.

1974 April: Indien lässt 93 000 pakistanische Kriegsgefangene frei; Pakistan erkennt Bangladesch an.

Die letzten Fürstenstaaten Nagar und Hunza werden aufgelöst und der direkten Verwaltung durch die Bundesregierung unterstellt.

Am Tarbela-Damm (Indus) geht das größte Wasserkraftwerk der Welt ans Netz.

Ein Gesetz erklärt die religiöse Minderheit der Ahmadiya zu Nicht-Muslimen.

1976 Bhutto befördert Mohammed Zia ul-Haq zum Chief of the Army-Staff (COAS).

Zweite Militärdiktatur unter Zia ul-Haq (1977–1988)

1977 März: Parlamentswahlen: Die PPP siegt mit deutlicher Mehrheit (155 von 200 Sitzen) gegen das Neun-Parteien-Bündnis Pakistan National Alliance (PNA). Offensichtlicher Wahlbetrug löst Unruhen mit mehreren Hundert Toten aus.

Juli: Armeechef General Zia ul-Haq übernimmt die Macht, verhängt das Kriegsrecht, setzt Bundes- und Provinzregierungen ab und löst Nationalversammlung, Provinzparlamente sowie Senat auf. Verhaftung Bhuttos und weiterer Führer der gestürzten Regierung. Politische Aktivitäten und Parteien werden verboten. Beginn einer Militärdiktatur, die systematisch die Islamisierung von Staat, Wirtschaft und Gesellschaft fördert.

1978 März: Der Lahore High Court verurteilt Bhutto zum Tod.

September: Zia ul-Haq übernimmt das Amt des Präsidenten.

Oktober: Zia ul-Haq sagt angekündigte Parlamentswahlen kurzfristig ab.

1979 Februar: Hudood-Ordinances: Teil-Einführung des islamischen Strafrechts.

April: Das Todesurteil gegen Bhutto wird trotz weltweiter Proteste vollstreckt.

Oktober: Zia ul-Haq sagt erneut angekündigte Wahlen kurzfristig ab.

Abdus Salam erhält als erster Pakistaner einen Nobelpreis (Physik).

November: Studenten zerstören die US-Botschaft in Islamabad.

Dezember: Sowjetische Truppen marschieren in Afghanistan ein.

1980 3 Mio. Menschen fliehen vor dem Krieg in Afghanistan nach Pakistan. Bei Peschawar und Quetta entstehen riesige Flüchtlingslager.

1981 Durchführung einer Volkszählung: Pakistan hat 83,8 Mio. Einwohner. Die Bevölkerung wuchs damit innerhalb von zehn Jahren um ein Drittel.

Februar: Gründung der Movement to Restore Democracy (MRD).

März: Die PPP-nahe militante Untergrundorganisation Al-Zulfikar unter dem Kommando von Benazirs Bruder Murtaza Bhutto entführt ein PIA-Flugzeug nach Kabul und presst 55 politische Gefangene frei. Das Militärregime reagiert mit Massenverhaftungen. Mehr als 6000 Anhänger der Demokratiebewegung landen im Gefängnis.

April: Die Verfassung von 1973 wird faktisch suspendiert.

September: Die USA sagen umfangreiche Finanz-, Wirtschafts- und Militärhilfe im Wert von 3,2 Mrd. USD sowie die Lieferung von 40 F-16-Kampfflugzeugen zu.

1984 März: Altaf Hussein gründet in Karatschi das Mohajir Qaumi Movement (MQM).

April: Indische Truppen besetzen den von Pakistan beanspruchten Siachen-Gletscher. Pakistan reagiert mit einer Gegenoffensive. Der militärische Konflikt um den Besitz des Gletschers dauerte bis in die jüngste Gegenwart an.

Dezember: Referendum über die Islamisierungspolitik Zia ul-Haqs. Das mehrheitlich positive Ergebnis wird als Votum für eine weitere fünfjährige Amtszeit des Diktators als Präsident interpretiert.

1985 Februar: Parteilose Parlamentswahlen. Zia ul-Haq ernennt Mohammed Khan Junejo zum Premierminister. Hohe Wahlbeteiligung trotz Boykott-Aufrufen der MRD-Bewegung.

März: Wiederbelebung der geänderten Verfassung von 1973. Verfassungsergänzungen werten die Machtposition des Präsidenten deutlich auf: Er darf den Premierminister, das Kabinett und die Chefminister der Provinzen entlassen sowie die Parlamente auflösen.

April: Ein tödlicher Verkehrsunfall mit Fahrerflucht, in den ein öffentlicher Linienbus verwickelt ist, löst in Karatschi gewalttätige Ausschreitungen aufgebrachter Muhadschirin gegen Busse der städtischen Transportgesellschaft und gegen Polizeistationen aus. In der Folge kommt es erstmals zu blutigen Auseinandersetzungen zwischen Punjabis und Paschtunen auf der einen und Muhadschirin auf der anderen Seite.

Dezember: Aufhebung des seit 1965 geltenden Ausnahmezustands. Politische Parteien dürfen unter Auflagen ihre Arbeit wieder aufnehmen. Die neu gegründete Pakistan Muslim League (PML) von Premierminister Junejo wird dadurch Regierungspartei.

1986 Auf dem Höhepunkt des Afghanistankrieges weckt Pakistan als »anti-sowjetischer Frontstaat« für einige Jahre weltpolitisches Interesse. Die USA sagen 4 Mrd. USD Finanz- und Entwicklungshilfe zu. Knapp die Hälfte dieser Mittel wird zum Kauf von F-16-Kampfflugzeugen und weiterer High-Tech-Waffen verwendet. Im Gegenzug erlaubt Pakistan den Transit amerikanischer Waffenlieferungen an die afghanischen Rebellen.

April: Rückkehr Benazir Bhuttos aus dem Londoner Exil.

Dezember: In Karatschi richten einige Hundert bewaffnete Paschtunen – geduldet von der Polizei – in einem Muhadschirin-Wohnviertel ein Massaker mit 49 Toten und mehreren Hundert Verletzten an, was den bis in die Gegenwart anhaltenden blutigen Konflikt zwischen verschiedenen ethnischen Gruppen endgültig zum Ausbruch kommen lässt. Bundes- und Provinzregierungen sowie Polizei und Armee konnten bislang wenig gegen die phasenweise bürgerkriegsähnlichen Auseinandersetzungen ausrichten. Insgesamt sterben bis Ende 1997 mehr als 6500 Menschen.

Zweite Militärdiktatur unter Zia ul-Haq (1977–1988)

1988 April: Die Explosion eines Munitionsdepots richtet in Rawalpindi und Islamabad Verwüstungen an. Mindestens 103 Menschen sterben.

Mai: Präsident Zia ul-Haq entlässt die Junejo-Regierung wegen Vernachlässigung der Islamisierungspolitik und aufgrund von Meinungsverschiedenheiten in der Afghanistanpolitik.

Juni: Der Präsident erklärt das islamische Recht der *Scharia* per Dekret zum obersten Gesetz.

Juli: Zia ul-Haq kündigt für November parteilose Parlamentswahlen an.

17. August: Zia ul-Haq kommt bei einem mysteriösen Flugzeugabsturz ums Leben. Unter den 30 Toten befinden sich auch die Führungsspitze der Armee und der amerikanische Botschafter. Als Stellvertreter des Staatsoberhauptes übernimmt der Senatsvorsitzende Ghulam Khan das Präsidentenamt und bestätigt die angekündigten Wahlen.

Dritte demokratische Periode (1988–1999)

1988 September: Heckenschützen richten in Haiderabad ein Blutbad mit 120 Toten an.

Oktober: Das Massaker von Haiderabad löst in der Provinz Sindh blutige Zusammenstöße zwischen Angehörigen der verschiedenen Ethnien aus. Allein in Karatschi werden dabei am 1. Oktober 78 Menschen getötet.

16. November: Parlamentswahlen: Die PPP von Benazir Bhutto gewinnt 93 von 217 Mandaten. Das von der PML angeführte konservative Neun-Parteien-Bündnis Islami Jamhoori Ittehad (Islamische Demokratische Allianz, IJI) kommt auf 54 Sitze. Als dritte Kraft etabliert sich mit 13 Sitzen die MQM unter Führung von Altaf Hussein.

19. November: Wahlen zu den Provinzparlamenten: Die PPP kann nur in der NWFP und im Sindh die Regierungen stellen. Im Punjab gewinnt die IJI. Oppositionsführer Nawaz Sharif übernimmt in dieser Schlüsselprovinz den Posten des Chefministers.

Dezember: Benazir Bhutto wird Premierministerin, Ghulam Khan wird zum Staatsoberhaupt gewählt.

Zum Jahresende Unterzeichnung eines pakistanisch-indischen Abkommens zum beiderseitigen Verzicht auf militärische Schläge gegen Nuklearanlagen.

1989 Die parlamentarischen Initiativen Bhuttos, einen Teil der von General Zia ul-Haq verfügten Verfassungsergänzungen aufzuheben, scheitern. Außerdem kommen die fragilen Regierungskoalitionen in den Provinzen schnell unter Druck. Im Sindh (April) und in der NWFP (Mai) platzen die PPP-geführten

1989 Regierungskoalitionen. In der Nationalversammlung wechseln vier Parteien mit zusammen 26 Abgeordneten vom Regierungs- ins Oppositionslager.

Februar: Die Armee testet erfolgreich die von Pakistan selbst entwickelten Mittelstreckenraketen Hatf I und Hatf II.

Oktober: Wiederbeitritt zum Commonwealth.

November: Im Parlament scheitert die gestärkte Opposition nur knapp mit einem Misstrauensvotum gegen die Bhutto-Regierung.

1990 Landesweite Protestkampagne der Opposition mit Demonstrationen und Massenkundgebungen. In Haiderabad und in Karatschi sterben bei Zusammenstößen zwischen Demonstranten und Polizei mehr als 100 Menschen. Die Armee greift gegen den Willen Bhuttos in der Unruheprovinz Sindh ein und beruhigt so vorübergehend die Lage.

6. August: Der Präsident entlässt die Bhutto-Regierung und alle Provinzregierungen, löst Bundes- und Provinzparlamente auf und verhängt den Ausnahmezustand. Begründung: Korruption, Vetternwirtschaft, Amtsmissbrauch, Verfassungsverletzungen sowie anhaltende Konfrontationen zwischen Bundesregierung und Provinzen.

September: Schwere indisch-pakistanische Artilleriegefechte in Kaschmir. Ein drohender Nuklearkrieg kann durch bilaterales Krisenmanagement auf höchster Ebene abgewendet werden.

1. Oktober: Die USA stoppen mit dem Hinweis auf das pakistanische Nuklearwaffenprogramm sämtliche Finanzhilfen und Waffenlieferungen.

24. Oktober: Bei vermutlich massiv manipulierten Parlamentswahlen gewinnt die IJI von Nawaz Sharif 105 von 217 Sitzen. Die PPP erhält mit ihrem Wahlbündnis Pakistan Democratic Alliance (PDA) 45 Sitze. Die MQM steigert sich auf 15 Mandate.

6. November: Amtsantritt von Nawaz Sharif als Premierminister. Der Ausnahmezustand wird aufgehoben. Die Regierung beginnt mit der Reprivatisierung von Banken und Großindustrie und beschleunigt die Fortsetzung des Nuklearprogramms unter Ablehnung internationaler Kontrollen.

1991 Januar/Februar: Der Ausbruch des Golfkrieges löst landesweit eine massive Protestbewegung gegen den pro-amerikanischen Kurs der Regierung aus.

Mai: Die Nationalversammlung verabschiedet eine Verfassungsergänzung, die den Staat dazu verpflichtet, seine Institutionen und Gesetze mit dem Islam in Einklang zu bringen.

1992 März/Mai: Nach monatelangen Querelen scheiden nacheinander drei der neun Mitgliedsparteien der regierenden IJI aus dem Bündnis aus.

28. Mai: Beginn der Operation »Clean-up«: Nach anhaltenden Unruhen besetzt die Armee die Krisenprovinz Sindh und Karatschi. Die Offensive richtet sich gegen die MQM, die für zahlreiche Morde und Folterungen von politischen Gegnern verantwortlich gemacht wird. Parteichef Altaf Hussein setzt sich nach London ab. Zu Beginn der Militäraktion sterben mehrere Dutzend Menschen bei Schießereien; etwa 500 Verdächtige – überwiegend MQM-Mitglieder – werden verhaftet.

Juni: Aus Protest gegen die Armeeaktion legen die meisten MQM-Abgeordneten in der Nationalversammlung und im sindhischen Provinzparlament ihr Mandat nieder, was die Sharif-Regierung empfindlich schwächt.

Juli: Das Parlament beschließt eine Verschärfung der nach Art. 295-C vorgesehenen Strafen bei Gotteslästerung und Beleidigung des Propheten. Für Blasphemie-Delikte gilt seitdem die Todesstrafe.

3. November: Die geplante Eintragung der Religionszugehörigkeit im Personalausweis scheitert am Widerstand des sindhischen Parlaments. Am selben Tag wird erstmals ein Christ wegen Beleidigung des Propheten zum Tode verurteilt.

18. November: Beginn des »Langen Marsches« der Opposition unter der Führung von Benazir Bhutto nach Islamabad. Die Regierung lässt Tausende PPP-Anhänger verhaften, errichtet im ganzen Land Straßensperren, verhängt für Islamabad ein Einreiseverbot und lässt in mehreren Städten Demonstrationszüge auseinandertreiben.

8. Dezember: Die Zerstörung der Babri-Moschee im indischen Ayodhya löst landesweit blutige Pogrome an den religiösen Minderheiten mit 35 Toten und mehreren Hundert Verletzten aus. Der Mob zerstört zahlreiche Hindu-Tempel, aber auch *Gurdwars* (Gebets- und Schulstätten) der Sikhs sowie Kirchen.

1993 März: Nach dem Tod des PML-Präsidenten Junejo führt der Streit um seine Nachfolge zur Spaltung der Partei und zur Auflösung der IJI. Der Rücktritt von acht Bundesministern leitet die Entmachtung Sharifs ein.

18. April: Präsident Ishaq Khan entlässt wegen Misswirtschaft, Korruption und Vetternwirtschaft die Regierung, löst die Nationalversammlung auf und beruft eine Übergangsregierung.

27. Mai: Durch ein spektakuläres Urteil des Obersten Gerichtshofs wird Nawaz Sharif rehabilitiert und wieder als Premierminister eingesetzt.

18. Juli: Die Armeeführung erzwingt den Doppelrücktritt von Präsident und Premierminister, was einem Kollaps der politischen Ordnung gleichkommt. Übergangspremier Moeen Qureshi ordnet während seines Interregnums mit Rückendeckung der Militärs auf mehreren Politikfeldern radikale Reformen an.

1993 6. Oktober: Neuwahlen der Nationalversammlung: Die PPP gewinnt 86 von 217 Sitzen, der von Nawaz Sharif geführte Flügel der gespaltenen PML 72 Sitze. Die MQM boykottiert die Wahlen wegen Repressalien durch die Armee in ihren Hochburgen Karatschi und Haiderabad.

19. Oktober: Benazir Bhutto tritt ihre zweite Amtszeit als Premierministerin an.

13. November: Der PPP-Politiker Farooq Leghari wird zum Präsidenten gewählt.

1994 März: Der Zusammenbruch der Mehran Bank löst den größten Finanzskandal in der Geschichte des Landes aus. Es wird aufgedeckt, dass über das offenbar eigens zu diesem Zweck mit öffentlichen Mitteln gegründete Kreditinstitut Wahlen manipuliert, Abgeordnete aller Parteien geschmiert und Steuergelder in Milliardenhöhe auf Privatkonten von Spitzenpolitikern und des Bankdirektors abgezweigt wurden.

Dezember: Die wegen massiver Menschenrechtsverletzungen im Bürgerkriegsherd Karatschi in die öffentliche Kritik geratene Armee zieht sich überstürzt aus der Hafenmetropole zurück, was mit mehreren Hundert Toten in wenigen Wochen eine weitere Eskalation des Konflikts auslöst. Insgesamt fallen 1994 in Karatschi mehr als 700 Menschen politisch motivierten Terroranschlägen zum Opfer. Die bisherigen Aufgaben der Armee übernehmen Sondereinheiten der Polizei und paramilitärische Ranger.

1995 Juni: Der Bürgerkrieg in Karatschi erreicht mit 336 Toten in einem Monat seinen bisher blutigsten Höhepunkt.

5. September: Präsident Leghari entlässt die von der PPP dominierte Koalitionsregierung der Schlüsselprovinz Punjab von Chefminister Manzoor Watoo und verhängt über die Region bis zur Ernennung des Nachfolgers Arif Nakai den Ausnahmezustand. Damit endet eine knapp zweijährige Phase relativer politischer Stabilität im Land.

26. September: Mit der Verhaftung von mehr als 40 hochrangigen Offizieren wird eine Verschwörung gegen die Armeeführung aufgedeckt und ein von dieser Gruppe geplanter Militärputsch gegen die Regierung mit dem Ziel der Errichtung eines islamischen Regimes vereitelt.

19. November: Bombenanschlag eines Selbstmordattentäters (der erste dieser Art auf pakistanischem Boden) auf die ägyptische Botschaft in Islamabad mit zahlreichen Toten und Verletzten.

Dezember: Der Bürgerkrieg in Karatschi fordert innerhalb eines Jahres knapp 2100 Todesopfer. Menschenrechtsorganisationen registrieren in diesem Zeitraum mehr als 200 illegale Hinrichtungen durch die Polizei- und Sicherheitskräfte.

1996 7. Januar: USA heben Waffenembargo gegenüber Pakistan auf.

1996 10.–17. September: Bei kriegsähnlichen Gefechten zwischen Sunniten und Schiiten in der Kurram Agency (FATA), bei denen Granatwerfer, Artillerie und Kurzstreckenraketen zum Einsatz kommen, werden bis zu 200 Menschen getötet und mehrere Hundert verletzt.

20. September: Murtaza Bhutto, der ältere Bruder der Premierministerin, und sieben seiner Leibwächter werden in Karatschi von Polizisten erschossen. Die mit ihrem Bruder in einen erbitterten Machtkampf um die PPP-Führung verwickelte Benazir Bhutto und ihr Ehemann Asif Zardari geraten in Verdacht, an diesem »staatsterroristischen Akt« federführend beteiligt gewesen zu sein. Der Vorfall bietet Präsident Leghari den Anlass zur Amtsenthebung der Bhutto-Regierung.

23. September: Bei einem Feuerüberfall auf eine Moschee in Multan sterben 24 Menschen, zumeist Frauen und Kinder.

5. November: Präsident Leghari setzt die Bhutto-Regierung ab, löst die Nationalversammlung auf und beruft PPP-Veteran Meraj Khalid zum Chef einer Übergangsregierung. Begründet wird der Schritt mit Korruption, Vetternwirtschaft, Versagen in der Wirtschaftspolitik und den illegalen Hinrichtungen durch Sicherheitskräfte in Karatschi.

1997 18. Januar: Bei einem Bombenattentat vor einem Gerichtsgebäude in Lahore werden 30 Menschen getötet, darunter der Chef der militant-sunnitischen Partei Sepah-e Sahaba Pakistan (Soldaten der Gefährten des Propheten in Pakistan, SSP) und 22 Polizisten.

19. Januar: SSP-Aktivisten stürmen das Iranische Kulturzentrum, verwüsten das Gebäude und vernichten die wertvolle Bibliothek.

3. Februar: Bei den Neuwahlen zur Nationalversammlung verfehlt die PML mit 134 von 217 Sitzen nur knapp eine Zweidrittel-Mehrheit. Die PPP erlebt mit nur 17 Sitzen ein Debakel. Dritte Kraft wird die MQM mit zwölf Sitzen.

17. Februar: Amtsantritt von Nawaz Sharif als Premierminister.

19. Februar: Der SSP nahe stehende Attentäter erschießen in Multan den Direktor des dortigen Iranischen Kulturzentrums.

24. Februar: Der Sonntag wird anstelle des Freitags wöchentlicher Feiertag.

1. April: Das Parlament beschließt mit der erforderlichen Zweidrittel-Mehrheit eine Verfassungsänderung, die Zia ul-Haqs umstrittene Verfassungsmanipulationen vom März 1985 weitgehend revidieren. Die Machtfülle des Präsidenten wird dadurch erheblich beschnitten, die Position des Premierministers und des Parlaments entsprechend aufgewertet. Faktisch gilt seitdem wieder die Verfassung von 1973 in ihrer ursprünglichen Fassung.

1997 14. Mai: Pakistan, Turkmenistan und das US-Unternehmen Unocal unterzeichnen ein Abkommen über den Bau einer Gaspipeline durch Afghanistan.

25. Mai: Pakistan erkennt die Taliban-Regierung in Afghanistan an.

August: Im Punjab verüben verfeindete sunnitische und schiitische Terrorgruppen innerhalb weniger Tage mehrere Anschläge auf Moscheen, denen 28 Menschen zum Opfer fallen. Die Regierung richtet Schnellgerichte für Terroristenprozesse ein.

November: Ein erbitterter Machtkampf zwischen Regierung und Oberstem Gerichtshof endet mit der Amtsenthebung des Chefrichters und dem Rücktritt von Präsident Farooq Leghari.

Dezember: Nach offiziellen Statistiken wurden 1997 in Karatschi 385 Menschen bei politisch motivierten Gewalttaten getötet. Der Untergrundkrieg zwischen sunnitischen und schiitischen Terrorgruppen in der Provinz Punjab forderte 200 Tote und 157 Verletzte.

1998 1. Januar: Nach Neuwahlen Amtsantritt von Rafiq Tarar als Präsident.

Februar: Die national-paschtunische Awami National Party (ANP) kündigt auf Bundesebene und in der Provinz NWFP die Regierungskoalitionen mit der PML. Anlass ist die Weigerung der Sharif-Regierung, einer Umbenennung der NWFP in *Pakhtunkhwa* zuzustimmen.

März: Durchführung einer Volkszählung: Pakistan hat 130,6 Mio. Einwohner. Damit wuchs die Bevölkerung seit dem Zensus von 1981 um knapp 55 Prozent.

18. März: Die PPP schließt sich mit 14 weiteren Parteien zum Oppositionsbündnis Pakistan Awami Ittehad (Pakistanische Volksallianz, PAI) zusammen.

6. April: Die pakistanische Armee testet erfolgreich die nuklearwaffentaugliche Mittelstreckenrakete Hatf-V (oder: Ghauri) mit einer Reichweite von 1500 km.

27. April: Das Distrikt-Gericht in Sahiwal (Punjab) verurteilt den Christen Ayub Masih wegen angeblicher Blasphemie zum Tode. Am 6. Mai begeht der prominente Menschenrechtler und katholische Bischof von Faisalabad, John Joseph, aus Protest gegen das Todesurteil und die Existenz der die religiösen Minderheiten diskriminierenden Gesetze vor dem Gerichtsgebäude in Sahiwal Selbstmord. Die Polizei schlägt Protestkundgebungen der Christen in Faisalabad und Lahore gewaltsam nieder. Mehrere Hundert Christen werden dabei verhaftet.

Mai: In Reaktion auf die indischen Atomtests vom 11./13. Mai zündet Pakistan am 28./30. Mai im Testgebiet von Chagai (Belutschistan) insgesamt sechs nukleare Sprengsätze. In Erwartung internationaler Wirtschaftssanktionen verhängt die Regierung den Ausnahmezustand und sperrt Devisenkonten. Der Stopp

internationaler Finanzhilfen, massive Kapitalflucht und ein dramatischer Wertverfall der Rupie bringen Pakistan an den Rand der Zahlungsunfähigkeit und lösen eine schwere Wirtschaftskrise aus.

Juli: Schwere Gefechte in Kaschmir entlang der Waffenstillstandslinie zwischen indischen und pakistanischen Truppen.

26. August: Die MQM lässt aus Protest gegen die Karatschi-Politik der Sharif-Regierung auf Bundesebene und im Sindh die Koalition mit der PML platzen. Alle Minister und Senatoren der MQM treten zurück.

28. August: Die Regierung legt der Nationalversammlung eine Verfassungsänderung vor, die Koran und Sunna zum obersten Gesetz Pakistans erklärt. Gesetzesinitiativen, die dem Zweck der weiteren Islamisierung des Landes dienen, bedürfen demnach zu ihrer Verabschiedung auch im Falle von Eingriffen in die Verfassung nur noch einer einfachen Mehrheit im Parlament.

2. Oktober: Mehrere autonomistische Parteien aus Sindh, NWFP, Belutschistan und dem Seraiki-Sprachgebiet im Südpunjab schließen sich zur Pakistan's Oppressed Nations Movement (Bewegung der unterdrückten Gruppen Pakistans, PONAM) zusammen. Das 8-Punkte-Programm dieser Bewegung verlangt u.a. die Umbenennung des Staatsnamens in Multinational Pakistan, die Gründung einer fünften Provinz, Seraikistan, und die Anerkennung der wichtigsten Sprache einer Provinz als Nationalsprache.

5. Oktober: Armeechef General Jahangir Karamat übt vernichtende Kritik an der Amtsführung Nawaz Sharifs, die von »Rachefeldzügen gegen die Opposition geprägt« sei, und reicht seinen Abschied ein.

7. Oktober: General Pervez Musharraf wird zum Oberkommandierenden der Streitkräfte ernannt.

9. Oktober: Die Nationalversammlung verabschiedet die umstrittene Sharia Bill als 15. Verfassungszusatz.

30. Oktober: Die sich weiter zuspitzende Lage in Karatschi endet mit der Verhängung des Gouverneursrechts: Die Zentralregierung suspendiert damit den Landtag des Sindh und überträgt die Regierungsgewalt dem Gouverneur der Provinz.

20. November: Unter Berufung auf Art. 245 der Verfassung wird die Armee ermächtigt, des Terrorismus verdächtige Personen zu verhaften, zu verhören und zu verurteilen. Die Macht der Armee wird weiter ausgedehnt, indem ihr die Durchführung von Untersuchungen zugestanden wird. Militärgerichte beginnen im Dezember mit Verhandlungen und Verurteilungen.

1998 25. Dezember: Die Presse meldet, dass 1998 in der Provinz Punjab bei Auseinandersetzungen zwischen Angehörigen verschiedener religiöser Gruppen 78 Personen getötet und über 80 verletzt wurden. In der Provinz Sindh (hauptsächlich Karatschi) wurden bei politischen und religiösen Auseinandersetzungen über 650 Menschen getötet.

Dezember: Die Regierung unterstellt die staatliche Behörde WAPDA (Water and Power Development Authority), der das gesamte Bewässerungssystem des Landes und die staatlichen Energiekonzerne unterstehen, der direkten Kontrolle der Armee. Diese soll WAPDA vor dem endgültigen Bankrott retten, indem sie ausstehende Zahlungen eintreibt.

1999 3. Januar: Premierminister Nawaz Sharif entgeht unverletzt einem Attentat in der Nähe von Lahore, drei Personen werden getötet, zwei weitere schwer verletzt.

4. Januar: Im südlichen Punjab fallen 17 Schiiten einem Attentat zum Opfer, zugeschrieben der radikal-sunnitischen Partei SSP.

18. Januar: Der Internationale Währungsfond (IWF) verabschiedet ein Finanzpaket für Pakistan mit einem Volumen von 5,5 Mrd. USD.

19. Februar: Die Zeitungsgruppe Jang strengt einen Prozess gegen die Regierung an, da diese das Recht auf Pressefreiheit verletze. Von Beobachtern wird die Presse als letzte unabhängige Informationsquelle gesehen, da Radio und Fernsehen staatlich kontrolliert sind.

30. Januar: Die bisher auf die Provinz Sindh beschränkten Militärgerichte werden auf ganz Pakistan ausgeweitet.

20. Februar: Der indische Premierminister Atal Bihari Vajpayee trifft sich mit Premierminister Nawaz Sharif in Lahore. In der Lahore Deklaration verpflichten sich beide Seiten auf eine friedliche Lösung ihrer Probleme. Weiterhin einigt man sich auf die Umsetzung vertrauensbildender Maßnahmen, die Aufnahme von Verhandlungen über Kaschmir sowie den Verzicht auf weitere Atomtests.

11. April: Indien testet die neue Version einer Mittelstreckenrakete, die atomar bestückt werden kann (Reichweite 2000 km). Pakistan reagiert (14./15.April) mit Tests eigener Raketen.

15. April: Verurteilung von Benazir Bhutto und ihres Ehemanns Asif Zadari wegen Korruption zu je fünf Jahren Haft und zu einer Geldstrafe von 8,6 Mio. USD durch ein Sondergericht in Rawalpindi.

18. Mai: An der indisch-pakistanischen Grenze kommt es zu neuen Kämpfen.

20. Mai: Ein Zyklon verwüstet Tausende Dörfer an der Küste der Provinz Sindh. Bis Ende Mai werden mindestens 400 Tote gezählt, Tausende Fischer werden vermisst.

26. Mai: Der Grenzkonflikt zwischen Indien und Pakistan eskaliert zum »Kargil-Krieg«: Die indische Armee fliegt Angriffe auf als Freischärler getarnte pakistanische Einheiten, welche die Waffenstillstandslinie bei Kargil überschritten und sich auf indischem Gebiet verschanzt haben, und eröffnet eine Bodenoffensive. Die anhaltenden Kämpfe lösen auf pakistanischer Seite eine Flüchtlingswelle (50 000 Menschen) aus.

4. Juli: Auf Druck der USA ziehen sich die pakistanischen Truppen von indischem Territorium zurück.

11. Juli: Waffenstillstandsvereinbarung zwischen Indien und Pakistan beendet die Kämpfe in Kaschmir (Kargil). Laut indischen Angaben gab es bei den Kämpfen 1350 Todesopfer, davon etwa ein Drittel indische Soldaten.

4. August: Aufgrund der internationalen Sanktionen sanken ausländische Investitionen um über 50 Prozent von 822 Mio. auf 403 Mio. USD im Steuerjahr 1998/99 (1. Juli bis 30. Juni).

10. August: Indien schießt ein pakistanisches Aufklärungsflugzeug ab, da die Maschine in den indischen Luftraum eingedrungen sein soll, Pakistan bestreitet dies.

27. August: Der UNO-Sicherheitsrat verurteilt die pakistanische Unterstützung der Taliban in Afghanistan.

1. Oktober: Bewaffnete Männer (vermutlich Angehörige der SSP) ermorden in Karatschi zehn Schiiten.

Dritte Militärdiktatur unter Pervez Musharraf (1999–2008)

1999 12. Oktober: Das Militär unter Führung Musharrafs stürzt Premierminister Sharif und dessen Regierung. Sharif wird unter Hausarrest gestellt. Dieser hatte zuvor die Entlassung von Musharraf bekannt gegeben. Viele Regierungen verurteilen den Militärcoup, Geldgeber verhängen Sanktionen.

15. Oktober: Verhängung des Ausnahmezustandes, Aufhebung der Verfassung und Auflösung des Bundes- und der Provinzparlamente sowie Verkündung einer Notstandsverfassung.

17. Oktober: Musharraf kündigt die Gründung eines »Nationalen Sicherheitsrates« (NSC) an, von dem die Regierungsgeschäfte weitergeführt werden sollen. Darin sind die Spitzen der drei Teilstreikräfte sowie Experten aus den Bereichen Finanz-, Sicherheits-, Außen- und Innenpolitik vertreten. Der amtierende Präsident Mohammed Rafiq Tarar bleibt im Amt. Musharraf nennt sich Chief Executive (CE).

18. Oktober: Suspendierung der Mitgliedschaft Pakistans im Commonwealth bis zur Rückkehr zur Demokratie. Pakistan beginnt mit dem Truppenabzug aus der Grenzregion zu Indien (mit Ausnahme von Kaschmir). Damit soll eine Deeskalation eingeleitet werden.

1999 26. Oktober: Bildung einer neuen Regierung und Bekanntgabe der Zusammensetzung des NSC unter Vorsitz Musharrafs.

9. November. Neue Gefechte zwischen indischen und pakistanischen Truppen in Kaschmir.

11. November: Die Militärregierung klagt Sharif wegen Hochverrats an. Ihm wird vorgeworfen, die Landegenehmigung des Flugzeugs, in dem Musharraf unmittelbar vor seiner Machtergreifung aus Sri Lanka zurückkehrte, verweigert zu haben.

23. Dezember: Die Scharia-Kammer des Obersten Gerichtshofs erlässt ein Urteil, nach dem die Existenz von Zinsen (*riba*) gegen islamische Rechtsvorstellungen verstößt. Eine Verfügung sieht die Etablierung von Fachausschüssen vor, die sich mit der Ausarbeitung eines Banksystems ohne Zinsen beschäftigen sollen, das zum 1. Juli 2001 in Kraft treten soll.

24. Dezember: Kaschmir-Separatisten entführen eine indische Passagiermaschine nach Kandahar in Afghanistan und verlangen die Freilassung von in Indien inhaftierten pakistanischen Islamisten. Nachdem die indische Regierung die Forderung erfüllt, endet die Entführung am 31. Dezember. Indien beschuldigt Pakistan, an der Entführung beteiligt gewesen zu sein. Pakistan weist die Anschuldigung zurück.

2000 10. Januar: Feuergefecht zwischen indischen und pakistanischen Soldaten in Kaschmir.

26. Januar: Musharraf entlässt den Obersten Richter sowie fünf weitere Richter des Obersten Gerichtshofes, weil sie sich weigerten, einen Eid auf die Notstandsverfassung Pakistans abzulegen.

16. März: Die Militärregierung verbietet politische Versammlungen und Streiks.

23. März: Musharraf verkündet einen Stufenplan zur Übergabe der Macht an eine zukünftige Zivilregierung. Den Auftakt bilden parteilose Kommunalwahlen auf Distriktebene, die innerhalb von 1,5 Jahren in fünf Phasen abgehalten werden sollen.

25. März: US-Präsident Bill Clinton besucht auf einer Südasienreise Pakistan. Die Reise demonstriert eine Neuorientierung der US-Südasienpolitik: Schwerpunkt liegt jetzt auf der Zusammenarbeit mit Indien.

6. April: Sharif wird von einem Anti-Terror-Gericht in Karatschi wegen versuchter Flugzeugentführung und Terrorismus zu lebenslanger Haft verurteilt. Sein gesamtes Vermögen wird beschlagnahmt.

12. April: Bei einem Anschlag auf eine schiitische Moschee im Punjab sterben 14 Menschen.

12. Mai: Der Oberste Gerichtshof erklärt den Putsch von Musharraf für rechtmäßig, da es keine anderen verfassungsgemäßen Mittel mehr gegeben habe, um die staatlichen Institutionen

des Landes zu retten. Zugleich verfügen die Verfassungsrichter, dass es im Oktober 2002 Parlamentswahlen geben muss.

16. Mai: Musharraf gibt sein Vorhaben, das umstrittene Blasphemiegesetz zu reformieren, nach anhaltenden Protesten religiöser Parteien auf.

19. Mai: Der Plan der Militärregierung, Steuern von Einzelhändlern zu erheben, löst mit einer landesweiten Streikwelle den ersten offenen Widerstand gegen die Regierung seit dem Militärputsch aus. Die Reform des Steuerwesens und die Verbreiterung der Steuerbasis sind Forderungen des IWF, der daran die Vergabe weiterer Kredite knüpft.

7. Juli: Bei einem Bombenanschlag auf einen Zug in Haiderabad sterben neun Menschen, etwa 100 werden verletzt.

17. Juli: Musharraf verfügt als Zugeständnis an islamische Parteien per Dekret die Neubelebung zwischenzeitlich außer Kraft gesetzter islamischer Verfassungsartikel.

22. Juli: Der abgesetzte Premier Sharif wird wegen Steuerhinterziehung zu 14 Jahren Haft verurteilt und darf für 21 Jahre keine politischen Ämter bekleiden.

3. August: Musharraf fordert Indien zum Dialog über Kaschmir auf und signalisiert seine Bereitschaft, jederzeit an jedem Ort und auf jeder Ebene Gespräche zu führen.

10. Dezember: Sharif wird aus dem Gefängnis entlassen und geht mit 19 Mitgliedern seiner Familie nach Saudi-Arabien ins Exil. Sein Vermögen (ca. 500 Mio. Rupien) wird konfisziert.

31. Dezember: In der ersten Phase der Kommunalwahlen werden in 18 von 103 Distrikten die Abgeordneten der Gemeinderäte direkt gewählt. Obwohl Parteien nicht zugelassen sind, gehen rund 60 Prozent der Sitze an Kandidaten, die von den beiden großen Parteien (PPP und PML) unterstützt werden.

2001 1. Januar: Indische und pakistanische Truppen liefern sich entlang der Waffenstillstandslinie Feuergefechte.

6. Januar: Deutschland hebt die Sanktionen gegen Pakistan auf und sagt 36 Mio. DM für das laufende Fiskaljahr zu.

22. Januar: Indien und Pakistan vereinbaren die Verlängerung der bestehenden Zugverbindung zwischen beiden Ländern um weitere drei Jahre.

21. März: Die zweite Phase der Kommunalwahlen wird durchgeführt.

21. April: Die Weltbank gewährt einen Kredit im Volumen von 350 Mio. USD für Strukturanpassungsmaßnahmen. Zuvor hatte die Weltbank einen Kredit über 100 Mio. USD mit der Begründung gestrichen, dass institutionelle Reformen nicht oder nur unzureichend durchgeführt worden seien.

23. April: Die Asian Development Bank gewährt Pakistan einen Kredit in Höhe von 2,5 Mrd. USD zur Bekämpfung der Armut.

25. April: Das Militärregime verbietet eine Kundgebung des Parteienbündnisses Alliance for the Restauration of Democracy (ARD) und verhaftet etwa 1000 Aktivisten. Am 1. Mai kommt es zu gewalttätigen Auseinandersetzungen zwischen Demonstranten und Sicherheitskräften.

24. Mai: Der indische Premierminister Vajpayee lädt Musharraf zu Gesprächen nach Indien ein.

Juni: Im Vorfeld der vierten Phase der Kommunalwahlen kommt es zu Unruhen in Karatschi.

20. Juni: Musharraf ernennt sich zum Präsidenten.

11. September: Pakistan schließt sich dem US-geführten Kampf gegen den Terror an.

Oktober: Erneut Kämpfe an der indisch-pakistanischen Waffenstillstandslinie.

Dezember: Massive Truppenkonzentrationen entlang der indisch-pakistanischen Grenze wecken weltweit Furcht vor einem Krieg zwischen den beiden Atommächten.

2002 Januar: Pakistan verbietet zwei islamistische Kaschmir-Kampfgruppen.

April: In einem Referendum lässt sich Musharraf für weitere fünf Jahre im Amt bestätigen.

Mai: Selbstmordanschläge in Karatschi, auch gegen Ausländer, nehmen zu. Pakistan testet drei Mittelstreckenraketen (Ghauri), die Nuklearsprengköpfe tragen können.

August: Musharraf erweitert mit Dekreten seine Machtkompetenzen. U.a. kann er nun das Parlament auflösen.

Oktober: Parlamentswahlen ergeben trotz massiver Manipulation zugunsten der neugegründeten Musharraf-Partei PML-Q und des neu formierten islamistischen Parteienbündnisses MMA keine klaren Mehrheiten in der Nationalversammlung. Die MMA gelangt in den Provinzparlamenten von Belutschistan und der NWFP in Regierungsverantwortung und kann dort die Ministerpräsidenten stellen.

November: Die Nationalversammlung wählt Mir Zafarullah Jamali aus Belutschistan zum ersten Premierminister seit dem Militärputsch von 1999.

2003 Juni: Die neue islamistische Provinzregierung führt in der NWFP die Scharia ein.

November: Pakistan erklärt gegenüber Indien einen Waffenstillstand, Indien reagiert positiv.

Dezember: Pakistan und Indien nehmen den Flugverkehr zwischen ihren Ländern wieder auf und gewähren sich gegenseitig zivile Überflugrechte. Musharraf überlebt einen Attentatsversuch, der radikalen Islamisten zugeschrieben wird.

2004 Februar: Der pakistanische Nuklearwissenschaftler Abdul Qadir Khan gibt zu, nuklearwaffentechnische Geheimnisse an Libyen, Nordkorea und Iran weitergegeben zu haben.

April: Das Parlament stimmt der Schaffung eines Nationalen Sicherheitsrates unter Vorsitz der Militärführung zu.

Mai: Wiederaufnahme Pakistans in den Commonwealth. Mit diesem Schritt werden die Parlamentswahlen vom Oktober 2003 gewürdigt. Blutige Ausschreitungen zwischen Sunniten und Schiiten in Karatschi.

Juni: Die pakistanische Armee versucht, in den FATA entlang der afghanischen Grenze gegen Al-Qaida-Kämpfer vorzugehen.

August: Musharraf beruft Shaukat Aziz zum neuen Premierminister. Die Nationalversammlung bestätigt anschließend per Vertrauensabstimmung die Nominierung.

Dezember: Entgegen früherer Versicherungen kündigt Musharraf an, nun doch in Personalunion Präsident und Armeechef bleiben zu wollen.

2005 Januar: Stammesaufstände in Belutschistan, die mit Sabotageakten gegen Erdgasanlagen und Pipelines einhergehen.

7. April: Nach 60 Jahren wird wieder der öffentliche Busverkehr zwischen Pakistan und Indien aufgenommen. Eine Linie im Punjab verbindet die Städte Lahore und Amritsar, eine weitere in Kaschmir die Städte Muzaffarabad und Srinagar. Nach den Londoner U-Bahnanschlägen werden in Pakistan 200 islamistische Extremisten verhaftet, die dem Umfeld der Drahtzieher zugerechnet werden.

8. Oktober: Ein verheerendes Erdbeben sucht Nordpakistan und Kaschmir heim. Zehntausende sterben, Hunderttausende werden obdachlos. Schlechtes Wetter und der nahende Winter erschweren die Rettungs- und Bergungsarbeiten.

2006 Januar: Ein US-Drohnenangriff, der Taliban-Kommandeuren galt, tötet in den FATA 17 Zivilisten.

Februar: Selbstmordattentäter ermorden in einer Kleinstadt der NWFP 30 Teilnehmer einer schiitischen Prozession.

April: Selbstmordattentäter töten in Karatschi bei einem Anschlag auf eine sunnitische Moschee 57 Menschen.

August: Ein Militärkommando tötet unter ungeklärten Umständen Nawab Akbar Bugti, einen der prominentesten Stammesführer Belutschistans, und zahlreiche seiner Gefolgsleute. Dies löst in Teilen der Provinz gewaltsame Massenproteste aus.

Oktober: Armeeeinheiten töten im Grenzgebiet zu Afghanistan bei einem Einsatz im Stammesgebiet Bajaur in einer Koranschule 80 Menschen. Angeblich war die *Medrese* ein Ausbildungslager militanter Extremisten.

2006 Dezember: Pakistan testet erfolgreich eine nuklearfähige Kurzstreckenrakete.

2007 Februar: Vermehrte Bombenanschläge im ganzen Land. Bei einem Attentat auf einen Zug von Delhi nach Lahore sterben 70 Passagiere, unter den Opfern zumeist Pakistaner. Pakistan und Indien unterzeichnen ein Abkommen, welches das Risiko eines ungewollten nuklearen Schlagabtauschs eindämmen soll.

7. März: Musharraf entlässt den Vorsitzenden des Supreme Court, Iftikhar Mohammed Chaudhry. Dieser hatte sich im Vorfeld geweigert, mit Gefälligkeitsurteilen politischen Wünschen des Präsidenten zu entsprechen.

März/April: Landesweite heftige Proteste gegen die Entlassung des Obersten Richters lösen die bis dahin schwerste Krise des Musharraf-Regimes aus. Heftige Kämpfe im Stammesgebiet Südwasiristan zwischen Einheimischen und ausländischen Al-Qaida-Kämpfern.

10. Juli: Nach Unruhen radikal- islamistischer Aktivisten in Islamabad wird deren Hochburg in der Hauptstadt, die Lal Masjid (»Rote Moschee«), von Sicherheitskräften gewaltsam gestürmt und geschlossen. Zahlreiche Tote und Verletzte, darunter auch der Imam der Moschee, der als Schlüsselfigur der militanten Islamisten-Szene Pakistans gilt.

30. August: Im Stammesgebiet Südwasiristan geraten 211 Soldaten in Geiselhaft.

3. Oktober: Lal Masjid wieder eröffnet.

5. Oktober: Musharraf setzt per Dekret die National Reconciliation Ordinance (NRC) in Kraft, die wegen Korruptionsdelikten angeklagten Politikern Straffreiheit gewährt und die Übernahme politischer Ämter erlaubt. Die NRC ist Teil einer Vereinbarung des Präsidenten mit Benazir Bhutto, die deren Rückkehr nach Pakistan und ihr politisches Comeback vorbereiten soll. Im Gegenzug sagt Bhutto Musharraf die Stimmen ihrer PPP bei der Präsidentenwahl zu.

6. Oktober: Präsident Musharraf wird von den Delegierten einer Bundeswahlversammlung mit großer Mehrheit für weitere fünf Jahre im Amt bestätigt.

18. Oktober: Benazir Bhutto kehrt aus achtjährigem Exil nach Pakistan zurück. Ihren Triumphzug durch Karatschi beendet ein Bombenanschlag mit 150 Todesopfern und 500 Verletzten.

25. Oktober: Im Distrikt Swat kommt es nach Selbstmordanschlägen auf zwei Militärkonvois mit insgesamt 36 Toten und 35 Verletzten zu heftigen Kämpfen zwischen paramilitärischen Sicherheitskräften und islamistischen Rebellen. Dabei sterben innerhalb von drei Tagen auf beiden Seiten 51 Menschen. Am 29. Oktober tritt eine vorläufige Waffenruhe in Kraft.

30. Oktober: Ein Selbstmordattentat in Rawalpindi innerhalb der Sperrzone um die Residenz Musharrafs fordert sieben Tote und 35 Verletzte.

3. November: Musharraf verhängt den Ausnahmezustand, suspendiert die Verfassung, setzt die gesamte Oberste Gerichtsbarkeit außer Funktion und bürgerliche Grundfreiheiten außer Kraft, verschiebt erneut die angekündigten Wahlen und lässt Tausende von Regimekritikern verhaften, darunter auch den Vorsitzenden des Supreme Courts, Iftikhar Chaudhry, und weitere Verfassungsrichter. Chaudhry wird zum Volkshelden und zur Galionsfigur einer pro-demokratischen Massenbewegung, welche die Wiedereinsetzung der entlassenen Richter, den Rücktritt Musharrafs und sofortige Wahlen fordert.

4. November: Die Regierung lässt im Austausch gegen die am 30. August entführten Soldaten 25 militante Islamisten frei.

12. November: Musharraf kündigt für Januar 2008 Wahlen an sowie für den 15. November die Auflösung der Parlamente und die Einsetzung einer Übergangsregierung.

15. November: Musharraf ernennt den Senatsvorsitzenden Mohammed Mian Somroo (PML-Q) zum Premierminister einer Übergangsregierung. Außerdem hebt er nach internationalem und nationalem Druck den Ausnahmezustand auf.

19. November: Der Supreme Court unter seinem neuen Vorsitzenden Abdul Hameed Dogar weist Verfassungsklagen gegen eine weitere Amtszeit Musharrafs als Präsident zurück.

24. November: Bei zwei simultan ausgeführten Selbstmordanschlägen auf militärische Ziele sterben 32 Menschen.

23. November: Wegen des Ausnahmezustands wird Pakistans Mitgliedschaft im Commonwealth suspendiert.

27. November: Der ehemalige Premierminister Nawaz Sharif kehrt nach siebenjährigem Exil nach Pakistan zurück, um sich für seine PML-N am Wahlkampf zu beteiligen.

28. November: Musharraf tritt als Generalstabschef zurück. Zu seinem Nachfolger ernennt er General Ashfaq Pervez Kayani.

15. Dezember: 27 Richter der High Courts der Provinzen NWFP, Punjab und Sindh lassen sich unter Protest gegen das am 3. November verhängte Notstandsrecht vom Dienst suspendieren.

17. Dezember: Bei einem Selbstmordanschlag auf eine Armeeschule in Kohat (NWFP) sterben zwölf Rekruten.

18. Dezember: Das US-Repräsentantenhaus genehmigt für das Fiskaljahr 2008 Finanzhilfen für Pakistan in Höhe von 785 Mio. USD, davon 300 Mio. USD als Militärhilfe. Die Gelder sind Teil eines 2003 zugesagten Finanzierungsprogramms im Volumen von insgesamt 3,5 Mrd. USD.

2007 22. Dezember: Bei einem Selbstmordanschlag auf eine Moschee in Charsadda (NWFP) sterben 56 Menschen. Über 100 weitere werden verletzt. Das Attentat gilt dem früheren Innenminister und NWFP-Ministerpräsidenten Aftap Sherpao.

27. Dezember: Benazir Bhutto wird in Rawalpindi nach einer Wahlkampfveranstaltung bei einem Selbstmordanschlag ermordet. Dabei sterben weitere 21 Menschen. Die Opposition macht das Musharraf-Regime für die Tat verantwortlich, die Regierung dagegen beschuldigt Baitullah Massud, den Chef der Tehrik-e Taliban Pakistan (TTP). In der Folge werden die zunächst für den 8. Januar vorgesehenen Parlamentswahlen auf den 18. Februar verschoben. Im ganzen Land, besonders im Sindh, brechen Unruhen aus, zahllose Brandanschläge mit über 50 Toten werden verübt. Asif Ali Zardari, der Witwer Bhuttos, übernimmt die Leitung der PPP.

2008 18. Februar: Wahlen zur Nationalversammlung und zu den Provinzparlamenten. Die beiden Oppositionsparteien PPP und PML-N siegen mit 121 bzw. 91 von 342 Abgeordnetensitzen. Die Pro-Musharraf-Partei PML-Q erhält nur 54 Sitze.

24. März: Yusuf Raza Gilani (PPP) wird mit großer Mehrheit von der Nationalversammlung zum Premierminister gewählt.

12. Mai: Die von Sharif angeführte PML-N verlässt die Regierungskoalition. Damit zieht sie die Konsequenz aus der Weigerung Gilanis, die von Musharraf entlassenen Verfassungsrichter zu rehabilitieren.

1. August: Auf dem Höhepunkt heftiger Kämpfe im Swat-Tal zwischen islamistischen Milizen und paramilitärischen Einheiten kommen 18 Zivilisten ums Leben, 34 weitere werden verletzt. Die Zahl der getöteten Aufständischen wird auf 45 beziffert, zu eigenen Verlusten gibt es keine Angaben.

6. August: Bei Gefechten im Swat-Tal töten die Sicherheitskräfte nach eigenen Angaben 13 militante Islamisten, darunter mehrere hochrangige Taliban-Kommandeure.

7. August: Die Parteivorsitzenden Zardari (PPP) und Sharif (PML-N) verständigen sich im Rahmen eines Krisengipfels darauf, ihre breite Parlamentsmehrheit zur Einleitung eines Amtsenthebungsverfahrens gegen Musharraf zu nutzen. Die PML-N tritt daraufhin wieder als Koalitionspartner mit mehreren Ministern in die Bundesregierung ein.

9. August: Nach dreitägigen heftigen Kämpfen im Stammesgebiet Bajaur (FATA) zwischen Sicherheitskräften und Taliban müssen sich die Regierungseinheiten unter schweren Verlusten zurückziehen. In den folgenden Tagen bombardieren Kampfflugzeuge und Hubschrauber Ziele in Bajaur; zahlreiche Opfer unter der Zivilbevölkerung. Mehr als 250 000 Menschen verlassen ihre Heimat und suchen in benachbarten Stammesgebieten Schutz.

13. August: Das Statistische Bundesamt meldet für Juli mit über 24 Prozent im Jahresvergleich die höchste jemals gemessene Inflationsrate der pakistanischen Geschichte. Im Vorjahr hatte sie noch bei 6 Prozent gelegen.

18. August: Um einem von der Regierung eingeleiteten Amtsenthebungsverfahren zuvorzukommen, tritt Musharraf als Präsident zurück. Als Übergangspräsident wird der bisherige Senatsvorsitzende Mohammed Mian Somroo vereidigt.

Vierte demokratische Periode (seit 2008)

2008 19. August: Ein Selbstmordanschlag auf ein Krankenhaus in Dera Ismail Khan (NWFP) fordert 32 Todesopfer und 55 Verletzte. Die Tehrik-e Taliban Pakistan (TTP) übernimmt die Verantwortung für das Blutbad.

21. August: TTP-Selbstmordanschlag auf eine Waffenfabrik in Wah bei Islamabad mit 78 Toten und 67 Verletzten.

23. August: Ein Selbstmordattentat auf eine Polizeistation im Swat-Tal tötet zehn Soldaten und sieben Polizisten. Bei der anschließenden Vergeltungsaktion der Sicherheitskräfte sterben 50 militante Islamisten und eine unbekannte Zahl von Zivilisten.

25. August: Aus Protest gegen den anhaltenden Widerstand des Koalitionspartners PPP gegen eine Rehabilitierung der von Ex-Präsident Musharraf entlassenen Verfassungsrichter und die nicht abgestimmte Nominierung des PPP-Vorsitzenden Zardari zum Präsidentschaftskandidaten verlässt die PML-N die Regierung.

31. August: Bei anhaltenden Kämpfen im Swat-Tal töten die Sicherheitskräfte bei Feuergefechten und Luftangriffen auf Stellungen der Taliban nach eigenen Angaben innerhalb eines Tages 40 Aufständische.

6. September: Zardari wird zum Präsidenten gewählt.

20. September: Bei einem Selbstmordanschlag auf das Marriott Hotel in Islamabad sterben 53 Menschen, rund 250 weitere werden verletzt. Das Gebäude wird weitgehend zerstört.

3. Oktober: Bei einem US-Drohnenangriff auf ein Ziel in Nordwasiristan (FATA) werden nach Angaben eines Armeesprechers 21 mutmaßliche Al-Qaida-Kämpfer getötet.

10. Oktober: Bei einem Selbstmordanschlag auf eine Dschirga von Stammesältesten im FATA-Distrikt Orakzai werden 60 Teilnehmer getötet und mehr als 100 verletzt. Die Stammesführer hatten sich getroffen, um über ein gemeinsames Vorgehen gegen die Taliban zu beraten.

2008 17. Oktober: Die Geberländer Pakistans, die Weltbank und die Entwicklungsbanken ADB und IDB gewähren für den Zeitraum bis 2011 Finanzhilfen im Gesamtvolumen von 4 Mrd. USD, um den drohenden Staatsbankrott abzuwenden. Im Gegenzug verpflichtet sich die Regierung zu einschneidenden Wirtschaftsreformen.

Bei Einsätzen der Luftwaffe gegen Ziele im Swat-Tal werden nach Angaben eines Armeesprechers 60 Taliban getötet. Lokale Journalisten berichten, dass dabei auch zivile Gebäude wie Schulen und Wohnhäuser zerstört worden seien.

21. Oktober: Indien und Pakistan öffnen die Waffenstillstandlinie in Kaschmir zum ersten Mal seit 1947 für grenzüberschreitenden Handel und Gütertransporte.

25. Oktober: Der Kommandant des Militäreinsatzes im Stammesgebiet Bajaur erklärt das erfolgreiche Ende der Mission. Die Sicherheitskräfte hätten die Kontrolle über den seit Anfang August umkämpften Distrikt zurückgewonnen und die islamistischen Milizen vertrieben. Bei den Kämpfen seien rund 1500 Aufständische getötet worden. Die eigenen Verluste beziffert der General auf 73.

26. Oktober: Bei einem US-Drohnenangriff auf ein Dorf in Südwasiristan werden sieben Menschen getötet. Den insgesamt 12. Einsatz dieser Art innerhalb von zehn Wochen auf pakistanischem Hoheitsgebiet nimmt Premierminister Gilani zum Anlass, diese öffentlich als »kontraproduktiv« scharf zu kritisieren. Tags darauf tötet eine US-Drohne erneut 20 Menschen.

29. Oktober: Bei einem schweren Erdbeben in Belutschistan sterben mehr als 270 Menschen. Rund 70 000 werden obdachlos.

31. Oktober: Bei zwei US-Drohnenangriffen auf Ziele in Wasiristan werden insgesamt 21 Menschen getötet, darunter ein irakischer Al-Qaida-Aktivist. Die diplomatischen Spannungen mit den USA nehmen zu. Ein Selbstmordattentäter tötet in einer Polizeistation in Mardan (NWFP) neun Menschen und verletzt 24 weitere.

3. November: Präsident Zardari beruft 22 Bundes- und 18 Staatsminister ins Kabinett, dessen Stärke sich damit mehr als verdoppelt. Die Maßnahme gilt als Versuch, die fragile Regierungskoalition zu stabilisieren.

5. November: Ein Selbstmordattentäter tötet im Stammesgebiet Bajaur 16 Teilnehmer einer Anti-Taliban-Dschirga.

8. November: Bei einem US-Drohnenangriff auf ein Ziel in Nordwasiristan kommen 13 Menschen ums Leben.

14. November: Von Kampfhubschraubern und Panzern unterstützte Einheiten der Sicherheitskräfte starten eine Großoffensive gegen das lokale Taliban-Regime in Mohmand (NWFP). Die unweit der Millionenstadt Peschawar gelegene Kampfzone weitet sich erstmals auch auf benachbarte Regionen

außerhalb der FATA aus. Zahlreiche Zivilisten fliehen. Ein US-Drohnenangriff auf ein Dorf in Nordwasiristan tötet 13 Menschen, darunter vermutlich neun ausländische Al-Qaida-Aktivisten.

15. November: Der IWF reagiert auf die massiven Zahlungsschwierigkeiten der pakistanischen Regierung mit der Gewährung eines Not-Kredits im Volumen von 7,6 Mrd. USD.

22. November: Präsident Zardari erklärt in Neu-Delhi vor indischen Sicherheitsexperten - in Abkehr von der bisherigen Verteidigungsdoktrin Pakistans - den künftigen Verzicht auf den Ersteinsatz von Nuklearwaffen, stimmt versöhnliche Töne in der Kaschmir-Frage an und signalisiert Unterstützung für den indisch-pakistanischen Annäherungsprozess. Die Armeeführung reagiert darauf mit scharfer öffentlicher Kritik.

25. November: Die Innenminister Indiens und Pakistans vereinbaren enge Zusammenarbeit bei der Terrorismusbekämpfung und in Visa-Fragen.

26. November: In Reaktion auf den spektakulären Großanschlag von Mumbai (Bombay), für den die indische Regierung die pakistanische Terrorgruppe Lashkar-e Taiba (Armee der Reinen, LeT) und den Geheimdienst Inter-Services Intelligence (ISI) verantwortlich macht, bricht Indien den Friedensprozess mit Pakistan ab. In den folgenden Wochen stehen beide Länder zeitweilig am Rande eines militärischen Konfliktes.

28. November: Abschaffung des Nationalen Sicherheitsrates.

1. Dezember: Ethnische Unruhen in Karatschi fordern innerhalb von drei Tagen 40 Tote und über 150 Verletzte. Mehr als 50 Geschäfte und 60 Autos gehen in Flammen auf. Die Stadtbehörden verhängen eine Ausgangssperre. Ein Großaufgebot paramilitärischer Ranger unterbindet schließlich in den betroffenen Stadtvierteln die Ausschreitungen.

5. Dezember: Bei einem Autobombenanschlag auf einen Markt in der Innenstadt von Peschawar werden 34 Menschen getötet und über 100 verletzt. Die Explosion entfacht einen Großbrand, der mehrere Dutzend Häuser zerstört.

7. Dezember: Bei einem Angriff auf Nachschubdepots der NATO-Streitkräfte in Peschawar, an dem sich rund 200 mit Raketenwerfern und Granaten bewaffnete Taliban beteiligen, gehen 150 mit Versorgungsgütern und Militärfahrzeugen für die ISAF-Truppen beladene LKW in Flammen auf. Am nächsten Tag werden bei einem ähnlichen Überfall noch einmal 53 LKW vernichtet.

2009 März: Massiver Druck der Armeeführung zwingt Präsident Zardari dazu, Iftikhar Chaudhry, den von seinem Vorgänger entlassenen Vorsitzenden Richter des Verfassungsgerichts, wieder in sein altes Amt einzusetzen.

2009 Juli: Der Versuch Zardaris, den umstrittenen ISI unter die Kontrolle der Zivilregierung zu bringen, scheitert am Widerstand der Armeeführung. Der Konflikt belastet nachhaltig das Verhältnis zwischen Staatsoberhaupt und Generalität. Letztere betreibt daraufhin dessen Sturz mit politischen Mitteln.

31. Juli: Der Supreme Court erklärt die Verhängung des Notstands durch Präsident Musharraf am 3. November 2007 für nicht verfassungskonform. Die Verfassungsrichter fordern die Regierung auf, insgesamt 37 präsidiale Dekrete aus dieser Zeit, auf der auch die politische Existenz und die Machtfülle von Amtsnachfolger Zardari entscheidend basieren, bis zum 1. Dezember 2009 dem Parlament zur Abstimmung vorzulegen.

5. August: Bei einem US-Drohnenangriff auf das Dorf Zangara im Stammesgebiet Südwasiristan wird Baitullah Massud, der Chef der TTP, im Haus seines Schwiegervaters getötet. Ihm werden unter anderem die Ermordung Benazir Bhuttos und die Verantwortung für zahlreiche weitere Selbstmordanschläge zur Last gelegt. Sein Nachfolger wird Hakimullah Massud.

29./30. August: Bei mehreren Selbstmordanschlägen auf Armee- und Polizeigarnisonen in verschiedenen Teilen der NWFP, darunter in Torkham an der afghanisch-pakistanischen Grenze und in Mingora im Swat-Tal, sterben insgesamt 38 Menschen, weitere 32 werden verletzt. Die TTP übernimmt die Verantwortung für die Attentate und wertet sie als Vergeltungsschläge für den Tod Baitullah Massuds. Paramilitärische Einheiten starten daraufhin im Gebiet des Khaiber-Passes eine Großoffensive, bei der in den darauffolgenden Wochen mehrere Hundert Taliban getötet werden.

8. September: Bei einem US-Drohnenangriff auf ein Haus in Nordwasiristan werden zwölf Menschen getötet. Die Mehrzahl der Opfer sollen Taliban gewesen sein.

18. September: Ein Selbstmordattentäter bringt in den Stammesgebieten der NWFP auf einem Straßenmarkt auf der Strecke zwischen Hangu und Kohat ein mit Sprengstoff gefülltes Auto zur Explosion. Dabei werden 40 Menschen getötet und 80 verletzt.

26. September: Selbstmordanschläge in Peschawar und Bannu fordern 27 Tote und über 100 Verletzte. Die TTP übernimmt hierfür die Verantwortung.

29. September: Bei zwei US-Drohnenangriffen auf die Häuser mutmaßlicher Taliban-Kommandeure in Wasiristan sterben zwölf Menschen, darunter mehrere Ausländer. Allein 2009 gab es damit bereits 70 Drohneneinsätze der US-Streitkräfte gegen Ziele auf pakistanischem Territorium.

30. September: Der US-Kongress beschließt, die zivile Entwicklungshilfe für Pakistan für den Zeitraum 2010 bis 2014 auf 1,5 Mrd. USD zu verdreifachen. Gleichzeitig wird die Gewäh-

rung zusätzlicher Militärhilfen an strenge Bedingungen geknüpft. Dieses Junktim war offenbar im Vorfeld mit Präsident Zardari abgestimmt. In der Folge sorgt das nach den Senatoren gleichen Namens benannte Kerry-Lugar-Gesetz für heftige Auseinandersetzungen zwischen Armeeführung und Opposition einerseits und Regierung andererseits. Die Armee startet eine Medienkampagne mit offen anti-amerikanischen Untertönen, die Präsident Zardari des Verrats nationaler Interessen bezichtigt.

4. Oktober: Eine Dschirga der paschtunischen Stämme in Nordwasiristan beschließt, sich den gegen die US-Truppen in Afghanistan kämpfenden Gruppen einschließlich der dortigen Taliban anzuschließen, falls die US-Drohnenangriffe auf ihr Territorium nicht eingestellt würden. Diese werden für den Tod Unbeteiligter, darunter Frauen und Kinder, sowie für die Zerstörung zahlreicher Häuser verantwortlich gemacht.

6. Oktober: Bei einem Selbstmordanschlag auf das Büro des Welternährungsprogramms der UN in Islamabad werden sechs Menschen getötet, darunter ein UN-Diplomat und drei weibliche Ortskräfte. Sechs weitere Mitarbeiter werden verletzt. UN-Generalsekretär Ban Ki-Moon lässt daraufhin aus Sicherheitsgründen alle UN-Einrichtungen in Pakistan auf unbestimmte Zeit schließen. Die TTP übernimmt die Verantwortung für das Attentat.

9. Oktober: Ein Selbstmordanschlag auf einen Basar in der Innenstadt Peschawars kostet 50 Menschenleben und 120 Verletzte.

10. Oktober: Ein schwerbewaffnetes sechsköpfiges Terrorkommando stürmt das Hauptquartier der Armee in Rawalpindi, nimmt Geiseln und liefert sich über zwei Tage hinweg Feuergefechte mit den Soldaten. Neben den Attentätern sterben auch sechs Armeeangehörige, darunter zwei Offiziere.

12. Oktober: Ein Selbstmordattentäter reißt bei einem Anschlag auf einen Markt in Alpuri (NWFP) 41 Menschen mit in den Tod, darunter vier Soldaten und drei Polizisten. Mehr als 60 Passanten und mehrere Soldaten erleiden Verletzungen. Im Visier des Täters befand sich offenbar ein Militärkonvoi, der zum Zeitpunkt des Attentats am Rande des Basars eine Straßensperre passierte. Die TTP übernimmt für den Anschlag die Verantwortung.

15. Oktober: Bei einem synchronisierten Dreifachanschlag von insgesamt neun Selbstmordattentätern in Lahore auf die Federal Investigation Authority und zwei Ausbildungszentren der Polizei werden 19 Menschen getötet, darunter 14 Polizisten, und 41 verletzt. Zwei weitere Selbstmordanschläge in der NWFP, zu denen sich die TTP bekennt, fordern zusammen 13 Todesopfer.

16. Oktober: Ein Selbstmordanschlag auf eine Polizeistation in Peschawar kostet 15 Menschenleben und 21 Verletzte.

17. Oktober: Die Armee startet in der NWFP im Stammesgebiet Südwasiristan gegen die Taliban und Al-Qaida-Milizen eine Großoffensive, bei der auch Kampfflugzeuge und Drohnen zum Einsatz kommen. Damit reagiert die Regierung auf die beispiellose Terrorwelle in den vorangegangen Wochen.

28. Oktober: Bei einem Selbstmordanschlag auf einen Basar im Zentrum Peschawars sterben 105 Menschen, darunter viele Frauen und Kinder. Die Wucht der Explosion und dadurch ausgelöste Brände zerstören zahlreiche Gebäude. Das Attentat überschattet den Besuch von US-Außenministerin Hillary Clinton in Islamabad.

5. November: Die Armee erklärt die erste Phase der Militäroffensive in Südwasiristan für beendet, nachdem sie alle strategisch bedeutsamen Ortschaften und die Hauptzugangsrouten unter ihre Kontrolle gebracht habe. Ein Armeesprecher beziffert die Verluste unter den Taliban auf 500 Tote und mehr als 700 Verwundete. Die eigenen Verluste werden mit 40 getöteten und 71 verletzten Soldaten angegeben. Eine unabhängige Überprüfung dieser Angaben ist nicht möglich, da Journalisten keinen Zugang zur Kampfzone erhalten.

13. November: Bei zwei Selbstmordanschlägen in der NWFP kommen insgesamt 18 Menschen ums Leben, 80 weitere werden verletzt. Ein Anschlag gilt dem regionalen Hauptquartier des ISI in Peschawar, das von der Detonation völlig zerstört wird. Weitere Attentate in Belutschistan haben Versorgungskonvois der NATO auf dem Weg nach Afghanistan zum Ziel.

27. November: Präsident Zardari übergibt die Befehlsgewalt über das Nuklearwaffenarsenal an Premierminister Gilani. Beobachter werten dies als politisches Manöver, um dem durch ein entsprechendes Verfassungsurteil drohenden Verlust seiner präsidialen Machtkompetenzen zu begegnen (vgl. 31. Juli 2008). In den Tagen zuvor hatte die Regierung aufgrund fehlender eigener Mehrheit darauf verzichtet, die infrage stehenden Musharraf-Dekrete rechtzeitig vor Ablauf der gesetzten Frist der Nationalversammlung zur Abstimmung vorzulegen.

4. Dezember: Beim Anschlag eines Selbstmordkommandos auf eine von Armeeangehörigen frequentierte Moschee auf einem scharf bewachten Garnisonsgelände in Rawalpindi sterben mindestens 40 Menschen und 80 weitere werden verletzt. Nach der Detonation von Sprengsätzen im vollbesetzten Moschee-Innenhof eröffnen mehrere Heckenschützen aus dem Hinterhalt das Feuer auf die Gläubigen. Die Täter werden bei einem anschließenden Schusswechsel mit Sicherheitskräften getötet. Unter den Opfern befinden sich neben einem General und mehreren Offizieren auch 16 Kinder. *(js)*

Soweit vorhanden, sind bei Buchtiteln die deutschen Übersetzungen aufgeführt. Die genannten Werke sind zum Teil im Buchhandel vergriffen. Bitte wenden Sie sich in diesem Fall an Bibliotheken oder suchen Sie nach antiquarischen Ausgaben (z.B. bei www.zvab.com oder www.eurobuch.com).

Wissenschaftliche Literatur

Abbas, Hassan, Pakistan's Drift into Extremism. Allah, the Army and America's War on Terror, New Delhi 2005

A History of Pakistan and its Origins. Ed. by Christophe Jaffrelot, London 2002

Ali, Syed Machmud, Cold War in the High Himalayas. The USA, China and South Asia in the 1950's, Richmond 1999

Ali, Tariq, Pakistan. Ein Staat zwischen Diktatur und Korruption, Bonn 2008

Ahmed, Akbar S., Millenium and Charisma among Pathans. A Critical Social Anthropology, London 1976

Ahmed, Akbar S., Resistance and Control in Pakistan, Cambridge 2004

Banerjee, Mukulika, The Pathan Unarmed, Oxford 2000

Barth, Frederik, Political Leadership among Swat Pathans, London 1965

Beattie, Hugh, Imperial Frontier: Tribe and State in Waziristan, London 2001

Beckmann, Oliver, Pakistans Entwicklung zum Failed State und die internationalen Folgen, Marburg 2009

Burki, Shahid Javed, Historical Dictionary of Pakistan, Lahore 1992

Carvalho-Fischer, Maria Madalena L., and Mathias Fischer, Pakistan under Siege. Pakistan after September 11/2001, Lahore 2004

Chari, P. R., Pervaiz Iqbal Cheema and Stephen Philip Cohen, Four Crises and a Peace Process. American Engagement in South Asia, Washington 2007

Cheema, Pervaiz Iqbal, The Armed Forces of Pakistan, Karachi 2002

Cohen, Stephen Philip, The Idea of Pakistan, New Delhi 2005

Conermann, Stephan, Das Mogulreich – Geschichte und Kultur des muslimischen Indien, München 2006

Dani, Ahmad Hasan, History of Pakistan. Pakistan Through the Ages, Lahore 2007

Duncan, Emma, Breaking the Curfew. A Political Journey Through Pakistan, London 1989

Fair, C. Christine, The Counterterror Coalitions. Cooperation with Pakistan and India, Santa Monica, CA 2004

Ganguly, Sumit, Conflict Unending. India-Pakistan Tensions since 1947, New York 2001

Gul, Imtiaz, The Unholy Nexus. Pak-Afghan Relations under the Taliban, Lahore 2002

Haqqani, Husain, Pakistan. Between Mosque and Military, Washington 2005

Haroon, Sana, Frontier of Faith. Islam in the Indo-Afghan Borderland, New York 2007

Hippler, Jochen, Das gefährlichste Land der Welt? Pakistan zwischen Militärherrschaft, Extremismus und Demokratie, Köln 2008

History of the Northern Areas of Pakistan. Ed. by Ahmad H. Dani, Islamabad 1991

Human Rights Commission of Pakistan, State of Human Rights. 2008, Lahore 2009

Hussain, J., A History of the Peoples of Pakistan, Karachi 1997

Hussain, Zahid, Frontline Pakistan. The Struggle with Militant Islam, New York 2007

Iqbal, Javid, Islam and Pakistan's Identity, Lahore 2003

Jones, Owen Bennett, Pakistan. Eye of the Storm, London 2002

Kerr, Paul, and Mary Beth Nikitin, Pakistan's Nuclear Weapons: Proliferation and Security Issues, Washington 2007
Khan, Hamid, Constitutional and Political History of Pakistan, Oxford 2004
Khan, Muhammad Ashgar, We've Learned Nothing from History. Pakistan, Politics and Military Power, Karachi 2005
Khan, Rais Ahmad, Forty years of Pakistan – United States Relations. In Search of Peace and Security, Karachi 1990
Khan, Shafique Ali, Two Nation Theory as a Concept, Strategy and Ideology, Karachi 1985
Kreutzmann, Hermann, Sharing Water. Irrigation Water Management in the Hindukush, Karakorum, Himalaya, Oxford 2000
Kreutzmann, Hermann, Karakorum in Transition, Oxford 2006
Kux, Dennis, The United States and Pakistan 1947-2000. Disenchanted Allies, Washington 2001
Lamb, Alastair, Birth of a Tragedy. Kashmir 1947, Hertfordshire 1994
McMahon, Robert J., The Cold War on the Periphery: The United States, India, and Pakistan, New York 1994
Malik, Iftikhar H., The History of Pakistan, Oxford 2008
Malik, S. Jamal, Islamisierung in Pakistan 1977-84. Untersuchungen zur Auflösung autochthoner Strukturen, Wiesbaden 1988
Malik, S. Jamal, Colonization of Islam. Dissolution of Traditional Institutions in Pakistan, Karachi 1996
Moreman, Timothy R., The Army in India and the Development of Frontier Warfare, 1849-1947, Basingstoke 1998
Mumtaz, Soofia, Jean-Luc Racine and Anwar Ali Imran, Pakistan. The Contours of State and Society, Oxford 2002
Nawaz, Shuja, Crossed Swords. Pakistan, Its Army, and the Wars within, Oxford 2008
Nazir, Ahmad, and G. R. Chaudhry, Irrigated Agriculture of Pakistan, Lahore 1988
Newberg, Paula R., Judging the State. Courts and Constitutional Politics in Pakistan, New Delhi 1995.
Orywal, Erwin, Krieg oder Frieden. Eine vergleichende Untersuchung kulturspezifischer Ideale. Der Bürgerkrieg in Belutschistan/Pakistan, Berlin 2002
Pakistan. Nationalism without a Nation. Ed. by Christophe Jaffrelot, New York 2002
Pakistan on the Brink. Politics, Economics and Society. Ed. by Craig Baxter, Karachi 2004
Pakistan. Reality, Denial and the Complexity of Its State. Ed. by Heinrich Böll Stiftung, Berlin 2009
Pakistan – Viele Fronten, Berlin 2008 (= INAMO-Sonderheft, 56)
The Political Parties of Pakistan. Ed. by A.B.S. Jafri, Karachi 2002
Qadeer, Mohammad Abdul, Pakistan. Social and Cultural Transformation in a Muslim Nation, London 2007
Rahman, Tariq, Language and Politics in Pakistan, Karachi 1996
Rana, Muhammad Amir, A to Z of Jehadi Organizations in Pakistan, Lahore 2007
Rashid, Ahmed, Decent Into Chaos. How the War Against Islamic Extremism Is Being Lost in Pakistan, Afghanistan and Central Asia, London 2008
Rizvi, Syed Shabbar Raza, Constitutional Law of Pakistan. Text, Case Law and Analytical Commentary, 3 vols, 2. eds., Cambridge 2005
Rothermund, Dietmar, Krisenherd Kaschmir. Der Konflikt der Atommächte Indien und Pakistan, München 2002

Rouse, Shahnaz, Shifting Body Politics. Gender, Nation, State in Pakistan, New Delhi 2006
Schetter, Conrad, und Katja Mielke, Entwicklungszusammenarbeit mit Pakistan, Bonn 2008
Schofield, Victoria, Kashmir in Conflict. India, Pakistan and the Unending War, London 2000
Scholz, Jorge, Der Pakistan-Komplex. Ein Land zwischen Niedergang und Nuklearwaffen, München u.a. 2008
Scholz, Fred, Nomadism and Colonialism. A Hundred Years of Baluchistan, 1872-1972, Oxford 2002
Siddiqa, Ayesha, Military INC. Inside Pakistan's Military Economy, London 2007
Sidhu, Waheguru Pal Singh, Bushra Asif and Cyrus Samii, Kashmir. New Voices, New Approaches, Boulder, CO 2007
From Containment to Stability: Pakistan-United States Relations in the Post-Cold War Era. Ed. by David O. Smith, Washington 1993
Sökefeld, Martin, Ein Labyrinth von Identitäten in Nordpakistan. Zwischen Landbesitz, Religion und Kaschmir-Konflikt, Köln 1997
Stewart, Jules, The Savage Border. The Story of the North-West Frontier, Gloucestershire 2007
Syed, Anwar H., The Discourse and Politics of Zulfikar Ali Bhutto, London 1992
Tahir-Kheli, Shirin R., India, Pakistan, and the United States: Breaking with the Past, New York 1997
Talbot, Ian, Pakistan. A Modern History, London 1999
Vali, Seyyed, and Reza Nasr, The Vanguard of the Islamic Revolution. The Jama'at-i Islami of Pakistan, London 1994
Political System in Pakistan. Ed. by Verinder Grover and Ranjana Arora, New Delhi 1995
Udink, Betsy, Allah und Eva. Frauen in Pakistan, Bonn 2007
United States – Pakistan Relations. Ed. by Leo E. Rose, Berkeley, CA 1985
Voykowitsch, Brigitte, Allah, Ram und Kricket. Indisch-Pakistanische Konfrontationen, Wien 2003
Walsh, Declan, Insha'Allah Nation: A Journey Through Modern Pakistan, London 2010
Warren, Alan, Waziristan, The Faqir of Ipi and the Indian Army, The North-West Frontier Revolt of 1936-37, Oxford 2000
Wegweiser zur Geschichte: Afghanistan. Hrsg. von Bernhard Chiari, 3. Aufl., Paderborn 2009
Wilke, Boris, Die religiösen Kräfte in Pakistan. Dynamik von Politik und Religion in der Weltgesellschaft, Berlin 2006 (= SWP-Studie 10)
Yusuf, Hamid, Pakistan. A Study of Political Development 1947-1997, Lahore 1998
Zahab, Mariam Abou, and Olivier Roy, Islamist Networks. The Afghan-Pakistan Connection, New York 2004
Zaidi, S. Akbar, Issues in Pakistan's Economy, Oxford 1999

Belletristik, Reisebeschreibungen, Erinnerungsliteratur, Bildbände, Lyrik.................

Berg, Hans Walter, Das Erbe der Großmoguln, München 1992
Bergmann, Hajo, Das Fest der Derwische. Unterwegs zu den Wurzeln islamischer Mystik, München, 2003 [der Filmautor folgt den Spuren des Sufismus und erfährt die Welt islamischer Mystik]

Bergmann, Hajo, Indus-Welten - Eine Reise durch Pakistan. 3000 Kilometer von Karatschi bis Kaschgar, München 2009
Bhutto, Benazir, Tochter der Macht, München 1989 [Autobiografie der im Dezember 2007 ermordeten Politikerin]
Brown, Louise, The Dancing Girls of Lahore. Selling Love and Saving Dreams in Pakistan's Pleasure District, New York 2006
Christian, Ulrike, Pakistan - Zwei Wege der Liebe: Annemarie Schimmel - Ruth Pfau, Nordhausen 2006
Doni, Elena, und Fakhra Younas, Das ausgelöschte Gesicht. Die wahre Geschichte einer Frau aus Pakistan, München 2008 [Die außergewöhnliche Geschichte einer jungen Frau die durch ein Säureattentat ihres Ehemannes entstellt wurde]
Durrani, Tehmina, Mein Herr und Gebieter. Ich war die Begum des Löwen vom Punjab, Augsburg 2005 [Die Geschichte eines Ehe- und Familiendramas vor dem Hintergrund einer moslemischen Welt im Umbruch]
Frantz, Douglas, und Catherine Collins, The Man from Pakistan. The True Story of the World's Most Dangerous Nuclear Smuggler, New York 2008 [authentischer Fall des pakistanischen Atomwissenschaftlers A.Q. Khan, erzählt in der Art eines Spionageromans]
Frembgen, Jürgen W., Am Schrein des roten Sufi, Frauenfeld 2008 [Im Kernland der islamischen Mystik, der Provinz Sindh in Pakistan, wird alljährlich ein Fest zu Ehren des roten Sufis, des mythenumrankten Wunderheiligen Lal Schahbas Qalandar, gefeiert]
Frembgen, Jürgen W., Alltagsverhalten in Pakistan, Berlin 1987
Gandhara: Das buddhistische Erbe Pakistans. Legenden, Klöster und Paradiese. Hrsg. von der Kunst- und Ausstellungshalle der Bundesrepublik Deutschland, Bonn 2008 [aufwändiger Ausstellungskatalog über eine Kultur, die sich in ihrer Blütezeit von Baktrien über den Hindukusch bis in das zentrale Nordindien erstreckte]
Hamid, Mohsin, Nachtschmetterlinge, München 2002 [Lahore, Sommer 1998: Der 29-jährige Daru lebt in einer Gesellschaft, die zwischen den Extremen westlicher Dekadenz und zunehmendem Fundamentalismus zerrissen wird]
Hamid, Mohsin, Der Fundamentalist, der keiner sein wollte, Hamburg 2007 [nach den Terroranschlägen vom 11. September 2001 verlässt der Held Changez die USA in Richtung seiner Heimat Pakistan]
Hanif, Mohammed, Eine Kiste explodierender Mangos, München 2009 [Am 17. August 1988 explodiert das Flugzeug des pakistanischen Präsidenten Zia ul-Haq. Bitterböse Satire auf das diktatorische System Pakistans der späten 1980er-Jahre]
Hörstel, Christoph R., Brandherd Pakistan. Wie der Terrorkrieg nach Deutschland kommt, Werder 2008
Hilton, James, Der verlorene Horizont, München 2008 [Bestseller von 1933, der zunächst in Britisch-Indien spielt und den Mythos vom Land Tibet als dem »Shangri-La«, dem Paradies der Weisen, begründet]
James, Sabatina, Sterben sollst du für dein Glück. Gefangen zwischen zwei Welten, München 2004
James, Sabatina, Tränenhochzeit, Berlin 2006
James, Sabatina, Vom Islam zum Christentum – ein Todesurteil, Wien 2003 [die gebürtige Pakistanerin floh aus Pakistan, um einer Zwangsheirat zu entgehen]
Jamie, Kathleen, Among Muslims. Everyday Life on the Frontiers of Pakistan, New York 2002 [beeindruckende Reisebeschreibungen des pakistanischen Nordwestens]

Khan, Imran, Warrior Race. Journey Through the Land of the Tribal Pathans, New York 1993 [Imran Khan beschreibt Alltag, Kultur und Traditionen seiner paschtunischen Familie in der NWFP]
Kipling, Rudyard, Kim, München 1999 [Geschichte eines Waisenkinds, das auf den Straßen Lahores aufwächst, wo es trotz seiner britischen Abstammung als »Eingeborener« gilt. Der Roman gilt als eine der besten literarischen Darstellungen Indiens in der Kolonialzeit.]
Ladurner, Ulrich, »Bitte informieren Sie Allah«. Terrornetzwerk Pakistan, München 2008 [verbindet bereits erschienene Reportagen mit persönlichen Analysen]
Musharraf, Pervez, In the Line of Fire. A Memoir, New York 2006 [Musharrafs Autobiografie erschien erstmals im September 2006]
Manto, Saadat Hasan, Schwarze Notizen. Geschichten der Teilung, Frankfurt a.M. 2006
Pfau, Ruth, Das Herz hat seine Gründe. Mein Weg, Freiburg i.Br. 2007 [Schilderungen der Ordensschwester und Lepra-Ärztin über die Flüchtlingsarbeit in Karatschi nach dem Beginn des Krieges gegen den Terror 2001]
Raunig, Walter, Asad Durrani, Jürgen W. Frembgen und Karl H. Golzio, Rosenduft und Säbelglanz. Islamische Kunst und Kultur der Moghulzeit, München 1996
Rosiny, Tonny, Pakistan. Kunst-Reiseführer. Drei Hochkulturen am Indus: Harappa – Gandhara – Die Moguln, Ostfildern 1998
Schimmel, Annemarie, Berge, Wüsten, Heiligtümer, München 1999 [die Orientalistin bereiste 35 Jahre lang den indischen Subkontinent]
Schimmel, Annemarie, Die schönsten Gedichte aus Pakistan und Indien. Islamische Lyrik aus tausend Jahren, München 1996 [literarische Schätze des Orients]
Schmid, Anna, Pakistan Express. Die fliegenden Pferde vom Indus, Hamburg 1995 [Katalog zur gleichnamigen Ausstellung im Hamburgischen Museum für Völkerkunde: Die pakistanischen »Könige der Landstraße« verzieren ihre Lastwagen außer mit Blumenornamenten oder Porträts von Filmschauspielern und Politikern auch mit religiösen Symbolen, die für den Schutz der Mannschaft sorgen sollen]
Singh, Khushwant, Der Zug nach Pakistan, Frankfurt 2008 [der erstmals 1957 erschienene Roman schildert die Geschichte eines Dorfes an der indisch-pakistanischen Grenze, in dem sich die große Trennungsgeschichte spiegelt]
Thiel, Susanne, KulturSchock Pakistan, Bielefeld 2001 [zeigt lebensfrohe, gastfreundliche Menschen und geht gegen Klischees von engstirnigen Fundamentalisten und wilden Stammeskriegern vor]

Filme

Wie in Indien Bollywood-Filme, so werden auch in Pakistan unzählige Filme produziert, die melodramatischen Epen mit Tanzeinlagen und viel Action entsprechen. Das pakistanische Zentrum der Filmindustrie ist Lahore, weshalb man auch von Lollywood spricht. Gute Filme aus und über Pakistan sind rar. Anbei eine kleine Auflistung von Filmen, die in deutscher oder englischer Fassung über einschlägige Internetanbieter zu beziehen sind.

Balljungs. Woher kommen unsere Fußbälle?, D 1999. Regie: Svea Andersson und Anke Möller [Dokumentation über Kinderarbeit in Pakistan]
Demokratie für alle?, D 2008 [DVD-Edition mit Dokumentar- und Kurzfilmen, herausgegeben von der Bundeszentrale für politische Bildung]

Demokratie in Uniform - Dinner mit Musharraf, PK 2007. Regie: Sabiha Sumar und Sachithanandam Sathananthan [Musharraf erläutert den Filmemachern, wie er mit dem Konflikt zwischen Islamismus und Demokratie in Pakistan umgehen will]

Dracula in Pakistan (Zinda Laash), PK 1967. Regie: Khwaja Sarfraz [bizarres Filmjuwel, das jahrelang verschollen war und unter Cineasten Kultstatus erlangte]

Ein mutiger Weg (A Mighty Heart), USA/GB/IND 2007. Regie: Michael Winterbottom [über die im Januar 2002 stattgefundene Entführung und Ermordung des US-amerikanischen Journalisten Daniel Pearl in Pakistan]

Gandhi, USA/GB/IND 1982. Regie: Richard Attenborough [mit acht Oscars ausgezeichnete Verfilmung der Lebensgeschichte des indischen Unabhängigkeitskämpfers]

In Gottes Namen (Khuda ke liye), PK 2007. Regie: Shoaib Mansoor [hervorragender Spielfilm über Identitäten im modernen Pakistan]

Küss den Mond (Chan di chummi), PK/D 2008. Regie: Khalid Gill [Film über die große Gemeinschaft der Khusras, der Transsexuellen, die in die komplexen Traditionen der pakistanischen Gesellschaft eingebettet sind]

Der Krieg des Charlie Wilson (Charlie Wilson's War), USA 2007. Regie: Mike Nicols [Unterstützung der Mudschaheddin mittels eines amerikanischen Kongressabgeordneten sowie des pakistanischen Geheimdienstes]

Der Mann, der König sein wollte (The Man Who Would Be King), GB 1975. Regie: John Huston [nach einer Novelle von Rudyard Kipling mit Sean Connery und Michael Caine über britische Abenteurer in der Bergwelt des Karakorum]

Mein wunderbarer Waschsalon (My Beautiful Laundrette), GB 1985. Regie: Stephen Frears [oskarnominierte Verfilmung eines Theaterstückes von Hanif Kureishi über die Situation der Pakistaner im England Margaret Thatchers]

Pakistan im Griff der Taliban, D 2009. Regie: Sharmeen Obaid-Chinoy [kompetent recherchierte Reportage von ARTE über die Taliban]

The Road To Guantanamo, GB 2006. Regie: Michael Winterbottom und Mat Whitecross [authentische Geschichte der Odyssee von vier in Großbritannien lebenden Pakistanern, die bei einer Reise nach Kabul von US-Streitkräften gefangen genommen werden]

Silent Waters (Khamosh Pani), PK/D 2003. Regie: Sabiha Sumar [Familiendrama, das die Geschichte von Ayesha, einer unauffälligen Frau mittleren Alters im Punjab erzählt]

Son of a Lion, Australien /PK 2007. Regie: Benjamin Gilmour [Geschichte des elfjähriges Niaz, der mit seiner Familie in dem für die Waffenherstellung bekannten Dorf Darra Adam Khel im Nordwesten Pakistans wohnt - tiefgründiger Einblick in die soziokulturellen und politischen Verhältnisse der Region]

Sammy und Rosie tun es (Sammy and Rosie get laid), GB 1987. Regie: Stephen Frears [Rafi Rahman, ein prominenter pakistanischer Politiker, will sich in London zur Ruhe setzen, wird aber von seiner Vergangenheit eingeholt. Das Drehbuch stammt von Hanif Kureishi]

Teri Yaad, PK 1948. Regie: Daud Chand [erster »Lollywood«-Film, der am 7. August – also ein Jahr nach der Unabhängigkeit – in die pakistanischen Kinos kam]

Unbefleckte Empfängnis (Immaculate Conception), GB/PK 1991. Regie: Jamil Dehlavi [ein kinderloses Paar aus Großbritannien reist nach Pakistan zu einem Heiligenschrein, wo es zu einem Zusammenstoß der Kulturen kommt]

Veer und Zara – Die Legende einer Liebe, IND 2004. Regie: Yash Chopra [berühmter Bollywood Film á la Romeo und Julia über die pakistanisch-indischen Beziehungen]

You Cannot Hide From Allah, PK 2007. Regie: Petr Lom [Kurzfilm über Ihsan Khan, der mit einem Lottogewinn aus den USA in seinen pakistanischen Heimatort zurückkehrt und dort Bürgermeister wird - DVD-Edition »Demokratie für alle?«]

Internettipps

Bitte nutzen Sie für die Internetrecherche die ständig aktualisierten Webtipps des Militärgeschichtlichen Forschungsamtes: http://www.mgfa.de/html/einsatzunterstuetzung/

Neben nützlichen Weblinks finden Sie auf diesen Seiten auch alle Beiträge der Reihe »Wegweiser zur Geschichte« sowie Karten und Diagramme im PDF-Format. Für alle Hinweise sowie Anregungen, Korrekturen und Ergänzungsvorschläge an MGFAMEU@bundeswehr.org sind wir dankbar.

Nicht aufgenommen wurden die Begriffe »Afghanistan«, »Indien«, »Islamabad« und »Pakistan«. Fett ausgezeichnete Zahlen verweisen auf Info-Kästen im Text.